诺贝尔经济学奖得主著作译丛

社会结构

经济学导论

〔英〕约翰·希克斯 著

陈明衡 译

商务印书馆
The Commercial Press

John Hicks
THE SOCIAL FRAMEWORK
An Introduction to Economics
© as per Oxford University Press edition
本书根据牛津大学出版社 1960 年第三版译出

The Social Framework (third edition) was originally published in English in 1960. This translation is published by arrangement with Oxford University Press. The Commercial Press is solely responsible for this translation from the original work and Oxford University Press shall have no liability for any errors, omissions or inaccuracies or ambiguities in such translation or for any losses caused by reliance thereon.

目　　录

前言 ……………………………………………………………… 1
导论　经济事实与经济理论 …………………………………… 5

第一篇　生产过程

第一章　生产与交换 …………………………………………… 18
第二章　产品与服务 …………………………………………… 28
第三章　消费与投资 …………………………………………… 37

第二篇　生产要素：劳动

第四章　人口及其历史 ………………………………………… 48
第五章　人口经济学 …………………………………………… 62
第六章　劳动的专业化 ………………………………………… 72
第七章　劳动的努力程度 ……………………………………… 82

第三篇　生产要素：资本

第八章　资本品及其种类 ……………………………………… 90
第九章　私有资本 ……………………………………………… 103
第十章　国家资本 ……………………………………………… 115

第四篇　社会产品

第十一章　社会产品与社会收入 …………………………… 132
第十二章　对外收支与国民收入 …………………………… 152
第十三章　政府与国民收入 ………………………………… 169
第十四章　1957年英国国民收入 …………………………… 181
第十五章　按实值计算的国民收入：指数法 ……………… 199
第十六章　国民收入与经济增长 …………………………… 214
第十七章　收入不平等 ……………………………………… 232
第十八章　更宽的视域 ……………………………………… 248

第五篇　社会核算的增补内容

第十九章　社会核算体系 …………………………………… 254
第二十章　英国的社会账户 ………………………………… 271

附录 …………………………………………………………… 284
  附录A　生产的定义 …………………………………… 284
  附录B　最优人口的理念 ……………………………… 287
  附录C　资本折旧 ……………………………………… 289
  附录D　国民资产负债表 ……………………………… 293
  附录E　不同国家真实国民收入的比较 ……………… 297
  附录F　要素成本 ……………………………………… 298
索引 …………………………………………………………… 301
译后记 ………………………………………………………… 308

前　言

写作这本书,是因为我对如何安排经济学的入门学习有一己之见。

直到最近,关于经济学学习如何起步的问题,一直处于一种两难境地:要么从经济学理论,实际上是从供求理论开始;要么从叙事经济学,即产业和劳动的实际问题出发。每一条道路都遭遇严苛的诘难。从价值理论*开始,意味着要从初学者难以理解其含义的问题起步,要一步踏进一个很难做出经得起批评之概括的田地;另一方面,叙事经济学,如果没有扎实的理论基础,难免成为事实的无聊堆砌,或者实际政策的讨论——可能非常生动有趣,但无法从政治宣传的知识层面脱颖而出。实际上,这两种解决方案无论采纳哪一种,都会带来其中一些困难。多年学习的学生,最终当然可以绕过这些难题,但时间的浪费不言而喻。而那些只学习一年经济学课程的学生(他们在这个学科的所有学生中占比很大),要么被意兴阑珊地打发走(如果老师的风格刻板严厉的话),要么(在另一种情况下)只学到一些热门问题的现成观点而已。

---

*　这里原文是 the theory of value,而上一句中"供求理论"的原文是 the theory of supply and demand。——译者

由于近年来经济学知识的发展,(我相信)现在我们可以摆脱这种两难境地了,并且解决的方式要好于仅在现有的选择中间做出妥协。当下,我们有可能在经济学课业中分出一个初级阶段,这个阶段只关注特别有趣而重要的话题,并且学习还很系统,足以给出一些科学研究所必需的智力训练。与此同时,这个阶段很少包含抽象的过程——抽象过程在学习价值理论的入门阶段是一个陷阱。这个阶段涉及的观点简明扼要、合情合理;而智力训练就来自把这些观点组合在一起所需要的足够谨慎和耐心。

变化已然发生,因为,旧课本中难以理解、令人生厌的有关定义的章节,已经由于经济统计学家的工作,由于经济学理论一些更新的发展,而变得生动有趣。这些章节已经发展成为经济学的一个独立分科,这个分科现在获得了很大成功,又特别适合当作一般经济学的导论部分。如果要为之命名,不妨称之为社会核算(Social Accounting),因为它无非就是整个社会或国家的会计核算,就像私人核算是单个企业的会计核算一样。

这本书的主体部分就致力于社会核算的学习;我认为这可能是经济学学习起步的最佳途径,当然,这并不等于说,它可以取代常规的基础理论和基础应用经济学。我真正想说的是:在当前课程缩短的情况下,一个学生从学习社会核算起步,会学到一些有用的、值得学的东西,即使他的学业早早中辍也无妨。我的主要观点是:其他主题应该延后,先要掌握社会核算的基础知识。我希望并且相信,当一个初学者掌握了本书的内容后,就可以转入价值理论学习,并对他想要从中得到什么有所认识——这应该是得到任何值得拥有的东西的必要准备。

以上是本书第一版的前言，1942年写于曼彻斯特。即使在当时也能看出，基于这种写作计划的一本书，不可能不加修订而无限期使用；虽然（我希望）它所依据的原则是经久有效的，但用于说明这些原则的事实，随着它们隐入历史背景，一定会变得越来越没有吸引力。但（我估计）这是一个可以补救的缺点；10年之后，我会对这本书做一些新的加工，旧酒装新瓶，然后可以继续使用。这就是我在第二版（1952年）中所做的，而这本书也确实被继续使用。

显然，为了落实这个计划，现在是时候再做一次修订，而不是像原来设想的那样延宕10年。事实上，我已经在比预计更短的时间内着手做这件事。这是因为一些事态的发展使第二版更快就过时了。

我在战争期间写第一版的时候，可以用作国民账户（national accounts）之例证的最佳年份是1938年，这一年的国民收入白皮书可以当作比较分析的标准。为了说明战后的一些情况，急切需要做第二版的修订。但是，在我做修订的时候，所能处理的只有战后最初几年（我所采用的是1949年）；而且很快发现，在经济意义上，这些年仍然是战争年份，因为仍然笼罩着战时的短缺状态。这些年的国民账户，不能展示常态下的经济运行。在这个意义上，战争直到1952年或1953年才算结束。此后，情况发生了很大变化（顺带提一句，这种变化加大了在此前后上台的保守党政府的优势）；1954年以后到现在几乎每一年都发生新的故事，与战后初期截然不同的故事。今天的学生可能主要对这些新故事感兴趣，因此，我认为有必要再次及时修订。现在选来作为例证的年份是1957年；由于具体选哪一年已经无关紧要，我只是选择了在我开展修订工作时可以得到完整数据的最近一年而已。

这是我做出的主要改变,其他多半是随之而来的。构成第二版最后一章的1938年和1949年的比较,现在删掉了,因为它不再适用于新的计划。再没有哪一个过去年份,适合跟1957年做同样的比较。然而,没有类似的跨时比较研究,总是令人感到遗憾;为了满足这种需要,我扩充了第十五和十六章,纳入了一个1948年以来物价变化和国民收入构成变化的概述。

这些更改影响了后面各章(第十四至第十七章、第二十章);而书的前面部分,只有少数几个地方需要特别提及。1952年,我已经察觉到,有关人口的章节(第四至第五章)需要做出一些重大改变;但那时我决定原封不动,"因为我不能确定,(那时已经发生的)变化有没有像初看起来那么重要"。八年过去了,重要性已不容置疑,因此,当时回避了的修订现在补上。

此外,第十章也有变化,现在我已经能够用一个经过深思熟虑的"国民资产负债表"的估计,取代以前版本中的猜测(对此我一直感到愧疚)。这个估计来自摩根(E. V. Morgan)教授关于"英国财产所有权结构"的著作(即将出版)。我在以前版本中表达的种种致谢仍然有效,但这里不再重复;这里要感谢摩根教授,他慷慨允许我使用他仍未出版的材料——这是这一版一定要增补的致谢。

J. R. 希克斯

1960年1月于牛津大学

导论　经济事实与经济理论

1.经济学是什么？

我们将在这本书中学习的课程——经济学，是一门科学，是对我们生活于其中的世界的庞大系统研究的一个分支。这个系统研究我们称之为科学（Science，冠以大写字母 S）。把科学分为各门学科——物理学、化学、生物学、生理学等等——主要是为了方便；我们把那些方便一起进行并由相同人群从事的特定研究，归结为一门科学。这意味着，只有发展了某一门科学，才知道这门科学的边界在哪里；并且不必认为，这些边界会纹丝不动，一直处在相同的地方。即使是两门发展最好的自然科学——物理学与化学之间，边界也是明显变动的。化学处理世界现象中方便由化学家研究的那些方面；同样，经济学处理方便由经济学家研究的方面。

尽管如此，在一般所谓科学的广泛领域中，经济学无疑属于一个特别的分支；它属于人的科学，即关注人类行为的科学。除了经济学之外，还有其他人的科学，如心理学、政治学（关于治理的科学），也许还有社会学（处理诸如宗教、家庭等的一门不甚清晰的科学）。所有这些学科都与经济学相关，因此，经济学的学生最好是对这些学科保持一定兴趣；在这些学生看来，政治学可能是最重要的——政治学与经济学的界线最难划分。经济学与政治学的密切联系也体现在经济学的一个旧有名称上,即政治经济学。

我们可以姑妄言之:人类行为中由经济学处理的部分,是人类的商业(business)行为部分。经济学是处理商业事务的科学。但是,如果我们允许自己这么说,那么我们就应该清楚,这里的"商业"必须被广义理解。家庭主妇到商店买一份培根,发生的交易在店主看来无疑是商业交易,因此属于我们对经济学主题的定义。而从家庭主妇的角度看,不应该那么理所当然地把它看作是商业交易。但是,一旦经济学从事这一行为的研究,就必须对这个交易做科学的亦即全面的审视;经济学必须像关注交易的店主一方一样,关注家庭主妇一方。买培根与卖培根一样,都是经济学问题。

再举一些其他例子。人们在一家工厂工作并领取工资,这种就业从雇主的角度看,显然是商业问题,因此它属于经济学。但是,经济学必须同时考虑工人的视角,就像雇主的视角一样。为利润缴税,显然也是商业问题;经济学必须全面考虑纳税问题,从纳税的企业和个人的角度看待它,从获得税收收入的政府的角度看待它,还要从其工资及其他收入由政府从税收中支付的人们的角度看待它。一旦我们做这样的扩展——都是绝对必要的扩展,经济学的主题就不再是它在初看时可能会有的那么狭隘。营利性的商业问题,在一些历史时期比另一些历史时期要更加重要。经济问题则一直是极端重要的,我们可以有把握地预计,它们会一直重要下去。尽管人类经验中有很大一块是经济学基本无从置喙的(例如整个艺术和宗教领域),但经济活动确实占据了几乎每个人的生活的大部分,并且天经地义,笃定无疑。经济学致力于科学地研究这些活动；事实上，在运用科学方法研究人的行为方面，经济学已经比其他人类科学取得了更好的进展。因此，经济学研究可以为我们提供很重要的方法，去普遍地理解人类社会，即人与人之间的行为。

2. 经济信息的来源

现代经济调查的方法与所有科学的方法异曲同工。经济学研究事实（facts），并寻求以某些方式安排这些事实，以便可以从中得到某些结论。这种安排一直都是一种精巧的操作。事实如果安排得当，可以自己说话；如果不加安排，就是一潭死水。我们需要学习的主要内容之一，就是如何合理安排我们的事实。

经济学家从哪里取得事实呢？人们可能认为，既然经济学研究的对象是人的商业行为，最简单的处理方法应该是走进从事商业活动的人群中，询问他们问题。但稍作思考就会发现，这个路子并不像看上去的那么有希望。即使我们运气很好，选定的个人愿意告诉我们他认为重要的事情（事实上这一点远不是确定无疑的），他也不大可能告诉我们其他一些在我们看来可能更加重要的事情。如果问他六个月前做的事情，他就不大可能记得起来，但这可能正好是我们想要得到答复的问题。因此，这种方法很难得到系统化的信息。

对简单访谈方法的一种改进，是问卷调查。如果问很多人一组相同的问题，一些人会不予回复，一些人会做出猜测或随便的回答，还有一些人会认真答复。但是，把所有这些答复放在一起分析，就有可能分出哪些是重要的回答，哪些无关紧要。事实上，如能引导调查对象不厌其烦地回答问题，问卷调查就能取得最大成功；这一点正在变得比过去更容易，但对私人调查员来说仍然存在一些困难。早期调查贫困问题的人员，会付费请人们填写表格；但在多数情况下，这样做成本会高得离谱。现在，人们已经习惯了官方问卷，他们有义务回答这些问卷；如果通过适当宣传唤起人们的兴趣的话，也可能更方便地说服他们回答来自非官方的问卷。但是组织这些调查问询，收集、消化这些材料，仍然是很花钱的事情。因此，只有在少数特定的领域，我们可以从为科学目的而开展的直接调查中得到大的帮助；这种调查主要被经济学家用于补充另一种信息来源——总体而论，另一种信息来源更有价值。

这里所谓的另一种信息来源，是指为了其他目的而收集的事实，它们不是为了经济学家之用，但是也可以为经济学家所用。既然这些事实是为其他目的而收集，不是为了我们的目的，那么从我们的角度看，自然会有很多纯粹是无用的垃圾。但是，从这些垃圾中分离出我们想要的信息，是一项完全可能完成（尽管费力）的任务。

现如今，大量可能令经济学家感兴趣的事实是由商业机构收集的，但最重要的信息收集工作还是政府在做。现代政府之所以收集数量惊人的事实，偶尔是因为对知识的纯粹爱好，但更多是缘于平淡无奇的理由：为保证公共事务的正常运行，它们需要知道这些事实。一个雇用了数千人的政府，最难的是让它的左膀知道它的右臂在干什么；信息公开有助于提高行政效率。在"民主"国家，信息公开还有进一步的理由。公共决策的一般方式都要经过辩论的程序,辩论过程中,每项政策的正反两面意见都要陈述出来。为进行这样的辩论,事实必不可少。至于同时给经济学家提供有价值的资料,那纯粹是附带的好处。

在使用这种行政信息时,我们必须记住,它是如何、为何而编制的;否则,我们很容易误入歧途。例如,当政府发布某一日期的失业人数报告时,给出的确切数字取决于所采用的失业定义——离开工作岗位只有两三天的人算不算失业,等等。失业的定义偶尔会有小的调整;当发生这种情况时,真实失业没有任何变化而给出的数字却可能不同了。不同国家用来统计数字的失业的定义,实际上千差万别;因此,失业的国际比较是一件非常棘手的事情。这种困难我们必须时刻提防着。

3.英国的常规信息来源

英国政府收集并公布各种主题的资料;从经济学的角度看,其中最有用的资料是给我们提供若干年份同类性质的经济信息的那些系列,从中我们可以进行比较。① 这些系列中,尤为重要的有:

A.人口普查。1801年开始,人口普查每10年进行一次,唯独1941年空缺。现代人口普查不仅告诉我们在普查的那一时点生活在一个国家的人口数量,还告诉我们人口的年龄、组成的家庭

---

① 最方便查找这种信息的地方是《年度统计摘要》以及《统计月刊》,后者虽不太完整,但也包含了大量信息。联合国发布的《统计月报》提供了很多国家的类似信息。这些资料对经济学家是必不可少的,就像实验室架子上的化学试剂对化学家必不可少一样。

规模、居住地、所从事的职业等信息。这种详细的信息每10年只采集一次,但是,中间年份,其中一些信息可以通过间接方法估计得到。因此,利用按季公布的出生和死亡的登记数据,可以相当准确地估计出总人口。1939—1952年各年份的估计数,还可以通过身份证系统进行核实。

B. 进口与出口。商品进口到英国和从英国出口的信息,久已有之;19世纪中叶以来准确度达到了很高的标准。现代"对外贸易账户"告诉我们大部分外贸商品的数量和价值,还告诉我们进口从哪里来,出口到哪里去。

C. 政府收入与支出。这是政府的账户,概要出现于财政大臣发表的预算报告中,而后公布更多细节。政府收支信息本身非常重要,并且还间接传递出很多有价值的信息。我们前面谈到的失业数字,就与政府支出有关,因为一部分政府支出就是用于失业救济的。税收方面,关于这个国家的收入水平和收入不平等状况的最有价值的信息,就来自所得税账户。

D. 生产。20世纪以来,已经开展过多次生产普查。这些普查记录了各个行业雇用多少工人,支付多少工资,各个行业拥有的机器设备,以及在一定时期内生产的商品数量等信息。这类信息对经济学家非常有用;它所披露的,正好是经济学家最想知道的。英国第一次生产普查是在1907年,但只涵盖了大型企业。后来于1924年、1930年和1935年也开展了生产普查;1948年以后,每三年进行一次全面的生产普查。只有通过生产普查,才能给出整个行业的这类信息;但现在,这个领域大部分都已有比较直接的调查方法,并且更频繁地开展。今天我们对生产的了解,已经远远超出

1939年以前可以想见的程度，乃至做到逐月掌握信息。

由非政府组织搜集的常规信息来源主要有以下几种：

i. 一些工会发布的工资和就业数据；可用于补充政府的数据。1880—1920年期间，这些工会资料确实非常有用，因为当时政府部门对劳动状况的信息掌握没有后来那么充分。1920年以后，政府的信息普遍更加全面。

ii. 公司账目。法律规定，所有公司形式的大型企业都有义务公开账目（accounts）*，主要是为保护股东的利益。大多数情况下，这些公开的账目不是为了给经济学研究提供信息；它们总是非必要不提供，不会给出更多信息，不能给我们带来多大好处。但也有一些重要的例外。如银行非常频繁地公布自己的账目，尽管它们也不总是告诉我们所有想要知道的，但我们可以从中提取非常重要的信息。

iii. 市场报告。如果你去商店买一辆自行车，店主会出于自身目的就此做下记录，但不会公布这笔交易的具体信息。而有一些买卖是专业交易商进行的，这些交易商发现，公布他们自己的交易记录有好处，便于彼此知晓。这些记录有时刊登在一些日报上（如证券交易所的情况），有时发布在专业的贸易杂志上（如原材料市场——只不过战后很长一段时间内，这些记录的范围很有限）。这些市场报告本身是非常有用的，但它们只涵盖了全部商业交易的一小部分。

---

* 本书中account一般是指商业记录，即所谓"账"，而非银行账户（户头）；通常根据习惯译为"账户"，但这里为避免误会，译为"账目"。详见第十章译者注。——译者

经济信息还有其他很多来源,但以上是主要的常规种类,为我们提供了大量不同时期的同类信息。它们包含了巨大数量的资料,如果把它们和其他国家的同类资料放在一起,足以填满一个相当规模的图书馆。尽管如此,还是有很多经济问题我们希望得到解答,但在这些资料中找不到答案;因此,经济学家还是要花一些时间,通过问卷调查等等,收集额外的信息。但是,确实有很多重要的问题可以从现有资料中得到多少令人满意的回答;而只有着手研究的方法对路,才能恰当地解答这些问题。

4. 获取经济知识的步骤

获取经济知识的过程有四个步骤,这四个步骤可以相互区分开来,以至于常常被视为不同的学科门类。但是,我们应该心知肚明,在什么意义上可以说这四个步骤是不同的门类。这不是说它们处理的问题不一样——经常是相同的问题被依次传递下去;而只是说,对于整个解答工作,它们各自负责不同的部分。

首先,有一个步骤或门类,称为经济学理论。经济学理论的基本功能,是给出我们针对事实想要发问的问题。如果不是一开始就非常清楚、准确地知道我们在寻找什么,而去研究一大堆事实,那绝对是徒劳无益的。我们的起点是常识,是从日常经验中得来的各种显明的信息;把信息依次排列,从而使问题呈现为有效的形式。只有做了一些这样的准备之后,我们才能接近事实,有望从中得到一些有意义的东西。

第二个步骤,接近事实。在决定了要问什么问题之后,我们必须从上面描述的大量经济信息中,挑选出对手头的问题有所启示的那些信息。既已做了这样的挑选,而后我们必须分析信息,找出其确切的含义。这是非常重要的一步,从上面给出的失业数据的例子就可以看出来。我们必须分析这些数据是如何收集的,用的是什么定义;必须问一问这些定义与我们在经济学理论中认为合适的定义是否一致;如果不一致,可以对一方或另一方做哪些调整,以允许有差异存在。第二个步骤主要涉及如何认识我们要从中得出结论的资料。①

在学科架构中,这第二个步骤被视为经济统计的一部分。"统计"一词,有两种意义:复数形式,是指用数字表示的事实,即数据——我们已经在讨论的资料;单数形式,是指处理这些资料的方法。这里我们关心的是单数形式上的统计。

第三个步骤也是经济统计的一部分。当我们整理出信息之后,几乎总是会发现,它有欠缺,不敷使用;有些情况我们希望得到相应的信息,但不幸的是,它没有以我们想要的方式收集起来。某种程度上,可以通过猜测或估计,弥补这些缺陷;至于什么样的猜测应是安全的,什么样的不然,这个微妙问题的回答已经取得很大进展。其他很多学科同样存在如何做合理估计的问题;某种程度上,我们可以借鉴其他学科为了合理估计而发展出来的方法。但这样做的时候必须小心谨慎。

最后,第四个步骤,我们必须整理好事实,以便尽可能地给出

---

① 关于英国的资料,最有用的指南是德文斯(Ely Devons)的《英国经济统计导论》(剑桥大学,1956)。

问题的答案。这个步骤通常称为应用经济学或叙事经济学（Applied or Descriptive Economics）。正如我们已经看到的，最有用的事实是带给我们不同时点的同类信息的事实，因此，应用经济学研究必然很接近于经济史研究。确实，我们几乎可以说：经济史正是早年的应用经济学；应用经济学关心的是当代世界的经济史。①

5. 经济学理论的必要性

在本书中，我们只关注四个步骤中的起头一个和最后一个：一是理论——目的在于理清思路，找出问题；二是应用经济学——我们将会举例说明，当把问题诉诸近代历史，特别是英国 1920—1960 年的历史时，会得到什么答案。如我们已经看到的，经济知识是通过全部四个步骤的协作而获得的，每个步骤都有困难，困难都会传递给其他步骤。但是，为了学习经济知识，应该从第一个和最后一个步骤开始——这两个步骤正是马上要处理的。在开始清

---

① 如果你不是急于求成，就有可能对事情了解更全面；但是如果信息（及分析）可以快速给出，实际用处可能更大——人类事务概莫能外。因此，重要的是，有很多经济信息可以由大致常规的方法"处理"，这样，一个好的专家就可以马上看出这些信息的含义，从而他的看法有实用价值。这种工作现在是经济学家有偿从事的（除教学外的）主要工作之一。他们的很多工作成果发表在报纸、银行评论以及定期的专业出版物上，如《英国经济学会评论》和《伦敦剑桥经济学社》（后者作为《时代工业评论》的增刊每季刊发）。这些评论作为统计信息来源推送给研究者——研究者经常发现，从这些评论中得到答案，比从政府公报中得到答案更快。但他应该记住，表达出来的意见尽管是行家里手的意见，但毕竟是第一时间拿出来的；随着观察的视角延长，有了更多研究和思考，通常应该可以做得更好。

晰思考经济问题之前,需要弄明白有关基本概念;而且,我们必须尽快开始实践训练,即把理论应用到实际经验中去,因为如果没有这种实践训练,就不可能真正理解理论本身。

如果想一想,日常商业实践中用到了多少含义根本不明确的概念,我们马上就能明白,初步理清我们称之为经济学理论的各种概念是多么有必要。这些概念中,有一些是技术性的,只出现在某个特定行业,如制鞋业、棉纺业中;技术问题本身不是经济学家直接感兴趣的,当然,如果他想要对某个特定制造业做专门的研究,他需要了解这个行业的一些技术。经济学关注的概念,主要是那些不只与一个行业有关系,而是跟大部分或全部行业都有关系的概念;如"资本""收入""成本"等概念,出现于所有商业问题,是特别需要研究的一类概念。经济学理论的主要目的之一,就是要梳理清楚类似这些术语。事实证明,这是一件比初看起来可能更复杂的事情。一方面,这些术语最初是商人为了商业目的而发明的;但如我们看到的,经济学家必须从一个比商人更广的视角研究商业世界,因此,他不仅必须理解这些术语的商业用途,还要领会其更广泛的社会意义。而且,当我们试图找出这种社会意义时,会发现所有这些概念都是紧密关联的。如果不理解"资本",就不可能充分理解"收入",反之亦然。因此,经济学理论倾向于把自己发展成一个思想体系,因为我们想要问的问题都是相互联系的;回答了其一,有助于回答其他。想要充分理解这些概念中的任何一个,就必须先理解与它相邻的其他概念。回答一个问题,就会出现另一个问题,如此反复,几至无穷——如果我们提出任何关于这个世界的关键性问题(这些问题会促进一门学科的发展),当然总是会出现这种情况。

在本书的第一篇,我们将从一点儿理论开始(非如此不可)。我们会从常识和日常经验出发,理清相关概念,直到可以致力分析一些统计资料,并从中学到一些东西为止。后面各篇,将把这些理论与应用经济学紧密结合在一起。

第一篇 生产过程

第一章 生产与交换

1. 工人、雇主与消费者

经济事务于我们每个人的生活无时无处不有,普通人生活中最重要的经济活动,就是他的谋生方式。谋生方式千差万别——体力劳动或者脑力劳动,在工厂、办公室或者田野,百无聊赖或者兴趣盎然,但所有谋生方式都有一个共同点,那就是:为支付报酬的人干活,干活并取得报酬。在多数国家,大多数人谋生是靠着"为"某个特定雇主工作;他们以工资(wage)或薪金(salary)的形式获得报酬(后者只是拉丁语的一个词,原意也是工资,用来代替"工资"一词,听起来更庄重)。但是,也有一些人可能把自己的时间分散在两个或三个雇主身上(如码头工人、园丁、新闻记者等)。还有一些人(如店主、医生、直接配送牛奶的农民等),他们服务很多不同的雇主或顾客(这里雇主和顾客其实是一回事)。但无论干的是哪一种类型的工作,拿的是哪一种形式的报酬,总是有以下共同要素:为了谋生,一个人必须工作;并且必须有人愿意为此向他支付报酬(可以是雇主、顾客或委托人)。

那么,雇主为什么愿意支付报酬呢?这里有几种不同的情况。首先,雇主愿意支付报酬,让别人替他干活,可能是因为这项工作直接对他个人有益。一个病人去看(也就是雇用)医生,是因为他希望这样能让自己的健康状况好转;一个户主雇用烟囱清扫工,这样他就可以生火取暖而不会惹麻烦;一个妇女雇用裁缝,是由于期待从新裁的衣服上得到舒适(可能还有满足)。在所有这些情况以及其他很多类似的情况中,从事的工作直接提供了雇主或顾客正好想要的东西;不管所满足的需要是什么性质,"他得到他想要的"这个事实,解释了为什么他愿意为相应的工作支付报酬。

在其他很多情况下,雇主愿意支付报酬,不是因为从事的工作对他个人有什么用,而是因为他预期会带来对第三者(消费者)有用的东西——第三者愿意为之付钱。这里直接的雇主就是中介;他向雇员支付报酬,同时消费者付钱给他。要满足的需要,是消费者的需要;消费者愿意付钱,因为他得到了想要的东西;雇主愿意付钱,因为他预期可以从消费者那里得到报偿。

有很多工人,他们的工作本身完全无用,但是当它与其他人的工作结合在一起时,就变得非常有用;由此可见,某种雇主-中介的角色是非常必要的。现如今,一般工厂的工人从事某个很小的专门作业,这个作业只是制造一件有用物品(article)之一部分(例如鞋带、自行车链条)的一个步骤。除非有其他工人从事其他步骤,完成其他部分,否则,他的工作就一无所用。要使这种工作有意义,就必须有人把不同的作业组织成一个整体——这就是雇主-中介、业务经理或主管、职业雇主的事情,他们把拥有生产完整物品所需的不同技术的各种人员聚集在一起。这样的雇主不是诸如雇用医生或烟囱清扫工的消费者;他也是工作者或生产者,在生产消费者所需商品的过程中,贡献了自己非常重要的一份力量。雇主和雇员,实际上是在生产某种对消费者有用的物品的过程中相互合作;他们每个人从消费者支付的报酬中得到自己的收入,消费者购买他们生产出来的物品。

每一家厂商或企业,本质上都是工人之间的合作,以某种方式组织起来,生产可供销售的产品。但是,产品并不总是直接卖给消费者;一家厂商的产品往往是卖给另一家厂商,后者在上面进一步加工,然后才到达消费者手上。即使厂商已经生产出消费者想要的物质产品,像果酱、牙膏、报纸等,如果要按照所需的时间与地方供应出来,还需要一个步骤。这一步是商人和店主的职责,他们也像其他工人一样,服务于满足人们的需要。另一方面,厂商产出的东西常常还没有达到消费者最终想要的那种物质形态;炼钢厂和纺织厂的产品只是有用物品的原材料,通常是卖给其他厂商,用作进一步加工的原料。即使在这些情况下,虽然连接某个厂商与最终消费者的链条可能很长,但联系还是无所不在;如果我们不厌其烦,总是可以真切看到,所从事工作的最终目标是协助制造一些消费者想要并愿意付费的东西。消费者可能近在咫尺,也可能远在天边;如果我们寻找,总是可以找到。只是因为有可能在整个过程的最后环节找到消费者,他愿意付费购买他认为有用或值得的东西,人们才可能在某个行业或某种形式的生产中找到工作。

2.专业化与相互交换

因此,人类的整个经济活动(称之为经济体系的庞大的活动综合体),无非就是工人即生产者的无穷的合作,去制造消费者想要的东西,做消费者想要的事情。经济体系以这种方式被描述,可能听起来非常令人敬佩,乃至超越了我们对它的体验。但事实上,满足消费者需要的合作并不一定是令人敬佩的。需要通常固然无害,但也可能很糟糕;同时,即便是最体面的需要,满足它的合作方法有时也可能是低效的、愚蠢的。但无论需要是好是坏,无论生产组织得有效与否,我们总是可以说:经济生活就是把生产者组织起来,以满足消费者的需要。

那么谁是全世界为之操劳的消费者呢?很大程度上,他们就是与工人、生产者本身相同的一批人;同一批人,在一种身份上是工人、生产者,在另一种身份上是消费者。消费者通过从事一种职业(如印刷业、园艺农业)赚到钱,又把钱花在另一个行业的产品上(如一辆自行车、一套衣服)。紧接着,自行车制造者、服装与纺织工人会花掉他们的收入购买其他行业的产品;这些其他行业的工人又会花掉他们的收入购买其他行业的产品,如此等等;在某一阶段牵涉进来的各种各样的工人和生产者中,会有一些人用自己的一部分收入购买书籍和报纸、蔬菜和花卉——这些又是我们开头说的印刷工人和园艺师的产品。

现代世界的生产与消费的组织是一项极其复杂的事情;但是,如果我们关注它在更简单的社会状况下会如何运作,这种组织的一般性质马上一目了然。在最近两个世纪交通状况大幅改善之前,绝大多数人生活在相当独立的村庄,村庄之间只有少数几种商品的交易,基本上是自给自足的。在这样的村庄里,组织生产的原理马上变得清晰起来。整个组织是一个交换的系统。农民用一部分产品满足自己的需要,出售另一部分产品给邻居。他又用出售产品的收入,买入自己需要的其他东西——从织工那里买衣服,从木匠那里买家具,从制陶工人那里买陶器。反过来,织工花一部分时间裁制自己的衣服,但卖出大部分产品,再用收入购买农民的牛奶、制陶工人的陶器,如此等等。"你为我做这个,我为你做那个。"整个组织就在这种交易的基础上建立起来。

以这种方式组织经济生活,其优势在于效率,即每个人从事一份工作并坚持做这份工作所带来的效率提高。"样样皆通,样样稀松。"过度专业化固然会造成单调的工作,但要想掌握任何技艺,都需要一定程度的专业化。每个人自力更生,自己劳动满足自己所需,这意味着他要浪费大量时间不断从一项工作换到另一项工作;反之,每个人就在一定程度上变成专家,专注于一项特定工作或少数几项工作。他想做的其他事情,由别人替他做,作为这些服务的交换,他用自己的技艺为别人服务。

从这个角度看,原始村庄组织和现代世界经济体系的主要差别是:现代世界的专业化极大发展了。20世纪普通人的需要,由一个有很多很多人参与的交换系统给予满足。普通工人只是参与某种有用物品的生产。他和其他很多工人一起,生产某种对他人有用,或对合作的其他一些工人有用的东西;他交换得到的东西,又是生产者之间广泛合作(乃至世界范围的合作)的成果。采用这种复杂系统的原因,还是专业化的技术优势;生产流程的细分提高了劳动效率,使各种更有效的生产方法(特别是机械方法)得以引入生产之中。尽管所涉及的专业化更加复杂,原理却是一样的,即"人人为我,我为人人"。

3. 交换系统的复杂性

我们现在已经找到两种观察经济体系的不同方法。一方面，可以把经济体系看作是生产者之间的合作，以满足消费者的需要；另一方面，既然生产者和消费者基本上是同一批人，也可以把经济体系看作是相互交换的系统。随着分析深入，我们将发现，从这两个不同的角度探讨本书主题是非常有用的。有一些事情从其中一个角度看更清晰，另一些事情从另一个角度看更清晰，而且可以用一个角度检验另一个角度。当我们进行基本分类时（接下来两章就要做这项工作），能够从每个角度对它们做出检验，将会特别有益。但是，在继续讨论下去之前，我们应该相信：把经济体系当作一种相互交换的系统是正确无误的，并且没有任何限定。毋庸置疑，这里面确实有困难，我们应该恰当考虑这些困难。

首先是货币问题。尽管任何人劳动、生产的最终目标，都是以他的工作换取有用的东西，但他得到报偿的直接方式，并不是真正有用的东西，而是货币。印刷工人和新闻记者不是把报纸提供给顾客，直接换得面包、肉、衣服；他们卖出报纸得到钱，然后作为消费者，把钱花在他们想要买的东西上。这种安排就非常方便。经常发生的情况是：给印刷工人供应衣服的人，并不想以报纸抵偿全部衣服价值；如果他们必须以报纸受偿的话，他们将不得不转售报纸给其他人；这需要花费时间，并且会非常地不方便。以简单的票券（tickets）传递，替代复杂不堪的层层转售，省去了巨大麻烦——

这正是票券的意义所在。卖衣服给印刷工人的人，不是拿到报纸作为报酬，而是拿到票券，即货币；如果他们愿意，可以花一些货币购买报纸，如果他们更愿意把钱花在面包奶酪上，也是毫无障碍的。如果他们把钱付给面包或奶酪的店家，这些人可以再用钱去买报纸，或者，可以把钱再传给其他人，再去买报纸，乃至传递更多次。货币的使用，使间接即迂回的交换得以发生，并避免了被交换的商品不必要地由一个人转手给另一个人。这就是我们从货币使用上得到的好处，它使整个交换系统变得非常灵活。但是，它对这个系统的本质并无太大影响。现在不是直接用报纸换衣服，交换分为两个步骤：卖出报纸拿到钱，再用钱买衣服。如果货币一到手就重新支付出去，中间没有什么反常的延宕，那么，交换分两步进行就没有大碍，相当平稳。但是，有时会出现第二步交换拖延太久的情况；商品卖出得到了货币，而货币在很长时间内没有再花出去。当这种情况大量发生时，结果可能导致交换系统壅滞不畅。20世纪以来，全世界已经有过多次这种糟糕的经历；经济体系已经表明，自己有可能患上几种不同类型的货币疾病。经济学的一个专门学科——货币理论，特别关注这些疾病的研究，其中大部分内容不属于这本书将要研究的范畴。但是，如果不注意这些情况，根本不可能切合实际地研究经济问题，因此，在本书中，我们也一定会碰到这些货币疾病的某些方面。

另一个复杂性难题来自财产所有权。大部分有用物品不是单单依靠人的努力就能生产出来的；工人劳作需要使用工具，需要原材料。农产品从田地里生产出来，工业品用机器生产出来；如果农业用地和工业厂房都是私人所有，这些有用资源的所有者就可以为资源的使用索要一个价格。这是说，人们通过允许使用他们的财产，而不是在生产过程中贡献自己的劳动，就可以获得票券，用于购买他人生产的产品。这件事情具有极深远的社会意义，因为，社会上一些最深刻的分化就源于资本家和工人的区别；随着研究深入，我们会发现，经济学必须花很大精力关注这些社会分化。尽管如此，我们对经济体系的双重描述似乎并未受到财产私有制的影响。财产所有者允许在生产中使用他的财产，从而为生产过程做出贡献；就此而言，他必须被视为生产者。他以自己财产的使用，换取一部分产品；这样他就进入了交换系统。确实，他得到利益比工人要容易得多；如果他同时也是工人（常常是这样），大家都从事类似的工作，他会得到比其他工人多的收入。如果为了方便起见，决定把财产所有者视为生产者之一，那么相应地，我们就不应该质疑私有财产作为一种制度的合理性。我们应该对私有财产制度做更透彻的考察；而我们发现，如果先对私有财产在其中起作用的系统的运行有一个清晰理解，考察会更容易。

把经济体系视为交换系统的唯一真实的限制，来自中央和地方政府的经济活动。人们付出劳动或者允许使用其财产，作为回报得到收入的一部分，被政府机构作为税费拿走了。为了理解这些税收是如何嵌入经济体系的，我们必须考虑征缴税收的目的。有时政府征缴税收，是为了赠送给某一些本国公民或外国人，例如，给外国势力的贡金，给退伍军人的养老金，给失业者的救济金等，都是这种情况。所有这些，都只是从一部分人到另一部分人的强制性转移；其中一些是非常明智、非常可取的，也有一些很不可取。但是，政府征缴的税收，也有一些是为其他目的而起：征税为了雇用人员,为社会的整体利益而工作,如士兵、警察、养路工人。这些人工作以满足消费者的需要;他们的工作是生产过程的一部分,但是不会产出可以由个别消费者购买的产品,尽管一般消费者确实希望得到这些产品。即是说,这类工作所满足的需要,是集体需要,而非个人需要。战争时期,国家生产力的很大一部分转向满足集体需要,因为整个武装力量和军需产业都必须看作是为此目的而努力。即使在和平时期,为满足集体需要而工作的人员数量,通常也非常可观。

第一印象,人们可能认为,为满足集体需要而工作的人口比例,是衡量一个国家所达到的社会化程度的指标。实则不然。即使在完全社会化的国家(像共产主义俄国,那里的政府几乎是劳动力的唯一雇主),为满足集体需要而工作的人口比例,也不必非常高。因为,在社会主义国家,政府不仅控制集体需要的物品的生产,也控制着个人需要的物品的生产。(当然,几乎所有国家都有一点儿这个意义上的社会主义,如国有化铁路、市政煤气公司等。)在社会主义国家,无论人们生产集体物品,如道路、公园、军用飞机,还是生产私人物品,如食物、衣服,他们都是在为政府工作。道路和军用飞机由公众以税收支付;但是,食物和衣服从政府那里买来,并不异于在一个不是以社会主义方式组织起来的社会中,从私人生产者那里买来。在大部分场合,社会主义政府只是充当了中介,就像私人雇主一样。因此,社会主义同样没有什么东西可以阻止我们把经济体系视为交换系统。事实上,本书中的大部分经济学理论,都可以运用于社会主义国家,就像运用于私人企业制度的国家一样。任何一种情况下,我们都可以把经济体系看作是生产者相互合作,以满足消费者的需要(包括集体需要);或者,也可以把它看作是相互交换的系统(暂且不论税收问题)。

第二章　产品与服务

1. 生产的定义

一旦我们理解了上一章说的经济体系的双重性质，就可以看到，按照同时符合这两个方面的方式，对经济体系做进一步分类，那是手到擒来的事情。下面，我们将用"生产"表示旨在通过交换满足其他人需要的任何活动，将用"生产者"表示从事这个意义上的生产的人。需要由这样的生产给予满足的人，称之为"消费者"。前面我们已经比较松散地使用过这些名词；从现在开始，我们将努力把它们限定在这种准确的意义上。

现在来看一看，这些定义会给我们带来什么。生产者和消费者，这两个词在日常谈话和商业活动中广泛使用；但在现实生活中，它们无须用得非常准确、始终如一，因此，经常被用在与上述定义不一致的意义上。例如，农民喜欢把自己作为粮食"生产者"的活动与仅仅销售即"分配"食物的贸易商、零售商的活动做出区分。而根据我们的定义，零售商与农民一样都是生产者。零售商干的活，是满足消费者需要过程的一部分，与农民的劳动别无二致。农场里的牛奶和烟厂里的烟草，除了农民和制造商自己之外，其他人基本上是用不上的；而送上门的牛奶、商店里的香烟，总是会在消

第二章 产品与服务

费者需要的时间和地点提供出来。

人们认为农民是生产者而零售商不是,显然是因为,"生产"一词,从非经济学的意义上看,意味着制造某种物质的东西,你可以触摸到,也可以用车运载或者放在袋子里拿回家。经济学意义上的生产,确实有很大一部分是制造物质产品(material goods);但是,也有相当一部分并非如此。贸易商和零售商经营物质产品,但不制造物质产品;他们的作用是取得已经制造完成的产品,并在消费者需要的时间和地点供应出来,让它们变得更有用。但是,也有很多劳动者与物质产品的生产根本没有关系;医生、教师、公务员和管理人员、列车员、演艺人员、家政服务人员等等,所有这些都是我们说的意义上的生产者,但都不生产物质产品。他们做有用的工作并得到报酬;因此,他们也是生产者。他们生产的东西是有用的服务(services),而非物质产品;我们可以说,生产者生产的和消费者消费的东西分为两类——产品与服务,物质产品与非物质服务。

像这样的服务也包含在生产的概念中;但如果我们坚守自己关于生产的定义,我们可能不会说,所有为他人提供的服务,都应视为生产。生产是指通过交换满足他人需要的活动;因此,只有付费的服务才必须包含在内。根据这个标准,最重要的一类不得不排除在外的服务,是家庭内部的服务,如妻子为丈夫干的活,父母照料子女的事情,等等。这些服务不被认为是生产性的,因为它们没有报酬。把这种基本的活动排除在我们关于生产的定义之外,当然不好;而且,如果我们是想要准确地、界定明晰地使用词汇,这样做似乎也没有什么帮助。① 即使把它们排除出了生产的定义，但这种活动的重要性，根本的经济的重要性，我们还是不能视而不见。

2. 非物质服务

经济思想发展史上有一个阶段，连经济学家也不同意把那些有偿的直接服务包含在生产的定义之中。亚当·斯密就把"生产性劳动"一词限定为专门从事物质产品生产的劳动。在一个著名的段落里，②他列出了一份必须视为"非生产性"的职业清单。打头的是"仆人"，他接着写道：

> 例如君主，连同他手下的全部文武官员，整个陆军和海军部队，都是不事生产的劳动者……必须归为同一类的，有些是最尊贵、最重要的职业，如牧师、律师、医生、各种各样的文人墨客；有些是最轻佻、最无聊的职业，如演员、小丑、乐师、剧团歌手和跑龙套的等等。

这看起来是一种错误的、至少是非经济学的思维方式，从生产的技术流程的角度接近经济事务的人，往往这样思考问题；让人奇怪的是，最著名的经济学家竟也这么认为。制造商和农民自然认为生产就是制造东西；我们已经看到，经济学必须有更宽泛的定义。为什么亚当·斯密看法相反呢？这不是因为他觉得物质与非

---

① 有关这一点及一些相关主题的进一步讨论，可见附录A。
② 《国富论》第二篇第三章。

物质产品的区分有什么经济意义;他的理由更加微妙。后世经济学家不准备让他们的生产的定义受到这一点的影响,但是在经济学理论的其他部分,他们必须对这一点时时加以留意。亚当·斯密是这么说的:

> 仆人的劳动不能固定或者实现在任何特定对象或可销售的商品上。他的服务通常即生即灭,不能保存……就像演员的台词、演说家的演讲、乐师的曲调一样,他们的劳动都是即生即灭的。

原来,斯密之所以采用这种奇怪的生产定义,是因为他对一个事实印象深刻:大多数物品(goods)的生产都需要时间,而且经常是很长时间,而对它们的消费都是在生产之后。直接服务很重要的一点是:从事劳动的行为和享受劳动成果的行为是同时并存的、须臾不可分离的。而物品必须先生产,再消费。确实,服务的生产与消费是即时的,而物品的生产与消费有一个过程。我们将在本章接下来部分和下一章中讨论的进一步的分类,都与被视为一个过程的经济体系有关。

3. 生产的时间问题。消费产品与生产产品

某一天(比如说 1960 年春天的一天),本书的读者可能吃了一片面包当早餐。这片面包的背后有一段很长的历史。两三天前,面包师把它做出来,在这个阶段,面包师使用了各种原料,特别是面粉。几周前,面粉由小麦碾磨而成,很可能有各种小麦掺和在一起,有些是海外进口的,有些是国内出产的。小麦可能是 1959 年

收获的，具体的收获时间取决于它来自世界的哪个地区。在收获前几个月，必须有播种；在播种之前，土地必须犁过。就拿这个简单的事情来说，从土地开犁到面包上桌，前后可能需要差不多一年时间，有时候还可能远远超过一年。但这还远远不是一片面包背后的全部历史呢。

上面所述过程的每一步，犁田、播种、收割、脱粒、磨粉、烘焙，都需要动力或燃料。犁田用的动力可能是传统的马匹，而不是其他更现代化的东西；如果这样的话，马匹必须喂养，喂马的饲料需要生长，这样又会把整个生产过程往前再拉长几个月。或者，动力可能来自拖拉机；拖拉机用到油，从而，得到油并把它运到农场（这个阶段又需要至少一两个月），也必须计入面包的生产过程。用在收割、脱粒、磨粉上的动力（无论哪种动力）也是这样；面包店用的煤炭或电力也不例外。当然，后面这些过程很多是同时进行的，因此它们不会拉长生产的总的时间。不过，如果我们把动力也考虑在内的话，整个过程可能需要两年，而非一年。

这还不是全部。拖拉机、脱粒机、从海外运输小麦的轮船、储存小麦的粮仓、做面粉的碾磨机，乃至面包房的烤炉——所有这些都必须花时间制造出来，而制造它们的理由，就是在做面包的过程中要用到。当然，没有哪一片面包贵重到可以声称自己单独拥有如此强大的前身；但是，这片面包和千千万万相似的面包一起，确实是人们为什么要制造出拖拉机、粮仓、烤炉及其他种种东西的原因。事实上，所有这些复杂的设备都构成了制作面包过程的一部分。

如果在某个日期，比如说面包上桌前的三个月、六个月或者一年,我们调查过面包生产过程的进展情况,就会发现,大部分设备已经制造出来并投入使用,而面包的原料还处于生长中的作物、脱粒过的小麦或者一袋袋面粉的状态之中。这些情况都可以看作是面包生产的各个阶段;不管已经到达哪个阶段,即使只是制造了拖拉机,建造了油轮以运输开拖拉机用的石油,也是做了一件有助于最终生产出面包的事情。这些早期阶段创造的产品都是有用的产品,但又都不是直接用于满足消费者需要的产品。它们的用处要在以后阶段的使用中呈现出来,最后是给出消费者直接需要的产品。方便的做法,是用"产品"(goods)一词,同时涵盖这些前期的产品,以及消费者购买的最终产品。但是,我们把前期的产品称为生产产品,以区分于直接满足消费者需要的消费产品。

在上例中,面包是消费产品;小麦、面粉、拖拉机、轮船、烤炉等都是生产产品。一个生产产品可能是技术上完成了的,即是说,生产该产品所需的操作都已经做了(小麦已经收割,拖拉机已经可以投入使用)。也可能技术上没有完成,仍然在进行之中,甚至仅就其自身阶段而言,也是如此(庄稼可能还在田里,轮船可能还在建造)。无论哪种情况,它都是生产产品,因为,在整个生产过程的结果可以送到消费者手中之前,还需要后续的生产阶段。消费产品是整个生产过程的结果,生产产品是通向结果的道路上的各个阶段。

4.消费的时间问题。
耐用性与一次性消费产品

无论什么消费产品,它的生产都可以证明是这样一个过程:需要耗费相当长的时间,中间包含了很多生产产品的生产。接下来要注意的是,有一些消费产品(但只是一些),它的消费也是一个需要一定时间的过程。从这个角度,消费产品可以分为两类。

第一类,像上例中的面包(以及一般而言的食品),是一次性使用,并一次性用完。节俭持家的主妇可能做出一条面包吃两三天,但前提是把它切成一片片,每次吃一片。每片面包一旦食用,就会全部吃完。其他相同类型的消费产品,有燃料、烟草、火柴、书写纸等。我把这些产品称为一次性产品。从消费的角度看,服务在性质上与一次性产品相似;[①]但是,如我们已经注意到的,它们在生产方面不同。

其他产品我称之为耐用性产品。房屋、家具、衣服、收音机、自行车、汽车等,都是这第二类产品的例子。它们的共同特征是可以在相当长的时期内持续使用。它们在某一天被使用,并不妨碍第二天再次被使用。可以持续使用的时间长度当然千差万别。铅笔可能被认为是耐用性产品,但在使用几个月后肯定会耗尽。另一个极端是诸如老家具等物件,只要给予适当照料和良好保养,可以几乎无限期地使用下去(除非发生意外)。

一次性产品和耐用性产品的区分,一定不能与另一种性质相似、在经济学书籍中常见的区分混淆起来。经济学家常常把消费产品分为耐久品和易腐品;这种分类与我们的分类相似,但是不完全一样。耐用性产品一定是耐久的,但一次性产品并非一定都是

[①] 当然,消费某种服务的效果通过在记忆中的储存,可能会持续很长时间;但这并不否定消费本身是一次性的。同样,救人一命的药物是一次性产品;但它的效果在这个人有生之年一直存在。

易腐的。例如,煤炭是非常耐久的物品,只要没有用掉,就可以几乎无限期储存,而不会严重变质;但是,它不能被使用而不被耗尽,因此是一次性产品。还有很多一次性产品具备相当长的耐久性,例如罐头及其他保藏食品。能够储存是这些产品的重要特征,这个特征有重大经济影响。但是,至少就目前而言,能够储存不是我们想要强调的特征。消费产品的主要分类是一次性和耐用性之别。

一个消费者购买的物品中,有一部分属于一次性产品,另一部分属于耐用性产品。一次性产品大多必须持续不断购买,一周接着一周,一天连着一天。昨天享用了一顿美餐,并不能阻止你今天还想来一顿佳肴;昨夜绣被香暖,并不妨碍你今晚还想沉入黑甜乡。而耐用性产品在买下之后,可以持续使用很长一段时间;因此,它们不需要连续不断购买,只需在第一次有需要时购买,或者在旧的一个已经坏掉,或变得破烂不堪时才购买。这样,大多数一次性产品会很有规律地被定期购买,而耐用性产品的购买可能非常没有规律。这一点对于生产过程的管理非常重要。如果消费者想要的所有物品都是一次性产品,那就比较容易组织起经济体系,使其在相同活跃程度上持续运行。耐用性产品的生产较难保持稳定,就是因为购买这类产品的需要是很不规律的。但是,耐用性产品对消费者非常重要;虽然果腹与取暖方面最迫切的必需品都是一次性产品,有些耐用性产品对于任何生活水准而言都是必需的,但在更高的生活水平上,耐用性产品能比一次性产品提供更切实的满足感。一次性的奢侈品主要是娱乐消遣;耐用性的奢侈品范围很广,从豪宅、华衣,到书籍、绘画、乐器、园艺植物等,都是惬意生活的典型要素。购买这些东西的人无须像购买食物那样定期下单,就可以满足自己的需要;因此,想不干扰经济运行地安排这些物品的生产,就变得更加困难。最困难的是住房建设的问题,我们将在另一个地方详细讨论。①

5.生产产品的类似区分

一次性产品和耐用性产品的类似区分,也可用于生产产品分类。一些生产产品一旦启用,就会耗尽——尽管这可能只是意味着它们进入了下一个生产阶段;另一些生产产品则可以相同的方式持续使用很长时间。在我们给出的例子中,小麦、面粉,还有石油、电力等,都是这个意义上的一次性产品;而拖拉机、轮船、面包房的烤炉等,则属于耐用性产品。一般说来,一次性生产产品是生产中用到的原材料;半成品也应该被视为另一个生产阶段的一次性产品。耐用性生产产品是生产器具——各种工具、机器、工业厂房等。基于大致相同的理由,耐用性生产产品的生产,可能比耐用性消费产品的生产更加难以保持稳定。但是,现在我们还不能讨论这些问题。

---

① 见后面第八章。

第三章 消费与投资

1.一年之期

现在,我们对生产过程有了大致概念;但在转向事实并尝试理解事实的含义之前,还需要另一套定义。我们所描述的生产与交换过程,会一直延续下去,几乎没有止境;它们从历史的黎明开始就已存在,并将与人类共存亡。虽然从某种意义上说,随着消费产品的完工与售出,具体的过程每天都会结束,但这些商品通常与其他许多商品一起生产(用于制造这些产品的耐用性生产产品大部分仍然存在,并被再次使用),因此,很难找到一个可以说是真正结束的独立的过程,就像我们已经看到的,很难找到一个可以说是真正开始的时点一样。可以限定我们的调查从而不必一并处理整个人类历史的唯一办法,是选择一个特定的时期,并把注意力集中在这个时期内生产过程的展开上。最方便择取的时期,通常(但不一定)就是一年。

在本书导论部分描述的生产统计,一般指的是一年的周期。这种统计当然要有周期的限定。说生产飞机 1,000 架而没有指明这个产量对应的时间,等于什么也没有说。两个月生产 1,000 架飞机,其产出速度是每个月 500 架。所有产出数量的测量,都必须对应确定的周期。而我们的定义,如果要与这些测量协调一致,也必须对应特定的时期。

因此,我们把注意力锁定在具体某一年(比如说 1960 年)的生产过程上。我们必须认为,整个时间流在我们之前既已展开,就像一部已经开始放映的电影。我们拿起剪刀,剪下电影的某一片段。或者也可以说,我们对着这个特定年份投下了聚光灯,而把此前、此后的一切留在黑暗之中。针对已经给出的产品分类做这样的限定,会有什么效果呢?

2.一年内的生产过程

在某一年中,生产者将产出服务和各种产品,包括一次性产品、耐用性产品、生产产品、消费产品。大部分一次性产品会在年内用掉,消费产品直接用于满足消费者的需要,生产产品用于生产消费产品。很显然,当年生产、当年耗费的一次性生产产品,不应算作当年总产量或总产出的一部分。如果我们把面包和做面包用的面粉都包含在总产出里面,那就把同一的生产成果计算了两遍;如果这样做,就没有理由不把小麦也包含进来,即使小麦还在地里,也跟收成后脱粒的小麦一样要包含进来。一旦我们把一次性消费产品和生产它们的一次性生产产品都算在内,那么就可以把生产过程分解为很多很多阶段,随心所欲地重复计算本质上相同的产品。这会导致计算的结果完全是随意的。这种"重复计算"显然应该避免。

那些在一年内生产出来并耗费掉的一次性生产产品,一定不能算作年度产出的一部分。但是,这是不是意味着所有生产产品都必须被排除在外呢?乍一看,人们可能会这样认为,但事实并非如此。因为,我们关心的是1960年的生产,而这一年产出的一些耐用性生产产品,将会沿用到1960年以后。必须特别注意这种跨年的情况。

在一年之始(1960年1月1日早晨),社会上存在一定的产品存量,包括上面说过的全部四种类型,但其中主要的无疑是耐用性产品。这些产品是上一年留下来的;大部分是上一年及更早年份的产出。上一年留下来的耐用性消费产品,包括人们居住的房屋、使用的家具、穿戴的衣服等等。耐用性生产产品包括工厂、工厂里的机器、铁路、轮船、卡车、工具等等,都是可用于未来一年生产的。留下来的一次性生产产品,包括原材料存货、正在生产尚未完工的产品、已完工待出售的产品等。一次性消费产品(不是很多)包括已经放在橱柜里的食物之类——这里要记住,零售商也是生产者,商店里的食品应该被视为生产产品。

这是一年之始的情况。然后时间的车轮滚滚向前,生产的车轮也开始转动。橱柜里的东西吃完了,取而代之的是从商店买来的新食物——这是说,生产产品变成了消费产品。与此同时,商店里腾空的地方被新的生产产品填上——这是说,年初存有的原材料,在耐用性生产产品的协助下,由工人加工生产,逐步变成了产成品。同时,其他工人利用其他耐用性生产产品,在准备新的原材料。还有工人在制造新的耐用性产品。因此,这个过程不断延续,新的消费产品源源不断进入消费,新的一次性生产产品从一个生产过程中脱离出来,又被投入下一个生产过程。

那些当年所产并在年内投入下一个生产过程的生产产品,不被视为年度产出的一部分。它们被包含在了所生产的消费产品之中。如果我们延伸视角到无限未来,应该可以发现,所有生产产品都以这样的方式融入了消费产品;但我们不能这样无限度地向前看。一年有始亦复有终;这一年的生产产品将要融入其中的消费产品,有很多是未来年份的消费产品,而非当年的。这样就有生产产品留存下来,跨过年末,就像有生产产品从上年留到今年一样。

没有理由认为,留给1961年的生产产品数量,应该与1959年留下来的生产产品数量一样多。1959年留下来的一次性生产产品,大部分已经在1960年的生产中耗费掉;新产品会生产出来替代它们,但是新产品在数量上可能大于也可能小于被耗费掉的产品。1959年留下来的耐用性生产产品,也有一些会在1960年被耗尽或者淘汰;即使没有被淘汰,到1961年1月也比1960年1月陈旧了一年;这通常意味着,它们的剩余使用"寿命"少了一年。原已存在的耐用性产品发生折旧,因此需要生产新的耐用性产品;但是,新生产不一定能够完全弥补折旧。如果不能完全弥补,社会可以支配的耐用性产品数量,到年末就会比年初少;如果完全弥补而有余,年末的数量就会比年初更多。①

这样的耗费与替代的过程,也会发生在消费产品上。1960年会有上年留下来的一定数量的消费产品(主要是耐用性产品,如住房等),同时也会有一定数量的消费产品留给下一年。检验某一年的生产活动是不是有成效,一种方法就是比较年末与年初的产品

---

① 关于这种说法的一些限定条件,见附录C。

数量。

3. 生产要素与社会产品

因此,一年的生产过程可以简要描述如下:在年初,有一定量的(全部四种)产品存货,可称之为初始存量(Initial Equipment)。一年之中,这些初始存量被劳动(Labour)加工操作,生产出一系列产品。在这些产品中,有一些是生产产品,年内又被耗尽,因此不计入当年产出;包含在当年产出中的产品,部分是当年消费掉的消费产品,部分是新增存量,作为当年生产的成果追加在初始存量中。年末留下来的存量,变成次年的初始存量;它等于第一年的初始存量,加上一年内新增加的存量,减去一年内耗费掉的存量。这就是我们需要记住的生产过程的概览。

一年的全部产品或产出,来自劳动和初始存量——把它们称为生产要素。产出分为两部分:当年消费掉的消费产品(消费)和新增存量。从而,我们可以把这个概图表示如下:

生产要素:　　　劳动——初始存量
产品或产出:　　　消费　　新增存量

从当年生产对存量的影响来看是:

1961 年初始存量＝1960 年初始存量
　　　　　　　＋1960 年生产的新增存量
　　　　　　　－1960 年耗费掉的存量

这个图表给出的分类法,对于我们将在本书中学习的经济学的全部内容,都是具有根本的重要性的。接下来要说的每一件事情,无非就是对它的详细阐述和在实际问题中的应用。当理论到达这一点时,确实开始可以被应用了。

4. 复杂性问题:服务与住房使用

在开始这些应用之前,首先要注意到,前面这种图表并不是很完整。第一点,我们跟亚当·斯密一样,没有把服务考虑在内,理由也跟他大体相同。如前面所述,亚当·斯密认为,生产过程就是劳动作用于初始存量,把它变成消费品和新的存量。而服务不能很好地融入这种描述;因此,他把它们当作"非生产性的"排除在外。我们既已决定不采取这种方法,那就必须找到另外一种方法,把服务容纳进来。如果把一年内创造的服务作为当年消费的一部分,并考虑到这些服务可能是由劳动单独创造的,没有很大程度地用到初始存量,那么确实可以轻松地融入服务项。(当然,要把服务创造出来,可能需要从初始存量中得到耐用性产品的帮助——这种情况在今天比斯密时代更为真实。例如,列车员提供直接服务,但他们在提供服务时使用大量设备。)因此,这是必须做的调整之一。

另一个调整涉及耐用性消费产品,这些产品包含在初始存量中,事实上构成了初始存量的重要部分。以住房为例。年初既已存在的住房,大部分在一年中会继续使用;它们本身就是非常有用的。人们愿意为使用住房而付费;一个人为了入住某个房屋而支付租金,就像为自己(或妻子)在商店买的东西付钱一样。我们把商店里买的东西算在一年的消费里面,而房屋使用也是消费者以同样形式购买的,因此,把房屋使用也算在一年消费里面合情合理(即使意味着概念的一些延伸),甚至可以把它算在一年的生产或产出里面。所有包含在初始存量中的耐用性消费产品(例如汽车),都可以这样处理。但是,主要由于住房经常是由居住者租用的,而汽车常常是完全买断的,因此,通常只对房屋使用采取这种方法处理。① 无论怎么说,住房都是最重要的耐用性消费产品。因此,修订后的图表如下:

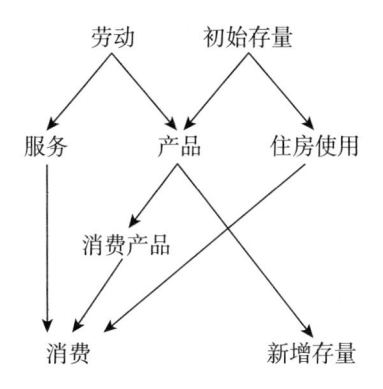

```
        劳动      初始存量
         ↓ ↘    ↙   ↘
        服务    产品   住房使用
                 ↓
              消费产品
                 ↓
         ↓       ↓       ↓
        消费           新增存量
```

一年内新修建的住房当然包含在新增存量中。

5.资本与投资的定义

现在的图表是完整的,但是,要能够加以运用,还必须引入两个新词。经济学家通常用"资本"一词代替我们说的"初始存量";用"投资"一词代替我们说的"新增存量"。我们应该了解这两个重要词汇。

---

① 另见附录 A。

到目前为止，我一直避免谈论"资本"和"投资"，因为这两个词非常典型地说明了经济学家采用了企业家使用的词汇，并赋予新的含义——新含义（至少表面上）不同于商业上的含义。资本和投资在经济学中的含义，与它们在商业实践中的含义是有联系的；本书后面将尝试澄清这种联系。但这里，我们只关心经济学含义。

在经济学中，一个社会的资本是指这个社会在某个特定时点拥有的各种物品保有量（要么是社会上的个体成员所有，要么是成员的联合如政府所有）。因此，我们说的"初始存量"，是社会在1月1日拥有的资本。在经济学中，投资就是增加资本。因此，创造所谓"新增存量"，就是投资。

在这个术语体系中，生产要素就是劳动与资本。[①] 由生产要素生产出来的产品与服务，一部分在年内消费掉（消费部分），一部分用于增加资本（投资部分）。为了生产这些产品与服务，年初拥有的资本有一部分会被耗费掉（资本折旧[②]）。因此，当年净增加的资本，是总的资本增量减去折旧。这个资本净增量称为净投资。消费加上净投资等于净产品（Net Product）。

随着后面一步步分析下去，上一段给出的定义将变得耳熟能详。因为我们的整个课程都涉及这些定义。本书接下来两篇，我们将研究生产要素——劳动与资本。第四篇研究经济体系的净产

---

① 19世纪经济学家曾经视为第三种生产要素的土地，这里包含在资本之中。这样安排的理由，见后面第八章。

② 企业家使用"折旧"一词，只包含耐用性产品的损耗。这里我们在更宽泛的、经济学上更方便的意义上使用这个词，包含了耗费一次性产品，而当年没有以相同形式给予替补的部分。

品；在那里，我们将讨论净产品是如何度量的，考察净产品量发生变化的原因，调查它是如何分配，从而导致有人富足有人贫穷的。所有这些，都是上面给出的基本分类*的发展。

接下来我们要讨论劳动这个生产要素。这方面的第一个议题是人口问题，因为，尽管不能说一国的所有人口都是生产者，但毕竟支配一国可参与生产的工人数量的首要因素，确是该国的总人口。

---

* 原文为 fundamental classifications，第二和第三章即基本分类的内容，另见原书第 17 页。——译者

第二篇 生产要素:劳动

第四章 人口及其历史

1.现代人口历史的两个阶段

我们从一些数据开始讨论。表1给出了一些国家在现代历史上不同阶段的人口概数。由于准确的人口普查在美国始于1790年,英国始于1801年,其他国家始于19世纪的不同时期,因此很清楚,1650年的数据只是猜测(尽管是谨慎的猜测),①甚至一些1800年和1850年的数据也好不了多少。只有后面几列,所有数字都是准确的。不过,表中随便哪一部分都不大可能有严重的误导性。当然,在表中所列300年间,国家边境发生了一些重要变化;最大的变化都已经考虑到了。②

表 1　各国人口　　　　　　　　(单位:百万)

	1650	1800	1850	1900	1950
英国	6	10	21	37	49
法国	16	27	35	41	41
德国	14	20	35	54	70

---

① 来自克拉克(G. N. Clark)《17世纪》第五章。
② 因此,法国的数据一直包括阿尔萨斯-洛林地区,爱尔兰的数据一直包括北爱尔兰,1950年德国的数据包括东德和西德。

第四章 人口及其历史

(续表)

	1650	1800	1850	1900	1950
意大利	13	17	24	32	46
日本			30	45	83
美国		5	23	75	151
爱尔兰	1	5	6.5	4.2	4.5

当我们观察这样一种表格时,值得注意的不是个别数字本身,而是一个数字与另一个数字的对比(这就解释了为什么只讨论概数就够了:如果数字是大概的,对比更加容易进行;细节会分散注意力,而不能增加任何重要的信息)。针对眼前的表格,至少有两种对比可以做。在一列列的数据上,我们可以对比不同国家在同一时点上的人口;由此形成的观点主要是关于政治上的利害关系问题——这种利害关系确实深刻存在。路易十四和拿破仑治下的法国之强大,就体现在1650年和1800年两列法国相对更多的人口数量上;德国、日本的实力和美国在现代世界中的分量,都反映在1900年和1950年两列数字上。军事实力不完全是人口的问题,但人口是其中重要的因素。

从经济学的角度看,由横向各行研究这个表格更有启发性。表中每个国家在整个时期都展现出了人口增长,而且通常是巨大的增长(除了爱尔兰——它被列入表中正是因为它的例外)。最近三个世纪在很多国家发生的人口增长,是历史上最惊人的事实之一,很可能是前所未有的。但是,当我们更仔细观察这张表时,会发现人口增长完全不是平稳或均匀的;在有些时期和有些地方,增长明显要快得多。我们应该详细分析这些变化。

乍看起来，比较不同阶段人口增长率的最简单方法，是计算 1650—1800 年间、1800—1850 年间等等各国人口增长的百分比。但是，由于表中时点之间的间隔时长不同，这些百分比给出的信息并没有想要的那么丰富。更好的做法，是计算每个间隔时期内的平均增长率，如年增长率——如果在整个间隔时期内都保持这个增长率，就会带来我们看到的实际人口增长。由于年增长率肯定很小（很多是小于 1％），更方便的做法是把它们表示为千分比，而非百分比。①

表 2　人口年均增长率　　　　　　　　　(‰)

	1650—1800	1800—1850	1850—1900	1900—1950
英国	3	14	11	6
法国	3	5	3	0
德国	2	11	9	5
意大利	2	7	6	8
日本			8	12
美国		31	24	15
爱尔兰	9	5	−16	−1

观察这张新表，首先映入眼帘的是：1800—1850 年间，西方国家人口增长的速度特别快。即使是增速几乎总是慢慢悠悠的法国，这半个世纪的增长速度也比平常加快。爱尔兰看起来仍旧是一个例外，其实这个例外并没有看上去的那么突出；爱尔兰人口在 1840 年之前持续以 9‰ 的速度增长，但 1840—1850 年间，由于爱

---

① 为了就 150 年间人口从 600 万增加到 1,000 万，计算出它的年增长率，我们要解方程 $(1+x/1000)^{150} = 10/6$。两边取对数，马上可以得出方程的解。

第四章 人口及其历史

尔兰大饥荒,人口开始出现下降。这张表的大部分数字给我们的一般印象是,最近两个世纪的人口历史经历了两个不同的阶段:第一阶段人口增长率加速很快,第二阶段有一个比较猛烈的刹车。这其实是正确的印象。尽管在非西方国家,人口增长高潮要来得迟很多,例如日本,人口加速增长是20世纪的现象,而非19世纪,但就日本而言,也已有迹象表明,第二阶段已经拉开帷幕,人口增长率已经在下跌。因此,我们给出的模式很有普遍性;当然,我需要对其做出解释。

人口变化无非来自两方面:一是自然增加或减少(出生人口超过死亡人口,或者相反),二是移民。上表中的数字很大程度上受到移民的影响,但这个影响还不至于大到要扰乱普遍的模式。美国的人口由于移民出现了很大增长;但19世纪的大部分移民是在1850年以后才到来的,因此,19世纪早期美国人口的惊人增长率(每年31‰)差不多完全是自然增长的结果。移民所起的作用,是阻止了增长率像没有移民那样迅速减缓下来。1840年后爱尔兰人口减少,主要是移民海外的结果,但也不尽然。

当我们考虑移民的因素时,它对表中数字造成最大影响的是意大利的情况。意大利对外移民在1880—1910年间特别巨大;因此,表格最后两列显示的意大利人口增长率要小于自然增长率。如果我们有包含了生活在本国和外国的意大利人口的数据,则表中连续各期的人口增长率就可能是诸如2、7、8、11,而非2、7、6、8。意大利的人口自然增长率直到20世纪都在持续上升,但最近几年下降很快。1948—1958年,增长率仅6‰。

下面依次针对两个阶段,探讨(1)人口增长率为什么会加速,(2)又为什么会慢下来。

2. 出生率和死亡率

人口自然增长是出生人数超过死亡人数的结果；因此，自然增长率（即表 2 中的增长率再针对移民做出调整）等于出生率（每千人每年的出生人数）与死亡率（每千人每年的死亡人数）的差额。自然增长率高，一定是因为出生率和死亡率之间差距较大；但是，差距较大可能是因为出生率非常高，也可能是因为死亡率极其低。10‰的增长率（足以引起人口相当快地增长），可能是由 35‰的出生率和 25‰的死亡率带来的，也可能是由 25‰的出生率和 15‰的死亡率带来的。1750 年以前基本稳定的人口数量（看起来已经像是一般规律），有可能（当然我们不能确定）是因为高出生率和高死亡率的结合：两者大约都是 30‰，彼此差距很小。打破这种原始均衡的主要进步因素，是死亡率的显著下降。死亡率下降毫无疑问又是由于公共卫生和医疗技术的改善——18 世纪中叶开始在北欧产生效果，但直到很久以后才在其他国家形成看得见的影响。

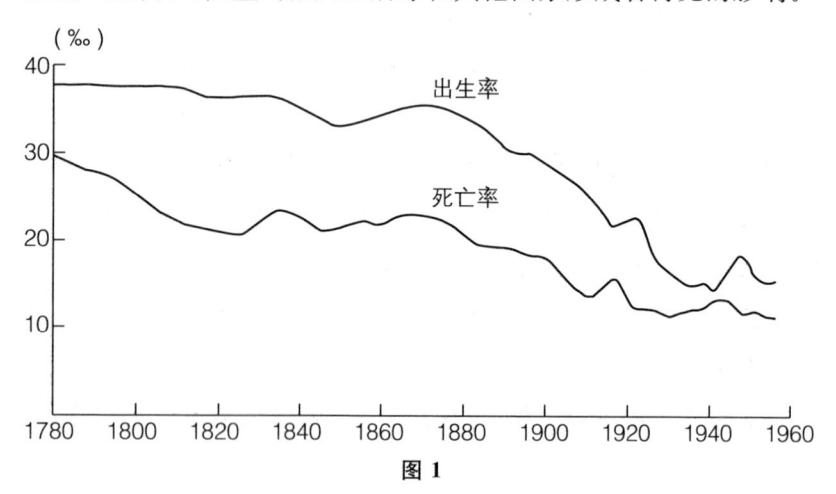

图 1

第四章 人口及其历史

图1画出了英格兰与威尔士的出生率和死亡率。到1780年（这是在保障估计安全可靠的前提下能够回溯的最早年代），英国死亡率已经在很迅速地下降；因此，有充分理由认为，这种下降在此前一些年份既已开始。这种下降持续到大约1820年；之后停顿了一段时间（应该是因为新兴工业城市的公共卫生条件太差），但1870年后继续下降。整个过程导致死亡率从1780年的大约30‰，下降到了今天的12‰。

因此，（第一阶段的）人口增长率上升，主要是因为死亡率下降；第二阶段人口增长率下降，肯定是因为出生率下降（一个更突然的下降）。如图中所见，1880年以后英国的出生率明显掉头向下；50年间从35‰降到了15‰。现在可以看到，1930年代的出生率非常之低，此后有一个轻微回升，但是，即使在1950年代中期的繁荣年份，出生率一般也只是16‰。（战后"凸起"部分可以忽略不计。每次战后都有一点凸起，主要是正常情况下应该较早就有的出生因为战争而推迟了。[①] 凸起过后出现的情况才是重要的。）

再来看其他国家，几乎完全相同的故事一再发生，尽管这个过程的两个阶段通常都要出现得更晚近一些。至少到19世纪末，表2中所有国家的死亡率都在下降，现在已经降到了与英国相当的水平。继死亡率之后，出生率也下降了。德国的出生率在1900年以前没有低于35‰的，但一旦开始下降，就降得很快。现在（1958

[①] 二战后的凸起为什么特别大，原因之一是与人们结婚的平均年龄下降有关。结婚年龄下降必然会进一步提高出生率，但是它不会有长久的影响（除非它最终导致人们拥有更大的家庭——这可能会，也可能不会）。

年)是17‰。意大利的出生率直到1920年代都没有下降,日本直到1930年代;现在两国则都是17‰或18‰。还有一些出生率明显高一些的"年轻"国家(美国还有大约24‰,澳大利亚还有大约22‰);但是,现在大部分"发达"国家的出生率都很适中,因此(尽管死亡率低),人口增长率也相当有限。

3. 出生率下降

出生率大幅下降的原因是什么呢?这个问题尽管已经做过很多研究,但我们并不完全清楚为什么。最常见的解释是生育节制即避孕的习惯;但是,避孕方法的改进可以解释人们如何在没有太大困难的情况下控制家庭规模,然而它不能解释人们为什么要如此大力度地控制家庭规模。(而且,在出生率已经下降的国家中,有几个国家最常用的方法似乎不是避孕,而是堕胎;堕胎是一种令人厌恶的方法,经常危害健康,且常常是非法的,又总是不道德的,因此,控制家庭规模的意愿必定非常强烈,才会让人们临难不辞。)必须解释的是动机,即什么原因导致人们这么普遍地想要控制家庭规模;这当然不是一个容易找到答案的问题。

1870年以前,避孕不可能有多少重要性,而我们发现出生率已经有相当大的变化,因此,回顾1870年以前的历史,有可能找到这个事情的蛛丝马迹。如图1所示,整个1780—1870年间,英国的出生率都在35‰以上(除了1840年代的明显下挫)。这无疑是很高的出生率,而北美洲的出生率甚至更高,有时达到50‰。而在法国,19世纪大部分时间的出生率不超过25‰。这些差异足以使人口扩张的速度出现很大不同。对此如何解释呢?

关于19世纪法国的出生率相对较低,通常给出的解释是这与土地所有制相关。自己拥有农场的生活安定的农民群体,有强烈的动机限制自己的家庭规模。农业以外的发展机会很少;为了抚养年幼的子女,只能析分家产,即是说,要以老一辈的付出为代价。我们可以把法国的情况与新大陆做一对比。1800—1840年,美国人口之所以能够增长如此之快,是因为父母不需要为子女的就业担忧;职业就摆在那里——"到西部去"。因此,没有什么可以阻止人口以极快的速度增长。

英国的工业革命,以更肮脏的方式提供了同样无限的机会。儿童在很小的时候就成为工人;父母几乎不费吹灰之力,就可以确保子女拥有与父辈一样的美好的生活前景——凭良心说,这些前景往往很糟糕。但是,随着生活水准(特别是教育水准)的提高,供养家庭的责任显著加重。英国出生率第一次下挫,与早期《工厂法》的出台差不多是同时的——该法案限制了雇用童工。随后,实施义务教育导致了更持久的出生率下降。我们不能证实两者之间的联系;但是,如果由于必须抚养子女到14岁,额外增加了父母的负担,却没有多少回报,哪怕是在家务上搭把手,那么,父母负担增加与出生率下降肯定有很大关系。基础教育本身可能是免费的,但是,除非父母能把子女体面抚养成人,否则子女无法从基础教育中得到好处;而妥善抚养子女是要花钱的(随着标准上升,花费也水涨船高)。

出生率下降的原因仍然有很多未解之谜,但至少就英国而言,这是一种可能的解释。类似的解释可能对表中其他国家也成立,这些国家（如我们所见）都有过大致相同的经历。但我们应该注意到，如果这就是解释，那么就没有什么必然性可言；我们不能说：某个国家因为死亡率已经下降，出生率一定随之下降。

4.人口的未来

从出生率和死亡率的角度讨论人口变化，虽然可以给出这个问题的大致看法，但现在被认为有点过时了；事实上，无须太多麻烦，我们就可以做得更好。确实，与其他大多数人类事务相比，对未来人口趋势做出基本准确的预测，可能性要更大一些。这是基于一个简单的事实：20年内将超过20岁的人，现在都已出生；因此（暂不考虑移民），我们可以完全自信地为任一国家20年后的成年人口划定一个上限。以这个已知事实为基础，关于未来人口的很多情况就可以较有把握地推测出来。我们虽然无法说出未来20年会有多少婴儿出生，但是知道现在活着的女性有多少将在未来20年间进入生育年龄，而这与生育数量有很大关系。

为了估计英国未来的人口，我们不只是按照图中的趋势，延伸出生率和死亡率曲线，推断出会是一个缓慢增长的前景，因为两条曲线非常接近。我们可以做得比这更好，因为我们掌握了关于现有人口年龄分布的更多信息。

任何国家某一时点的人口，可以按年龄组划分，多少属于10岁组，多少属于11岁组，等等。一个没有移民、完全稳定的族群，过去70年每年都有相同数量的人口出生，这种情况下，这些年龄组会形成一个递减序列，每个年龄组比前一个年龄组人数少一些

（因为每个年龄上都有一定数量的人死亡）。这种稳定族群的典型的年龄分布如图2B所示。

现在，如果人口因为额外的生育而开始增加，进入未成年年龄组的新生代将会多于旧生代当年进入未成年年龄组时的人口数量；因此，这个蜂窝底部开始鼓起，下面的横条相对于上面的横条变得更长。随着时间流逝，这个鼓起部分会向上推移；但是，如果出生人口数量继续增加，较低年龄组的人数会继续不成比例地大于较高年龄组的人数。对比稳定人口的情况，这时蜂窝的斜度会明显平坦下来，因此，蜂窝会更像是规则的金字塔。

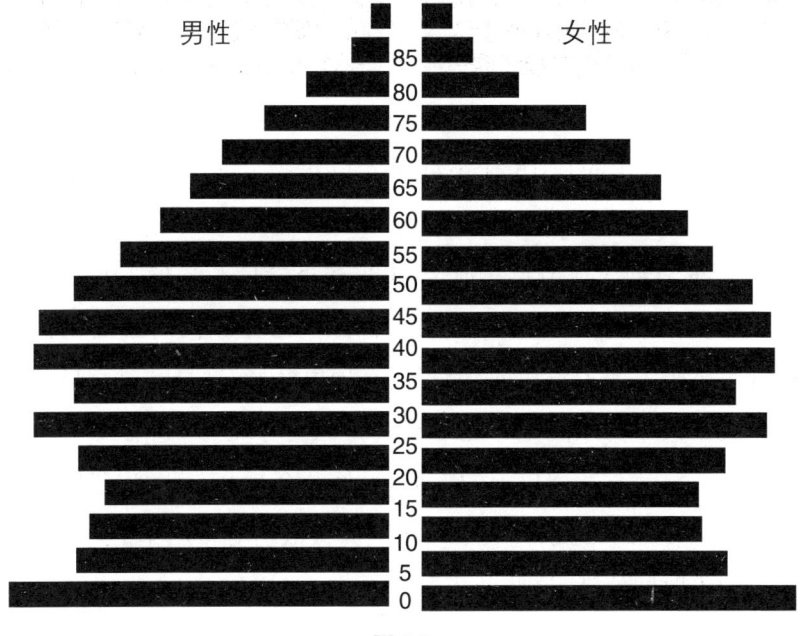

图2A

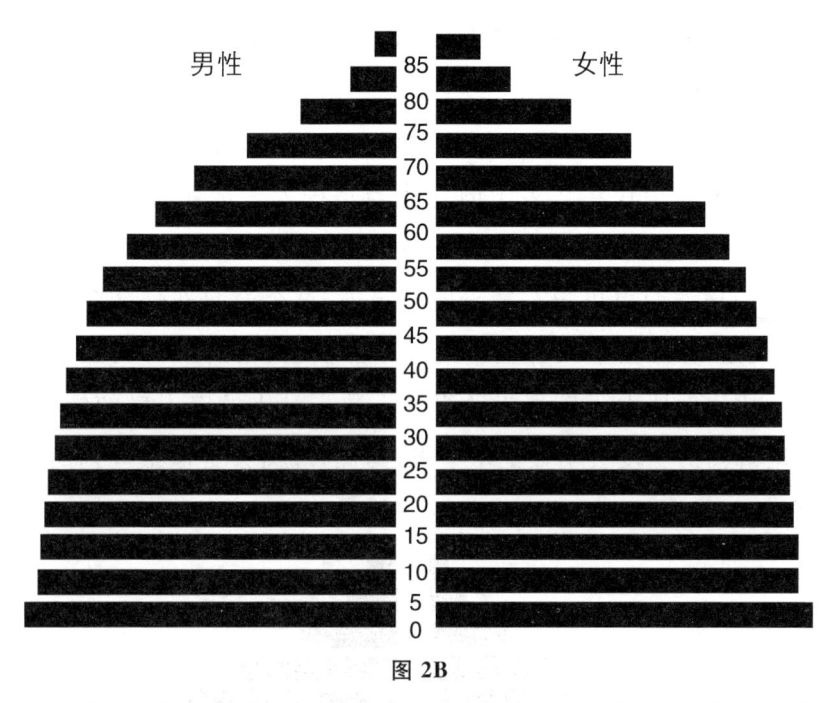

```
           男性    ▪  85  女性
                ━━━  80
              ━━━━━  75
           ━━━━━━━  70
          ━━━━━━━━  65
         ━━━━━━━━━  60
        ━━━━━━━━━━  55
        ━━━━━━━━━━  50
       ━━━━━━━━━━━  45
      ━━━━━━━━━━━━  40
     ━━━━━━━━━━━━━  35
     ━━━━━━━━━━━━━  30
    ━━━━━━━━━━━━━━  25
    ━━━━━━━━━━━━━━  20
    ━━━━━━━━━━━━━━  15
   ━━━━━━━━━━━━━━━  10
   ━━━━━━━━━━━━━━━   5
                     0
```

图 2B

图 2A 展示的是 1950 年英国人口年龄分布的实际情况。较高年龄组非常清晰地展现了这种"平坦"效果,因为它们仍然反映 19 世纪人口的快速增长。但是,出生率下降已经减少了几个较低年龄组的人数;虽然最低年龄组的人数与总量相同的稳定族群的最低年龄组人数大致相同,但我们有理由怀疑,这只不过是昙花一现。英国人口的年龄分布远非蜂窝形或金字塔形;它有三个凸出部分,一个代表 35 岁以上的人群,另外两个是 25—30 岁年龄组和 0—10 岁年龄组,分别代表了两次世界大战后更多出生的人口。

随着时间流逝,这些凸出部分会向上推移。这会带来两个重要后果。

首先,上面的凸出部分会使死亡率上升。1940—1950 年

（由于自然原因）死亡最快的人群，是当时超过65岁的人群——大体上说，就是1880年以前出生的人。到1960年代超过65岁的人，是1900年以前出生的人；由于人口出生数量直到1900年左右都是上升的，这些后来者一定人数更多。这是一股强大的力量，使得图中上面的凸出部分的人口步入死神的臂膀时，死亡率自然上升。

其次，对出生率也有影响。任何年代的出生人数，都取决于当时生活着的育龄妇女的数量和每个育龄妇女的平均生育数量。因此，即使一般家庭规模保持不变，育龄妇女的数量减少，出生人口也会减少——由于1920—30年代出生水平较低，这种情况还会持续一段时间。1930年英格兰和威尔士年龄在20至40岁之间的女性有670万人，1940年是680万人；1951年只有630万人，到1957年勉强超过600万人。到1960年代初，这个数字将进一步下降；但1965年以后，1945年以后的出生人数上升会开始伸出援手。

我们该如何看待这些考虑因素呢？1930年代，当出生率处于最低谷时（即使在这以后，我们有理由怀疑战后的人口膨胀只是昙花一现），人们的普遍结论是相当令人震惊的。出生率与死亡率之间的差距已经很小；年龄分布表明，死亡率上升和出生率下降是预料之中的；在它们的共同作用下，钳子想必会夹紧，人口增长（已经很慢）会停顿下来，甚至转为下降（数字显示的似乎正是这样）。这是本书较早一版写作时的情况；正是根据这种预期，我最初写下了这一章。但现在（1958年）情况已有不同。因为根据早先的"预测"，我们已经进入死亡率超过出生率的时代，人口应该下降。但是这种情况并没有发生。推高死亡率和压低出生率的力量(由于年龄结构)是在发挥作用;它们正在使出生率更低,死亡率更高。但它们没有强大到足以使两条曲线交叉,并且现在看来将来也不会。医疗技术的进步(几乎)阻止了死亡率上升(尽管有凸起部分);家庭规模的略微扩大使出生率保持在1930年代的水平之上,尽管育龄妇女人数仍然较少。因此,现在看来的前景是继续增长(1960年代仍有增长,但非常缓慢),此后将更快一点。当然,往前看得越远,这些推测会变得越不确定。我们能说的只是:根据目前的趋势,人口可能不会再下降;但也没有任何理由认为,会再次出现19世纪的狂飙式增长。①

这就是英国的故事。也许有人会认为,这个故事渐渐变得寡淡无味了。英国人口在经过大的动荡之后,似乎稳定了下来;其他很多"发达"国家差不多也是这样。但世界上还有一些国家,人口趋稳的态势远没有这么快,甚至(可能)还未起步。这些国家的人口才是真正的问题。

以日本为例。日本人口增长很快,但是最近,促使人口增长的力量突然受到了遏制。因为遏制是最近才发生的,较高年龄组的人口数量还是异常地少,因此死亡率也异常地低——只有7‰,相比之下,英国是将近12‰(这并不意味着日本人比英国人更健康长寿)。同时,育龄妇女的数量很多,保持出生率居高不下。出生率18‰而死亡率7‰,因此人口仍有快速增长的余地;1950年日

---

① 官方预测是:1950年有5,100万人口的英国(包括北爱尔兰),到2000年会拥有5,800万人口。目前的情况似乎正是这样。

本总人口是 8,300 万,1959 年已增加到 9,200 万,而且似乎可以肯定,在停止增长前,将达到 1 亿人口(可能在 1970 年即可达到)。但刹车已经踩下;从目前情况看,日本人口将会停止增长;不过,近期只是对年龄结构造成影响,真正停止增长还要很长一段时间。

这一章中我很少述及热带国家(亚洲、南美洲和非洲一些地区),那里的人口问题现在正是最为严重的。在很多热带国家中,现代医疗技术的应用带来了死亡率的大幅下降(这还是相当晚近的事情);而应该发挥恢复平衡作用的出生率下降,至今了无踪影。我们非常希望,这些国家将遵循与别的地方相同的路线;但是不能确定,这个过程会不会自然而然到来。而且,即便答案是肯定的,也还必须像日本正在经历的一样,处理好遗留问题。预期可能出现的后果,是下一章将要讨论的问题之一。

第五章 人口经济学

1. 两个方面的危险

在经济思想史上,有两次经济学家特别关注人口问题。一次是 19 世纪初,当时人们第一次认识到,一些国家(特别是英国)的人口正在以惊人的速度增长;另一次是最近,很多西方国家的人口似乎结束了激增的态势,人们突然意识到,人口也有可能下降。尽管下降还没有发生(现在看来也不太可能发生),但当人们认为有可能发生时,就会刺激人们的思考。不难理解,马尔萨斯——他的《人口论》(1798)真正启动了关于人口问题的严肃讨论——应该对人口增长失控、导致人口过多的风险深感不安;而他在 20 世纪的继承人更倾向于强调相反的危险,即人口变得太少,或越来越少。也不难理解,近年来,随着西方国家人口变化的前景不再那么引人注目,人们关注的焦点转移到热带地区正在发生的人口扩张上,马尔萨斯又回归了。两个方面都可能有危险,每个方面都必须考虑。

在系统的经济学思想开始发展起来之前很久,人们就已经注意到这些危险:"有些地方由于人烟稀少而变得荒凉,有些地方被过度开发,饱受贫困之苦。"①人口不足(人口太少而不能发挥经济效率)和人口过剩(太多的人口)的危险,都是实实在在的危险,尽管它们起因不同。关于这个问题的研究,包括马尔萨斯时代和我们这个时代的研究,已经可以让我们更准确地理解这些危险。

2.人口不足与小规模生产

我们从人口不足的情况开始讨论。如果考虑一下人烟稀少、交通落后的小殖民地,就很容易理解,一国处于人口不足的状态是有其可能的。像这样一个殖民地,不得不靠自己的劳动满足自身需要,必将陷于困顿而不能自拔;因为它的经济体系的组织必然是初级的、低效的。人口数量不足会从两个方面形成阻碍。首先,可能有一些事情非常需要去做,但仅靠少数工人不可能做成。例如在大江大河上架桥这样的事情,根本上就是不可能的;修建长远的铁路也许不至于根本不可能,但实际上也行不通,因为工程需要很长时间,修路者很难在有生之年看到自己的劳动成果。不过,另一个更重要的问题是,人口数量不足限制了专业化(specialization)。现代产业的高效率很大程度上是专业化的结果;工人专门从事特定的工作,结果他们在这些工作上变得非常熟练;通过使用高度专业化的机器设备,效率进一步提高。在只有几千居民的小殖民地,这种专业化几乎不可能。如果一年最多只能卖出几十辆汽车,那

---

① 马基雅维利(Machiavelli),《佛罗伦萨史》(都铎译文丛书,p.70)。

么,人们在大规模汽车生产的工序上实现专业化就是徒劳无益的。由于产品市场需求如此有限,汽车制造商会有大量时间要停工停产,结果,他们还不如荷锄耕田,在时间利用上尚且更有效一些。而基于同样的理由,所用的耕作方式将一定是原始的。现代农业使用机械和化肥,本身就依赖于大规模的工业;拖拉机、割捆机如果每年只能卖出寥寥几台,就根本不会生产出来。我们能够想到的几乎每一种专业化职业都是这样;一个小的孤立的社会,只能从事非专业化的从而也是原始的生产。用经济学术语来说,它无法利用大规模生产的经济优势。

事实上,时至今日,穷乡僻壤的社会还在经受着人口不足的劣势,虽然与外界贸易的机会大大缓解了这种劣势。贸易使小国也能够在合适的生产线上实现专业化,但它不能把这些生产线的所有产品都在国内销售出去;因为可以往海外销售剩余部分,作为交换,获得它在国内不能生产的东西,或者(这一点甚至更重要)更大量地获得可以在国内少量生产的东西——如果它不去寻求以专业化方式使用劳动力的优势,它是可以少量生产的。人口稀少的劣势有时候可以用这种方式完全克服;但也有时候,物资往返遥远国度的运输成本太高,不可能通过非常远途的对外贸易实现专业化。跨地区运输物资的成本,经常由于政府的保护性政策而人为增加。政府出于国家安全考虑,可能不希望人们变得过于专业化;但是,专业化是生产力最大化的前提,由此看来,世界析分为越来越多的民族国家(且不论有没有政治利益),对经济发展可能是一个很大的拖累。

3. 人口过多与土地短缺

人口过多的危险则有不同原因。如我们已经看到的,大部分生产是以劳动力与资本设备相结合的方式进行的。如果人口增加,作为生产要素的劳动力就变得更加丰富;这样通常就可以增加所产出的产品与服务的总量。但是,人口增加意味着必须给予满足的需要也增加了;新增的工人必须吃饭、穿衣、住宿等,因此,除非生产与人口相同比例增长,否则平均生活水准就会下降。(这是说,如果人口增长 2%,总产出也要增长至少 2%,否则平均而言人们就会变得更穷。如果产出增长低于 2%,工人的平均生产力就由于人数增加而下降了。)

如果劳动力要素增加没有伴随着另一种生产要素——资本的增加,人口增加就有可能带来平均生产力的下降。因为,如果出现这种情况,相同数量的资本设备必须在更多工人中分配,每个工人平均只能与更少的设备合作生产。共用专业设备当然是一件非常不方便的事情。最初,很可能许多新的工人只能作为"帮手"参与。而后,当设备损坏而被替换时,才有可能换上可以更好利用新增劳动力的设备。但是,只要是把多余的工人塞进一个并没有真正配置更优设备的生产体系,产出数量就不太可能跟劳动力相同比例地增长——除非劳动力供给增加能从专业化中产生新的特别重要的经济实惠。

原则上说,这就是人口过多会造成危险的逻辑。随着人口增长,平均生产率可能下降,因为资本设备没有相应扩张。反过来说,也只有资本设备未能充分扩张,才会出现人口过多问题。除了专业化之外,增加供给往往也可以克服设备短缺的问题。如果确能这样,人口过多的危险也就消失了。

但是,有一种特殊的资本品不会因为人的能动性而显著增加,这就是农业用地。① 一个社会如果缺少土地,有时可以通过侵略邻国来克服这个问题;除了这种军事行动之外,解决土地短缺几乎无计可施,节约用地、提高土地质量等,都只能在某种程度上缓解这个问题而已。只要一国的人口相对于它的领土规模一直很小,就不太可能有土地短缺,而且还会有质量上好的土地尚未开垦。当最好的土地都被深度开垦过后,人口过多的危险就出现了,新增人口的额外的粮食供应,只能依靠在砂石地上刨食,或者把开垦的边际线沿着山坡越推越高。如果你去过爱尔兰西部的拥挤地区,见过意大利农民在那不勒斯附近拥挤地带的陡坡上开垦一小块土地,你就会明白这种人口过多的现实(至少在某些地方)。印度和中国拥有全球人口的一半;他们大部分人生活一贫如洗,因为庞大的人口集中于很小的地方,不得不从那些地方觅食。土地短缺造成人口过多,是世界上贫穷的重要原因之一。

4.克服土地短缺的方法

由于这种糟糕的可能性,19世纪初对人口过多的恐慌就变得

---

① 由于这个原因,19世纪经济学家曾经把土地看作是第三种生产要素,独立于劳动和资本,而不是像我们一样,把它视为一种特殊的资本。

第五章 人口经济学

容易理解了。当时英国人口以惊人的速度增长,半个世纪内翻了一番;马尔萨斯及其追随者问道:大不列颠岛上有限的土地如何可能养活这么庞大的人口?那时候进口能够给予的帮助很小,土地短缺是一个实实在在的噩梦。似乎没有办法避免一种凄凉的前景:生活中的所有奢侈品和便利条件都必须牺牲,以满足面包果腹的迫切需要;最后连面包也可能朝不保夕。如果人口继续增长,似乎迟早要面临这样的命运。

但我们知道,这种命运被扭转了。现在英国人口是1800年的4倍还多,但遭遇食物匮乏的危险却比1800年还小。但是,马尔萨斯主义者的担忧没有变为现实这一点,并不意味着这些人的研究是徒劳无益的。马尔萨斯觉察到了真正的危险;英格兰避开了它,但另一个与英格兰非常相似的案例——爱尔兰,就未能躲避过去。

在马尔萨斯写作的时候,爱尔兰的人口是英格兰的一半,并以大致相同的速度增长。1820年以后,由于食物短缺,爱尔兰的人口增长开始受到抑制。这个地区遭遇了接连不断的饥荒,最终导致1846年大饥馑。今天,爱尔兰的人口只有英格兰的1/10左右。

英格兰是如何避免爱尔兰遭遇的危险的呢?如果英格兰不得不完全靠自己的土地养活自己的人口,那么几乎可以确信,19世纪的英格兰也会经历类似的灾难。事实上,在海上运输技术的改进使大规模粮食进口变得容易之前,英格兰的粮食已经非常紧缺;围绕《谷物法》的骚动,就是真实短缺的表象,是可能酿成更大灾难的先兆。事实上,运输成本下降,让英国人有可能利用美洲、澳大利亚等新大陆丰富的农业用地,解决自己的土地短缺问题。但是,为什么英国人可能以这种办法自救,而爱尔兰人做不到呢?

理由是,进口是必须付钱的。英格兰的农业用地相对于人口变少了,但它拥有其他自然资源,如煤炭等矿产,这些是爱尔兰所没有的。而且英格兰在不断增加人造设备、工厂和矿井、轮船和铁路等。所有这些资源,使它能够生产大量商品,用于从海外换取粮食。尽管它缺少农业用地,但整体的资本设备是不断增加的。它利用这种设备所生产的东西,大部分不能满足基本的饱腹之需,但这个困难可以通过与其他国家的贸易来解决。如果它的综合生产力没有那么快地提高,也无法轻而易举消除这个困难。

5. 这些方法可能行之多远?

以这种方式看待问题,可以得出一个意义非常广泛的结论。在马尔萨斯主义者看来,农业用地短缺是一个难以克服的障碍;任何国家的人口一旦达到土地短缺非常严重的关节,人民一定会遭受贫困,这种贫困只能通过减少人口来解决。① 今天,由于运输条件改善,一个国家的人口相对于土地供应变得非常庞大的情况,不再像过去那么危急。这种人口过剩问题可以通过工业化来解决,即增加资本设备的数量——这里是指可以由人的努力而增加的资本设备。这样,国内不能生产的粮食,可以用制成品出口换取进口。

不过,就世界上主要人口过剩国家而言,这绝不是一蹴而就的

---

① 关于这种马尔萨斯主义观点的受欢迎的现代版本,有关讨论见附录 B。

解决办法。如我们在阐述生产过程时所见,①增加资本设备的方法,是在一段时间内,利用一部分社会生产能力,制造出新的设备(即投资)。生产能力既可用于生产消费品,也可用于生产投资品。当社会的平均生产力很低时,要产出足够的消费品以满足基本生活需要,已是极大的困难;因此,剩下来用于生产投资品的生产能力会少之又少。处于这种状态的国家,就陷入了恶性循环。供应更多的资本设备,可以让它们逃脱人口过剩的陷阱,但是,它们困于陷阱已然太深,以致无法为自己生产资本设备。中国和印度确实在做巨大努力,寻找自己的解决办法;但是,它们想要通过出口制成品换取粮食,真正解决粮食问题,看来还很遥远。

实在地说(尽管这样说可能很残酷,但应该正视这个事实):亚洲在这方面没有取得更快进展,对于欧洲国家来说倒是幸事。因为,工业化只能是个别国家的解决方案,它的条件是世界上其他地方不存在土地短缺,也就是说,世界人口相对于世界的土地供应没有过多,世界作为一个整体不存在人口过剩问题。目前这个条件是不是满足,还很难断言;可以确定的是,现在没有产出足够的粮食,给世界上所有人以合适的供应;不过,经验似乎表明,假以时日,还是可以生产出比现在多得多的粮食的。但是,如马尔萨斯所说,这里一定存在限度。现在人口增长如此迅速的亚洲国家,人口已经非常稠密;这些国家的人口快速增长,意味着全世界人口快速增长。这样的增长,最终一定陷入马尔萨斯的危险。这些国家在工业化方面成就越小,危险留给自己的就越多;工业化成就越大,

---

① 见前面第三章。

危险就越是向其他国家溢出。① 无论如何,改变人口格局都有非常明显的可取之处,这一点日本已经做到了。

相对于这些大问题,像英国这样一个国家的人口的温和变化,其影响是非常次要的(如我们所见,根据目前趋势,英国的人口只会发生相当温和的变化,不会出现其他情况)。而到目前为止,我们还是要承认,三四十年代"人口下降"恐慌时期流行的观点有其真实性,即:一个国家如果能够利用自己的资源(通过生产或贸易)养活自己,并迅速增加资本设备,那么,很可能人口增长对这个国家来说更有好处。且不说大规模生产带来的规模经济,人口增长还可以刺激投资:要为新添的人口建造新的住房,要有新机器为他们制作衣服,提供其他生活便利,等等。在这种进步的国家,有很大一部分劳动力会专门从事投资品生产;这意味着(非常自相矛盾):实际上在人口增加时,更容易保持就业(防止失业)。人口增长放缓,有可能是1930年代罕见的失业问题的原因之一;尤其是美国,更有可能就是这样。实际上,人口下降可能使一个国家陷入生产方面的更大困难,比人口进一步增长有过之而无不及。

当然,这种狭隘的经济考量,不是唯一需要考虑的事情。就英国而言,和平时期我们没有受到本岛上有限的农业用地的严重制约,但是在其他方面,人口压力的掣肘确实存在。英国人口如果至少一半生活在大城市,享受聚居的好处(这一点确有其事),但同时忍受其他方面逼仄之苦,这种情况下,刚好能够养活目前的 5,000

---

① 一些人认为,工业化本身具有抑制人口增长的强大效应。可能有这么一回事;但以往的经验,如19世纪英国或20世纪日本的经验表明,不能指望这种抑制效应会很快或者自动发生。

万人口。如果"共同富裕"的趋势(这种趋势确实存在)要走得更远,①即全部人口都想过上现在中产阶级认为合适的生活,有花园,有高尔夫球场,有小汽车等,那么,这个小岛还容纳得下 5,000 万人吗?类似这样的想法有时会浮现脑海,但它们已不是经济学家过去所说的人口问题。

① 见后面第十七章。

第六章 劳动的专业化

1.人口与劳动人口

在与劳动作为生产要素有关的经济问题中,人口问题只是其一。劳动对生产过程的贡献,第一依赖于工人的数量,第二依赖于他们可以从事的工种,第三还赖于他们的努力程度。本章讨论第二个问题,第三个问题将在下一章讨论。

不过,我们必须先再谈一下数量问题。在一个国家中,工作的(即自己谋生的)人口总是远远少于总人口。失业赋闲(自愿或非自愿的)只能解释这个差别的很小一部分,大部分是由于年龄和性别。1957年,英国人口(不包括北爱尔兰)按照年龄与性别划分,其情况见表3:

表3　1957年英国人口　　　　　　(单位:百万人)

	男性	女性
15岁以下	5.9	5.6
15—64岁	15.9	16.8
65岁及以上	2.3	3.5
	24.2	25.9

在表3的同一时间点上,划为"劳动人口"(working population)

的总人数(包括统计时刚好失业的人),男性为 1,620 万人,女性为 790 万人。由于 15 岁以下就业是非法的,65 岁以上也有很大部分是这样,因此,可以把这两个数字与中间年龄段的数字做一比较。可以看到,男性的数字非常接近;这意味着 15—64 岁男性中不属于劳动人口的人数(主要是因为他们在继续求学),已被 65 岁以上仍在工作或在找工作的人所填补还有余。而中间年龄段的女性只有一半不到属于劳动人口;这已经是一个非常大的比例,因为一个健康的社会,大部分女性并不就业谋生,而是从事其他事情。

因此,1957 年劳动人口总数大约 2,400 万人。这一年的失业率始终没有超过 1.5%,长期失业的就更少了。对比战前的情况(1932 年,本世纪就业状况最糟糕的年份,失业率上升到 15%,而失业人数为劳动人口的 5%—10% 是司空见惯的),1957 年失业问题几乎可以忽略不计。政客们自然千方百计要把这个变化归功于自己。的确,政治行动是起到了一些作用。但同样确凿无疑的是,经济力量也在相同方向上发力。1957 年不仅比 1932 年更容易保持充分就业(或被认为是充分就业),放之未来,也可能再难出现这种就业状况。关于这个问题,我们将在其他地方再做讨论。*

2.职业分布

如果要给出像英国这样一个国家不同劳动力所从事职业的完

---

* 见第八章。——译者

整目录,本书的体量要比现在的大很多。① 不过,仅仅展示某种宽泛的分类,如表 4 所示,也是有用的。

农业就业人数之少特别引人注目。英国的劳动人口中只有 4% 从事农业生产;世界上可能再没有其他国家,农业人口比例比这更少的了。即使是高度工业化的国家,如比利时、德国,农业的劳动人口也在 10% 左右。一个自给自足的社会,如果农业人口也像英国这么低,将根本无法生存。英国出口制成品、进口粮食的做法,既反映在农业人口的稀少上,也反映在其他一些职业群体的规模上——这些群体因为从事出口产品生产而规模扩大了。金属行业目前占英国出口总额的一半;化学品和纺织品各占了将近 1/10。

表 4　1957 年英国的职业分布　　　　（单位:百万人)

	男性	女性
农业	0.9	0.1
煤矿矿工	0.8	
金属行业工人（包括车辆、轮船、电气设备的制造者）	3.6	0.9
纺织与服装	0.6	1.0
食品、饮料和烟草生产	0.5	0.4
化学品	0.4	0.2
造纸和印刷	0.4	0.2
其他制造业	0.7	0.3
建筑与承包	1.5	
交通运输	1.5	0.3

---

① 最完整的目录,见于人口普查报告的"职业"卷。

(续表)

	男性	女性
经销行业	1.6	1.4
保险与金融	0.3	0.2
煤气和电力	0.3	
服务(包括专业技能)	1.3	2.4
(中央和地方的)行政部门	0.9	0.4
军队	0.7	
失业	0.2	0.1
	16.2	7.9

3. 职业分布的效率要求

就一个社会的经济组织而言,最重要的是劳动人口在各种职业中的分配要有效率。这不仅意味着每种职业应该有恰当数量的工人,还意味着各岗位工人的素质也要尽可能人岗相适——有特殊才能的人,应该处在最能发挥其才能的岗位上。如果每个人只是因为他喜欢某种工作,就从事他自己所愿的职业,显然是无法达成这种理想的职业分布的;比较受欢迎的职业将人满为患,不受欢迎的职业则一员难求。一些商品或服务的产出将大大超过需要量,另外一些(其中有的可能是生活必需品)则严重供给不足。劳动在各种职业之间的分布,不能只由生产者的偏好来决定;消费者的愿望也必须考虑进去。每个生产者同时也是消费者,做这样的调整是符合每个人利益的。

已知有两种调整的方法。一种是强迫的方法。政府可能判定,某种职业需要更多人手投入;于是,政府可以选中某些人,强迫他们转到需要他们去的岗位。战争时期,在征兵的名义下,这种强迫方法被广泛运用;为实现大规模的临时性职业调动,以应对现代战争等紧急状况之所需,它可能是唯一可行方法。然而,就通常的目标而言,这种方法显然没有另一种那么有效。另一种方法是给人以激励,吸引他们转到劳动力供给不足的职业上。激励可以有多种形式。在英国,一些人可能会因为荣誉(如爵位)而被吸引到公务员队伍中去;而在苏俄,据说"突击队员"最有机会得到电影票,或者被送去度假。而最简单的激励,是为劳动力紧缺的职业提供更高工资;因为有了更高的工资,人们就会寻求受雇于更迫切需要额外劳动力的职业,而不是其他职业。

因此,激励方法的运用,不可避免会使一些人的工资比其他人高;这里,我们不要急着为这些工资差别感到义愤填膺,而是应该先仔细想一想,此外还有什么替代的办法。如上所见,一定得有某种方法调整劳动在各种职业中的分布;没有的话,任何社会都无法存续下来。唯一可资替代的就是强迫的方法。而强迫方法本身同样由于公平的问题备受责难;其他方面,它更是明显等而下之。假设一个新行业(如收音机生产行业)需要增加1,000名工人;在全部大约2,000万从事其他职业的工人中(这大体上是稳定的),具体哪些人应该转移出来呢?最理想的解决方案,是找到这样1,000个人:他们在新岗位上是最有用的,在老岗位上是最无用的,并且他们可以于己最方便地从一个岗位转到另一个岗位。这三个标准(请注意,这是三个不同的标准)并不总是由相同的一群人即可符合;不过也很明显,有一些人会更好地符合这些标准,而另一些人更难。显然,转岗的人应该是更好符合这些标准的那些。但如何找出这些人呢?如果采用强迫的方法而没有适当的甄选机制,转岗的人数可能不错,但在具体转移哪些人的选择上,往往不尽如人意。有一些在老岗位上更有用的人会被转出来,还有一些换岗对他们特别痛苦的人也可能被转移。① 因此,我们需要一种甄选的方法,用以降低这些浪费的可能性。

4. 激励办法

激励办法的最大优点,是它本身包含着甄选的机制。当收音机行业的雇主寻找1,000名工人时,他首先要估计什么工资水平才能吸引1,000名合适人选。当然,给出的工资必须高到足以吸引远远超过1,000名的总人数,必须从更长的名单中挑选出合适人选。这是整个甄选工人的活动中唯一要由收音机生产商自己及其经理人去做的事情;他们要从自荐的申请人中,选出看起来最适合这项工作的那些人。当然,这也不是一件轻而易举的事情;但对于专门从事这类工作的人来说,这个任务还是容易胜任的。他们不需要关注选择的另一面;因为,就另一面而言,给定一个工资水平,谁提交了工作申请,谁才是愿意受雇的人,认为在这样的条件下受雇于己有利。因此,被选中雇用的人,不可能陷于撕心裂肺的痛苦——就因为必须干这个活,而不能从事其他也可选择的工作;

---

① 战时采用强迫的方法时,这种事情肯定会发生;为了缓解造成的后果,必须引入各种多少有点用的设计。但这个时候,强迫方法的影响也只能容忍下来,因为转移劳动力的任务太过迫切,不得不为之;一旦紧迫性下降,就不太能够容忍了。

如果这样,他们是不会提出申请的。提出申请的人,也不大会是其他行业必不可少的工人;因为,如果一个工人在原岗位上确实必不可少,但是想换工作,他的雇主大概会提高他的工资,让他留下来。有时候,某个工人可能确实天赋异禀,两边雇主都很想要他;这时,新雇主如果开出比老雇主准备给的更高的工资,可能会把工人吸引到新岗位上。但是,如果新雇主只能靠开出特别高的工资,才招募到这个特殊的工人,那么一旦有其他路子可走,他会千方百计甩掉这个工人;这种激励方法促使他去权衡自己的需要与其他雇主的需要究竟孰急孰缓,他一般不会雇用在其他地方也特别有用的工人,除非这个工人在新岗位上更加有用。

激励的方法有这些优势;如果我们想到,现代社会需要不断做出此类调整,就会明白这些优势有多么重要。但不能忘记,运用这种激励方法,确实牵涉到收入不平等问题;它意味着,谁的才能被更迫切地需要,谁的工资就更高。资质平平、没有稀缺才能的人,工资会比较低;有时,他们的工资实在太低,公众都为此感到良心不安——毕竟他们要挣到足够的钱来维持生计。由于这个及其他一些原因,现代社会一般不允许无约束、无条件地采用激励的方法分配劳动力;一些职业规定了最低工资,人们不能在最低工资上找到工作的,可以获得失业救济金。这种安排通常都有很好的理由;但是,一旦做出这种安排,就不再是按照我们制定的理想标准来调整不同职业之间的劳动供应。而背离这些标准,就意味着效率损失。

5.技能差异与机会不平等

个人技能的差异,是前面讨论的工资差异的主要原因,它来自三个方面:天赋不同、培训不同、经验不同。一个人只有具备相应的天赋,并受过适当的培训,才能成为一流的医生,或一流的工程师;即便如此,他也只有在获得利用天赋和培训的经验后,才能最大程度地用好他的天赋和培训。培训和经验都需要时间,不同职业,需要时间长短不同;在"半熟练型"工作岗位上,工人可以在几个月内精通起来;而在专业和行政管理工作上,即使是那些最有天赋的人,除非经过多年的培训和更长时间的实践,否则也未必能达到最高的能力水平。

如果一个人的技能是通过多年培训或经验日积月累而获得,他就有可能在受过培训的或从实践中学到的工作上,干得比其他工作更好;除非得到非常强的反向诱导,否则,他习惯了的工作,就是他更喜欢做的工作。任何时候,都有很多劳动人口这样子专门从事某些特定工作;对于这些人来说,基本不存在把他们分配到恰当岗位上去的问题(似乎是这样)。但也不尽然,因为,在某个时点上专门从事某种职业的人员数量,可能多于或者少于所需要的数量。在英国,1920年代,煤矿工人就太多了;原因是发明了更节省的用煤方法(如把煤转化为电等等),煤的需要量比以前减少,结果需要的矿工也减少。但在煤炭行业有所萎缩的同时,其他行业蓬勃发展,例如,由于汽车制造业的发展,汽车行业需要比以前任何时候都多的工人。要把工人从采矿业直接转移到汽车制造业,所需的调适很难做到(因为需要的技能类型太过不同);但是,工人可以从毗邻的行业进入汽车行业,他们拥有基本相似的技能;这些工人的原岗位又会被其他人占据,等等,经过长久的轮换过程,劳动的供给适应了需求。因此,尽管有专业化问题,换岗的激励仍然发挥作用。经济史上充满了类似的转移;这中间包含了看似有价值的技能的明显浪费,但如果没有这种转移,经济发展很难实现。

如果需要从一种职业转移到另一种职业的工人数量不多,调整通常可以比较平稳、简单地进行。任何时候任何职业都有新手,也都有熟练工;如果只需要转移新手,那么必须牺牲掉的已掌握的技能就可以少一些。与成熟工人相比,让行业的新手转岗常常只需要较小的激励。要想按照需求调整训练有素的劳动力的供给,最方便的方法就是去影响新手、新入行者的抉择。

当一个少年决定从事什么职业时,他一定会很大程度地受到自己究竟拥有哪种天赋的影响(我们大多数人都很清楚,有些职业即使在最有利的环境下也不应涉足);但是,在多数情况下,他还会受到可能职业的"前程"的影响(或其父母预见其将受影响)——所谓"前程",不只是现在提供的工资问题,还涉及充分学到工作技能后可以获得更高工资的保障、稳定就业的保障等。这样的"前程"更可能出现在劳动力需求增长的行业,而不是缩减的行业;因此,基于"前景"做出谨慎决策,确实可以把劳动力引向那些最需要增加工人的职业。

但是,还有一件事情必须考虑到。提供最好"前程"的职业,通常需要长期的训练;这不奇怪,因为,很多最高超的技能只有通过长期训练与个人天赋相结合才能获得;而必须长期训练本身,也是

第六章 劳动的专业化

这种劳动力供给为什么稀缺的一个原因。直到几年前,接受更长时间教育和培训的机会还是只有富家子弟才能享有——这种限制使训练有素的劳动力的供给更加稀缺。最近二三十年间,英国为扩大这种机会做了很多事情(通过奖学金及其他资助)。结果,天赋异禀,但由于缺乏培训而无法发挥天赋的人,可能变得不那么常见了。但是,天赋异禀的人数量上总是少于技能要求更高、更重要的职业之所需;而缺口必须由这样一些人来填补:他们的技能主要来自所接受的培训,来自他们通过亲朋好友的影响而获得的仅有的任职经验,而不是因为他们自己拥有的任何特殊资格。寒门子弟因为没办法只求工作经验,不在乎收入高低,因此仍然处于不利地位;他们会更喜欢能够很快得到中等收入的职业,而不是最初收入低、后面收入可能很高的职业。(把寒门子弟推向没有前途的职业的,就是这一点;把大多数中产阶级家庭的子弟排挤出像律师这类职业之外的,也是这一点。)正是在这些方面,英国社会仍然存在最严重的机会不平等问题;但要在这些方面实现更大程度的平等,洵非易事。

我们在这一章讨论的问题显然是有争议的;这些问题又很难对付,不敢说这里讲的已经刨根究底,题无剩义。经济学中更高阶的部分,即所谓价值理论,主要就是对我们这里提出的问题进一步展开分析。尽管我们必须时不时地回到这些问题上来,但本书不打算系统研究价值理论。

第七章 劳动的努力程度

1.两个问题

我们已经讨论了劳动人口的数量和技能问题;在劳动对生产过程所做的贡献中,还有一个因素有待分析,即人们在工作上付出的努力。这一部分是劳动时间的问题,即人们用于工作的时间比例;另一部分是狭义上的努力问题,即人们在工作期间投入的精力和注意力的问题。每一个主题下,都有好几个经济学问题,而从劳资关系和劳动管理的角度来考察,这些问题尤为有趣。这里我们只能简略说明其中少数几个问题。

2.劳动时间

一般来说,人们工作越努力,产出就越多;但是,这并不意味着,劳动时间越长,产出一定越多。到某个点之后,过度劳累会减少产出。任何工作,都有一定的工作日时长是最适宜的,可以获得比任何其他时长都更大的产出。如果劳动时间少于这个临界值,产出会减少,因为工人较少时间花在工作上;如果劳动时间大于这个临界值,产出也会减少,因为新增的劳动时间被疲劳抵消了。

第七章　劳动的努力程度

工作日可能过长而不利于生产效率——这一点在早期《工厂法》时代得到了非常确定的证明；这一课给学习经济史的现代学生留下了深刻的印象，就像曾经给马克思留下深刻印象一样。[①] 现代实业家很少在这个问题上犯错误，除非突发紧急情况，迫不得已。战争期间偶尔会发生这样的事情：行业管理者抵挡不住通过延长时间来增加生产的诱惑，即使这样做实际上得不到什么好处。只要压力不是特别巨大，这种错误一般不会经常发生。

正常情况下，实际劳动时间往往明显少于可以使产出最大化的时间。这一点有非常充分的理由。当工作日处于产出最大的时长时，给工人带来的疲劳已经几近于可以让他的产出减少；因此，这个时长肯定已经非常长。大部分工人从他们自己的立场出发，宁可工作比这个短的时间，他们甚至准备放弃一部分工资，以便缩短劳动时间。

事实上，在过去 100 年间，大多数工业国家的每周劳动时间都已明显缩短。在 1840 年代和 1850 年代，工人要求的目标是每天工作 10 小时；到第一次世界大战时，变成每天 8 小时；到 1930 年代，八小时工作制已经被普遍采用，目标又转移到每周工作 40 小时。工作时间越来越短的长期趋势，主要原因很可能就是整个这个时期内生活水准的普遍上升——当然时而快一点，时而慢一点。随着工资上涨，人们准备放弃一些工资收入，以便有更多的时间享用劳动果实。如果没有足够的时间享受生活，那么，增加便利设施乃至奢侈品的供应，也不能带来更多满足。随着生活水准不断提

[①] 见马克思《资本论》第一卷第十章。

高,一而再地进一步缩短周工作时间,成为比进一步提高工资更迫切的事情。

另一方面也很明显,大多数产业工人的工作环境,使长时间工作变得特别令人生厌,无法忍受。有些人很幸运,工作可以有很多变化,他们当然不会很介意工作多长时间;他们长时间工作导致的唯一问题是身体疲惫。而当一个人的工作非常单调无变化时,他想要少做一点的欲望就可能非常强烈。也有可能,人们受到的教育变得越好,进工厂劳动的厌烦程度也会越高。

但毫无疑问,一个世纪以来工作时间的渐次缩短(在战时紧急状态下会有一些暂时的反转)是劳动者的一大收获;我们在度量所取得的经济发展时,需要考虑到这个收获。产品与服务的产量,不是经济发展的充分的衡量标准;如果只要付出较少的不受欢迎的劳动,就可以生产相同数量的产品,一般来说,人们的福祉就提高了。有时候,即使产品产量减少,这种损失也可以被更多闲暇所抵消。

这种案例确实发生过。1919 年第一次世界大战结束时,英国大部分行业的每周工作时长有一个很突然的缩短,并且这种缩短普遍持续了下来。(典型的变化是从 1914 年以前周工作时间大约 52 小时,缩短到 1919 年的大约 47 个小时。)在我们评估战争对英国产业生产力的影响时,必须考虑这种缩短。当我们发现(也确实发现),[①]1924 年人均生产的产量很可能略微少于 1911 年时,切不可得出结论说,生产力真的是在下降。如果产量有下降,也一定比

---

① 见鲍利与斯坦普(Bowley and Stamp),《1924 年国民收入》,第 56—58 页。

所预期的劳动时间减少要小一些。尽管发生战争,经济还是发展了;但在那个特殊时期,经济发展的成果,刻意被呈现为闲暇的增加。

3. 工作期间的努力与专注

与工作日时长有关的很多基本问题,往往也与劳动者在工作期间的努力与专注有关;只是实际呈现的形式彼此有所不同。工人切身感受工作给自己带来的压力,通常宁愿工作时间短一点,而不希望是雇主从生产的角度出发认为最合适的时长;同样,工人通常(尽管不总是)喜欢降低工作强度,而不是像雇主期待的那么拼命。这里就有一个实实在在的冲突,尽管我们可以发现(当我们公正看待这件事时),对于劳资双方而言,都没有什么不光彩的地方,但这个冲突不可避免会造成麻烦,它比劳动时间上的类似问题更难处理。因为,劳动时间上双方可能达成一致,并长期遵守;而一个人在工作上的努力程度可以说变就变,由于各种个人原因,今天可能与昨天不同,因此,双方要在这一点上达成一致就困难得多。这个问题大体可以诉诸以下某一种办法。

最好的办法是唤起工人对工作的兴趣,从而把利益冲突降到最小。我们看到,当一个人对自己的工作感兴趣,并觉得要为工作负责时,他就不会非常介意工作多少时间,也不会介意工作时多么困难。一个好的雇主,可能会成功唤起这种责任感,通常前提是要雇主自己不辞辛劳地照顾好员工的福利。不过,这种策略成功与否,很大程度上取决于工作的性质;当工作枯燥无聊、单调乏味时,即便是最好的雇主,也难以唤起工人多少兴趣。

次优的解决方案,是在工作强度与工资水平之间建立联系——对于重复劳动来说,这往往是可行的最优方案。它被称为绩效工资制(Payment by Results)。绩效工资的最简单形式就是计件工资,工人生产的每一件产品,都得到同样的报酬。简单计件工资制的问题是:产出的数量并不总是能够准确量度工作的强度;产品质量可能与数量一样重要;一个人的产出量可能由于他无法控制的原因而起落;一个人可能只是由于所用设备不同,产量就大于另一个人。现实中采用的绩效工资的办法,经常必须根据这些差异做出调整;在调整过程中,就可能变得非常复杂。而复杂性本身又是一个不利因素;复杂的方法容易引起工人的猜疑,觉得自己可能被蒙蔽了;在迷宫一样的制度中,雇主和工人都会被骗,这样的制度具有损害双方利益的特点!绩效工资的制度越是复杂,(大多数情况下)满意度就越低;而简单的制度又不能在保证公平的前提下,适用于更多职业的生产技术属性。① 因此,可以很好运用绩效工资办法的场合并不很多。

如果以上两种办法都不可行——工作天然单调乏味,又不适合绩效工资制,那么,唯一办法只能按劳动时间付薪(每小时或每天给固定的工资,而不管产出情况),并通过工头或其他管理者的监督,解决利益冲突的问题。很显然,这种办法不如上面两种办法

---

① 另一个困扰绩效工资制的难题是:每当生产方法或产品的性质发生变化时,必须对工资做出调整。人们可能进行某种谈判,达成双方都认为公平的工资水平;但生产技术经常变化的行业,也可能没有时间进行这样的谈判,由此带来的不公平感会使这种工资制度很难实施。

令人满意;它极有可能沦为轻度专制,而且它在很大程度上依赖于解雇的制裁。但是,仍然有不少职业(如无需技能的普工)没有能够设计出更好的激励措施。我们非常希望这些职业的范围能够缩小;缩小它的最好途径就是改进其他办法,扩大它们的适用范围。特别关注这些改进的科学是工业心理学;但是,想要取得最好的结果,需要同时从经济学和心理学两个角度来处理这个问题。

第三篇　生产要素:资本

第八章 资本品及其种类

1.资本品与失业的原因

就像前面研究生产过程中所说的那样,资本是指某个时点存在,可以某种方式使用,以满足后面一段时间需要的所有物品。这些物品有一些是消费产品,可直接用于满足消费者的需要;有一些是生产产品,它们与劳动相结合,进一步生产产品与服务。当我们研究作为生产要素的资本时,主要感兴趣的是生产产品;在本章及下一章,我们将把大部分精力集中在生产资本上。

前面我们把生产产品分为两类:耐用性产品和一次性产品。现在我们要进一步做出细分。进一步细分的目的,一方面是改进我们对资本性质的理解,同时,我们会发现,进一步细分可以为解释最重要的现实经济问题之一,即关于失业的原因,提供大量线索。失业本身当然是劳动力的问题;但失业的原因更多地与作为生产要素的资本有关,而不是与作为生产要素的劳动有关。关于失业的原因,像这样一本导论性质的书中将会说到的大部分内容,都可以在本章找到。

2. 土地的定义

经济学家通常把耐用性生产产品分为两类：(1)土地；(2)固定资本。土地包括农业用地和城市用地（用于建筑及类似目的），还包括矿区。固定资本包括建筑物、机器、工具、运输设备等。[①] 这两种生产产品的区别，受到19世纪经济学家的极大关注，他们习惯于把土地单列为一种生产要素，以表明在他们心中的重要性，而不是像这里遵循的更现代的做法，只把土地看作一种特殊的资本。但所有经济学家都同意，土地和固定资本之间是有区别的；这种区别的确切基础是什么呢？

宽泛地说，我们可以认为，土地（在其经济学意义上）是所有由大自然赋予的耐用性产品；[②]而固定资本是由人创造出来的耐用性产品。一些耐用性设备，如果我们愿意，通过产出新的设备，就可以轻而易举增加供应；这些称为固定资本。还有一些，是从过去继承下来的，当我们想要更多时，它们的供给却不能说增就增；这些称为土地。

我们不必认为，可以针对一个社会在某个时点上的全部设备，

---

① 因此，固定资本并不意味着位置上固定。这个术语有点奇怪，是经济学家从会计实务中借用的。会计师必须从单个企业的角度看待经济问题，他们认为，一家企业的"资本"就是供这家企业支配的资金总额（下一章我们将会看到，这个观点是如何与经济学概念相吻合的）。如果一部分资金用于购买耐用设备，它就在一个长时期内被"固定"下来；相反，一部分资金用于购买原材料，一旦原材料售出，资金就重新释放出来，因此，原材料又被称为"流通资本"。

② 应该注意，土地不但包含生产产品，也包括一些消费产品。如果土地用于园林、公园或住宅地基等，它就是消费产品。

精确地划分出哪些应该被视为土地,哪些应该被视为固定资本。当然,如果我们试图通过探究每种设备的最初起源而做出精确的划分,那么就要提出一些棘手的历史问题,而且往往会很难说清楚,什么是人造的,什么不是人造的。英国的农业用地可能在很大程度上是大自然的馈赠;但是,又有多少应该归功于历代农民所做的土地改良,多少应该归功于 18 世纪的围堰和开沟工程,乃至古代麦西亚人* 的开辟原始森林?据一些最权威的人士说,法国著名葡萄酒产地——勃艮第的肥沃土壤,实际上是由 2000 年葡萄种植遗留下来的残渣化合而成的。① 但是,出于经济学讨论的目的,像这样的历史问题有没有必要提出来,是值得怀疑的。无论如何,英国的土地是过去形成的,现在不可能再造出更多;我们能做的,最多只是有限度地提高土地质量。因此,可以认为它是经济学意义上的土地。另一方面,关于固定资本,重要的是它能够通过人类现阶段的努力而增加起来。

还有一种区别,有时会与上面说的区别混为一谈;尽管是以很近似的方式对所有耐用性生产产品做了划分,其实乃是完全不同的区别。有一些耐用性产品在使用时会磨损,还有一些不会磨损。大部分不会磨损的产品,是我们前面归类为土地的产品;大部分会磨损的产品,是归类为固定资本的产品。但这两种区别并不完全一一对应,看一下矿藏的例子就一目了然了。矿藏是大自然的馈赠无疑,但开采一定时间之后,必然会枯竭无复存在。

---

*   Mercians,麦西亚是中世纪早期不列颠七国之一,位于英格兰中部。——译者
①   见 G. Roupnel, *Histoire de la campagne française*, p. 249。

第八章　资本品及其种类

这里又得小心,不要把这种区别说得太过。大经济学家李嘉图,在经济学意义上把土地描述为"土壤原始和不可摧毁的力量"——这种说法的知名度甚至超过了李嘉图自己的预期。① 如果土地是大自然的馈赠,土地的力量想必是原始的;但是,在世界上很多地方,农民已经从痛苦的经历中幡然领悟,农业用地的力量绝对不是不可摧毁的。如果要保持土地的肥力,需要以适当方式耕耘;而要找到一种方式,"把取之于土壤的东西还之于土壤",可能不是一件容易的事情。"不可摧毁"这个词并不十分恰当;但农业用地的特征就是:它通常可以被持续耕耘而不致退化。如果得到适当的照料,土地可以在 50 年乃至 100 年内保持同样的肥力。

对于很多固定资本来说,情况恰好相反。无论如何悉心照料,它们都不可能超过一定期限一直适用;并且,它们容易出现意外,在还很新的时候就可能报废。通过维修,经常可以延迟更换,但当维修到了一定限度,整体更换往往来得更简单一些。无论如何,维修无非就是更换个别零部件。

现在可以清楚看到,我们一直试图对耐用性生产产品做出区分,其实这是不容易精确做到的。但是,我们确实可以区分出耐用性生产产品的一个重要类别——这类产品的现有供应量中,每年一定会有一部分损耗掉,同时一定有新的供应生产出来,添加到总量中,替代损耗掉的那部分。现代社会须臾不能没有这类产品,但也正是因为这种依赖,使经济体系很难保持平稳运行。下面我们来看这是为什么。

---

① 《政治经济学及赋税原理》(1817),第二章。

3.固定资本与建造行业。生产的不规律性

专门生产新的固定资本品的行业,称为建造行业(constructional trades)。建造行业的工人,大部分都属于我们在前文 62 页*表 4 中标记为"建筑与承包"和"金属行业工人"的那些群体。从表 4 中可以看到,在英国大约 2,400 万劳动人口中,有将近 600 万人专门从事这些职业。但是,由于金属行业在英国出口中的重要性,我们见到的这个数字是夸大的。其他工业化国家的占比应该低一些(比如说占总量的 15%—20%)。

建造行业有双重任务:建造新的固定资本,更换损毁的旧的固定资本。为了说明这两个功能如何组合在一起,我们举一个量化的例子。假设一个社会拥有 1,000 艘轮船,并假设轮船的平均使用年限是 20 年。那么,在完全平稳的环境下,每年稳定建造 50 艘轮船,就可以一直保持 1,000 艘轮船可用。每年会有 50 艘轮船损坏,又有 50 艘新的轮船取而代之。经过 20 年,所有轮船都更换一遍——这也正是这些轮船逐步损坏、需要替换的时间。

现在假设,这个社会不再满足于 1,000 艘轮船的固定数量;为了满足人口增长或贸易扩张的需要,所需轮船数量开始以一个均匀的速度增长,比如说每年 3%。为了在次年有 1,030 艘轮船,新建造的轮船数量必须从 50 艘增加到 80 艘。如果每年建造 80 艘轮船,可用的轮船总数就会有规律地持续增加。

---

* 指英文版页码,见本书边码,下同。——译者

第八章　资本品及其种类

这更像是现实世界中通常发生的情况；但应该注意，现在造船业产量的稳定，取决于轮船总需求以一个稳定的速度增长。而需求增长速度的稳定性，显然是很不容易得到的。人口本身尽管（到目前为止）一直在增长，但并不是完全稳步增长；同时还有其他更不可靠的因素需要考虑。发明创造，人的需要改变等，都会引起对某种固定资本需求的突然加速或延缓；政治变故（特别是战争及其影响）甚至干扰更大。即使经济发展一直持续而没有大的停顿，发展的速度也可能由于各种原因而加快或者减缓。

即使发展速度的变化本身非常温和，对建造行业的活跃度也会产生很大影响。上面说到，如果每年制造 80 艘轮船，可用的轮船总数会从 1,000 艘持续增加到 1,030 艘、1,060 艘等。现在假设，第二年，所需轮船的数量比这略多一些；所需轮船数量是1,050 艘而非 1,030 艘，并不意味着航运需求有什么大的波动。但是，如果要在第二年有 1,050 艘轮船可资使用，需要建造的轮船数量就必须是 100 艘而非 80 艘。如果第三年又只需要正常的1,060艘轮船，该年需要建造的轮船数量就只有 60 艘（其中 10 艘是总供给增加，50 艘照常用于更换）。这意味着，如果有足够多的工人专门从事造船业，能够在繁忙年份建造出 100 艘轮船，那么第三年就要有 40% 的工人失业。

事情还不止于此。上面一直假设，现有的轮船会以均匀的速度损坏。如果发生某种情况（例如战争），导致轮船损坏比平常更快，对新轮船的需求就有可能进一步波动。为什么损坏速度可能不稳定，还有一个更隐晦的理由。如果过去建造轮船的速度是不规律的，现有轮船中有很大比例都是在过去某些年份建造出来的，这些轮船的损坏时间就可能很集中。(这跟人口的年龄分布是同样的问题;如果现有轮船的年限分布很集中,就像当前英国人口的年龄分布很集中一样,那么,在集中的这批轮船损坏最快的特定年份,就会有特别多的轮船需要更换。)现在我们明白,建造行业的产品需求之所以难以保持平稳,是有很多原因的;而这一点与英国(乃至全世界)的当前形势休戚相关。

1939—1945年战争期间,非常多的固定资产被摧毁;与此同时,很多正常的替换,即如果那些年没有战争就会发生的替换,也都没有落实到位。因此,战争结束时可资使用的固定资本品供给非常之少;世界不仅需要更多轮船,还需要更多住宅及其他建筑,更多车辆,更多机器,更多几乎所有建造行业的一般产品,这不仅是为了能够正常地提高生产能力,也是为了能以正常效率恢复已经习惯了的生产过程。这是资本品的真实的匮乏。这时,资本品匮乏本身使生产新的资本品变得更加举步维艰,因此,尽管建造行业已经满负荷投入生产,还是需要很多年(可能直到1950年代中期)才能说把缺口填上了。在那以后,对资本品的需求仍然居高不下,但已经是一种比较正常的需求,不能再像持续匮乏时可以做到的那样,一直保持很高水平。因此,这时的建造行业与(比方说)1955年以前相比,出现失业的危险更大了。

4. 失业的扩散

根据经验来看,毫无疑问,当失业来临时,建造行业会遭受特别严重的影响。而且,由建造行业的不稳定性导致的失业,不仅影

第八章　资本品及其种类

响建造行业本身,还会扩散到其他行业。因为,当建造行业陷入萧条时,这些行业的工人不得不减少支出;结果是对其他行业产品的需求也减少了。失业病是会传染的;一些行业先被传染,其他行业相继传染;作为传染源的常常是(尽管不总是)建造行业。

失业病毒的传播机制非常简单。大多数人的开支,都是基于他们通过劳动获得的收入,如果劳动的人减少,可以支出的收入也会减少,可以卖出的商品相应减少。因为可以卖出的商品减少,生产商品所需的人手也就减少,因此,可以被那些行业雇用的人也减少。这种机制不是失业的根本原因,但它是失业从一个行业扩散到另一个行业的途径。

失业的扩散不受国界的阻隔。很多人会用一部分收入购买进口商品;当他们不得不减少开支时,也会少买一些进口商品,这就会影响到这些商品的外国生产商,导致外国生产商所在国家的失业。即使所买的商品从表面上看是国内生产的,也常常包含一些海外进口的原材料;因此,如果国内生产减缓,进口的原材料就会减少,这也会导致那些原材料的外国生产商出现失业。如果我们从海外生产商的角度看这个问题,就可以看到,失业传染病是如何经常地从外部传入一个国家的;仅就这个国家而言,主要受到打击的倒不是建造行业,而是出口贸易行业。英国经常要经历这样的事情。①

---

① 在1930—1932年严重失业时期,几乎所有国家的经验都表明,出口贸易行业是最大受害者。这是普遍实行贸易保护政策的直接后果。每个国家的政府发现人民减少了支出,失业因此增加,于是竭力促使他们压缩进口,而不是减少购买国内生产的商品;结果是把失业的压力推给外国人,推给外国的出口行业。所有国家(接下页注)

如果能够找到一种方法,把建造行业的产出熨得更平整,从根源上消除麻烦,那么大部分困难都会迎刃而解。有很多方法可以实现这一点,例如在行业不景气时更换设备,而不是在技术上最方便的时候更换设备,等等。正是在这个方面,现代社会的经济体系比任何其他方面更需要集中的"计划";但是,制订固定资本品的稳定产出的计划,从来不是一件容易的事情。(实践中,它总是会因为政治上的考虑而变得复杂;很多建造行业都可以转向武器装备制造,因此,在这些建造行业上,政府有着不同于经济利益甚至可能与经济利益相冲突的其他利益。)这是现代世界的一些基本问题。

5.营运资本与存货——与库存相关的生产不规律性

关于耐用性生产产品的分类,我们已经分析了很多;现在来看一次性产品是怎么样的。对一次性产品必须做的区分,也关系到产出规律性的问题;但是,这时的问题自然呈现不同的形式。任何时候,生产者手中的一次性产品,部分是事实上正处于生产之中的产品,即"在产品",以及从一个生产阶段传递到另一个生产阶段的产品。这些我们称为营运资本(Working Capital)。① 还有一部分是此刻尚未进入生产过程的原材料存货,尽管它们是以前出产的,

---

(接上页注)都这么做,于是所有国家的出口行业都遭受了相似的损害。而且,现在出口贸易有很大一块本身就是建造产品的贸易,因此变得比以前更加脆弱。现在,其他国家建造速度的波动,会比以前更激烈、更直接地打击英国的出口。

① 旧的名称是流通资本(Circulating Capital)(见前面76页脚注)。

第八章　资本品及其种类

并预期将用于后面的进一步生产;我们称之为存货(Stocks),或预留存货(Reserve Stocks)。① 我们可以把营运资本看作是生产规律性的象征,尽管前面讨论了生产的起伏,但大部分生产过程确实一直是有规律地进行的;而当我们谈到预留存货时,会遇到一些新的不规律现象。

如果消费者的需要没有改变,而是日复一日年复一年地保持原样,同时商品产出也没有改变,那么企业就没有必要过多持有预留存货。但是,由于制造商常常不知道下一份订单会是什么样子的,针对不同的订单,通常又需要很不相同的原材料(如不同质地的原材料),因此,他需要保留存货在手,从而能够快速处理接到的订单。(或者,存货可能不是由制造商自己持有,而是由其他商人持有——这些商人随时准备向任何需要供货的制造商销售存货。)决定为此目的需要持有多少存货,是企业经营中一个非常棘手的问题。如果持有存货较多,订单可以更快完成交付。快速完成订单对企业的声誉来说固然是好事,因为这样做可以更好满足消费者的需求;但是,持有大量存货的代价也不可小觑。避免浪费的最简单方法之一,可能就是让存货减下来。

假设在某个行业,制造商(或商人)的习惯做法是持有相当于通常 3 个月生产所需要的原材料存货。他们可能长期持有这个存货量,即可能"滚动使用存货",每个月从存货中取出本月的供应

---

① 在牛津词典中,Stock 一词有 58 种不同的意义,其中相当多的意义具有经济学上的重要性(下一章我们将碰到另一种意义)。因此,美国人非常明智地用另一个词(Inventories)来表示预留存货;但这个词在英国也有另一种意义,因此我们学美国人还是得不到好处。

量,再用原材料生产商新供应的相同数量取而代之。只要这样持续下去,就不会有脱节。但是现在假设,这些制造商决定压缩存货保有量,从现在开始,只要保存2个月的供应量就够了。在发生这种情况的当月,制造商会从自己的存货中取出与通常一样的数量,但是不会发出与通常一样的订单,补足用掉的存货。这个月中,原材料的需求会中断,中断过后又会恢复正常。

这种脱节值得仔细琢磨,因为它告诉我们,原材料生产行业的产品的需求变化,并不一定准确对应于最终消费者购买的变化。商人和制造商持有的存货,构成了原材料生产者与最终服务的消费者之间的一种缓冲。这是一种有弹性的缓冲,它本身会有一定膨胀和收缩。但是,当原材料生产受到干扰时,就会对库存造成最重要的经济后果。

很多原材料是农业经营的成果(例如小麦、棉花),因此,供给必然是每年的某些特定时候才有。但对这些原材料的需求是连续的,并且它们可以保存到被需要之时;商人建立了非常精巧的组织,以便大规模保有存货,因此,季度性的供给可以保障全年均匀地使用。① 但有时候,这种组织会受到特别的压力。如果压力来自农业大丰收,它可以应对得很好。明显可取的应对办法就是把多余部分保存下来,因为预期未来某个时候会出现歉收。但是,如果两次大丰收接踵而至(这并非从未发生),那又会怎么样呢?由于粮仓爆满,保留更多存货的成本迅速上升,必须向农民发出减产的信号。如果产品需求增长很快,但是农民高估了需求增长的速

---

① 这种组织包括有组织的产品市场,其市场报告我们在前面第7页提到过。

度,从而他们的产出超过了消费者当下准备购买的量,这时也会发生同样的事情(这在现代世界经常发生)。无论哪种情况,仓库里都塞满了多余的存货。

对我们来说,花点时间思考一下随后出现的情况是有好处的,因为很少有经济问题会引起比这里更多的误解。无论是大自然变幻莫测的产物,还是人们计算错误的结果,总之,生产者提供的产量超出了他们原本希望的产量,也超出了作为以后年份的长期策略而愿意生产的量。如果出产的是容易腐坏的货物,可能除了销毁之外别无他法;因此,当水果产出过剩时,多余的只能留在树上,因为往市场运送水果所需要的劳动力也找不到。如果货物容易储存,就有可能长期持有多余的供给;小批量地缓慢释放出来,这样在销售时,就不会造成多少干扰。介乎两种极端之间,一般的情况是:货物可以储存,但储存成本不菲;因此,人们可以持有存货,但持有存货的人都希望一旦得便就把它处理掉。这种情况下,多余货物通常会在出产后两三年内被消化掉;在这几年中间,对新供给的需求会少于正常水平,因为消费者的需要在很大程度上由剩余存货给予满足了。因此,这几年一定是生产者失业或不充分就业的年份。故不奇怪,在一些情况下(如 1931 年后的巴西咖啡的著名案例),生产者宁愿采取针对易腐货物必须采取的解决方案:销毁多余存货! 因为,这样他们就摆脱了消化多余存货的尴尬过程,否则,这个过程会让他们在一段时间内一直揪心不止。①

---

① 关于巴西咖啡的问题,见罗维(J. W. F. Rowe)著《市场与人》第二章。即使在最初的生产过剩危机发生过后的几年里,巴西政府仍继续实施销毁多余存货的政策,这时他们这样做的理由就很脆弱了。

1940年代，世界面临了相反的问题：原材料持续短缺，生产者无法补充。在这种情况下，商人建立的市场组织也帮不上大忙；因为，一旦存货降到了最低限度，就不再能够发挥缓冲的作用。政府竭力通过接管存货，自己下场应对这种局面；这样做丝毫没有增加存货供给，但帮助引入了分配机制和定量配给，由此，现有的供给可以在制造商和消费者中间更公正地分配，但不一定更高效。没有理由认为，这种在严重短缺情况下有其必要性的分配机制，比之在更正常情况的市场机制，有任何优胜之处。事实上，随着短缺缓解，市场分配已经普遍恢复起来。政府无疑比过去更愿意在市场机制看似不起作用时介入干预；但总的来说，只要情况比较平稳，还是留由市场来分配。

这一章研究的问题非常艰深；关于这些问题，除了我们这里能说的，还有更多内容可以讨论。但是，进一步讨论马上会把我们引入高阶经济学。就现在而言，只要我们明白，在安排用到复杂设备的生产过程时，不可避免会遇到一些困难，那就足够了。应该看到，这些困难大多是生产过程本身所固有的，不依赖于资本的私有制。私有制的一些影响，将在下一章讨论。

第九章 私有资本

1.资本所有权的变化

如果资本品要在日常生产过程中发挥作用,就需要得到照料;必须有人负责确保耐用资本品保持良好状态,确保所有资本品都得到有效利用。在社会主义制度中,照看社会资本设备的职责由公务人员行使;在私有产权制度中,这个职责由拥有资本的私人来行使。对于一些社会来说,按照这种思路论证私有产权制度是非常有说服力的;例如,农民所有制作为一种土地占有形式,其巨大优势就体现于农民对属于自己的土地的无微不至的照料上。如果资本归私人所有可以得到更好的利用,并且所有者得到的利润总体上不超过他们照料自有财产所应得的合理回报,那么,资本由所有者管理,而不是由公务人员管理(公务人员还需要付薪),可能更符合整个社会(包括非财产所有者)的利益。但是,只有财产所有者实际照料自己拥有的资本品的情况,才能按照这些思路为私人所有权辩护;而实践中,财产所有者亲力亲为的情况已经越来越少见。因此,私人所有权的存在理由变得非常脆弱;或至少,它必须找到其他依据。在这一章,我们将给出过去 200 年间资本所有权性质变化的大致脉络。

2. 私有企业或合伙企业

引起资本所有权变化的最重要因素,是大规模生产呈现出来的愈益突出的优势。大规模生产的新方法不断创造出来,其中一些方法大大提高了生产效率;因此,在很多行业,为了利用更高效的生产方法,企业规模必须不断扩大。18世纪中叶,雇用几十个人的企业已经是大型企业;到1815年,出现了少数雇工达几千人的巨无霸企业。这种扩张速度当然不可能一直持续,但是现在已然到了这样的地步:雇工千人以上的企业比比皆是,少数最大的联合体甚至远远超过了一万人。而且,所用资本量的增长通常快于雇工数量的增长,因此这些数字尚不能完全反映发生的变化。这样一个量级的变化,一定影响整个资本控制问题。①

当企业普遍是只有几个雇工的小作坊时,一般来说,生产所需的资本品可以由一个人从自己的财产中拿出来,或许也有一部分(可能是房屋)可以向其他人租用。如果企业经营得当,获利丰厚,一部分利润就可以用于添置更多资本品,扩大企业规模。但是,除非条件得天独厚(如早期棉纺织行业那样),否则,靠这种方式发展的速度是快不了的。企业起步很小的话,即使经营得当,通常也长不太大。

---

① 应该注意,这种生产规模的变化,无论如何发生,都可能对所有权造成影响。这一点在农业历史上可以找到很多例子。18世纪后期英国的圈地运动是其中一个例子,俄国的农业集体化(在农民所有权基础上起步的共产主义革命)几乎可以肯定是另一个例子。

在这种原始的企业组织中,企业的经营者、控制者和资本的所有者都是同一个人。[前辈学者最初把这个人称为企业的"承办者"(undertaker)。19世纪的经济学家由于担心误解,挑选了法语同义词"企业家"(entrepreneur)。]但是,在大规模生产的优势开始彰显之际,创立一家大型企业所需的资本,超过了一个人从自己的财产中能够拿出来的量;更确切地说,恰好有这种能力的人没有几个能够做到这一点。而如果很多人组合在一起,以他们联合的资源共同提供必要的资本设备,就可以解决这个问题。这种联合的法律形式就是合伙制(Partnership)。

合伙制是少数人以共同所有的形式持有资本的一种制度,在法律上,共同所有权意味着共同经营。但常见的情况是:一些合伙人在资本管理上发挥了比其他合伙人更积极的作用——合伙人分为积极合伙人和"隐名合伙人"(sleeping partner)。隐名合伙人完全把自己交给同伙;他允许其他合伙人代为管理资本,不仅能否得到好收成取决于他们的管理,能否保全资本也取决于他们的管理。一个人不打算在经营管理上积极作为而加入合伙企业,是非常危险的事情;这意味着他对合伙人非常信任。

3.借款与贷款——纸面上的资本所有权

很显然,一定有一些资本所有者是不愿意加入合伙企业的;不过总有其他方法,可以让这些人的财产用于生产经营,但自己不参与到生产经营之中——这种方法就是借贷。当企业家通过借入资本获得对资本的控制时,他对出借人的债务就由合同确定下来,合同写明了在规定日期偿还一定金额的货币等等。出借人对于合同规定的有确凿的合法权利,此外没有其他权利。毫不奇怪,财产所有者常常宁愿持有这种确定的合同,而不愿在合伙企业中与他人紧密联合。

资本借贷可以是实物的形式,也可以是货币的形式。如果资本品是土地或房屋,我们可以安排租用某一处资本品,并明确承诺将来会完璧归赵;但是(至少在一般商业往来中),一次性产品不可能以这种方式租用,因为它们将在使用过程中逐步消耗掉。因此,如果是一次性产品,借贷只能表示为一定金额的货币价值,并在未来某个约定的日期以货币归还;即使是耐用性产品,以这种方式借贷通常也更加方便。借款人不是直接借入资本品,而是借入一笔钱,再用这笔钱购买他需要的资本品。

这种货币借贷导致的结果,我们应该仔细加以考虑。如果资本品归合伙企业所有,那么显然,合伙人就以共同所有权的形式拥有这些资本品。如果地主出租土地给佃农(或者房东出租房屋给房客),很显然,地主仍然拥有所出租土地的所有权;佃农只是得到财产使用权。但是,如果一个企业家借入 1,000 英镑,用这 1,000 英镑添置由他使用的资本品,那么这些资本品并不属于出借人,也不是出借人和借款人共同所有;它们属于借款人,借款人完全有权随心所欲地处置。但他个人不会因为所拥有的资本品增加而变得更富有(当然,如果他很好地利用这些新增资源,最终可能会变得更富有);由他支配的资本品增加,会被他负担的 1,000 英镑债务所抵消。同样,如果出借人为了能够出借这 1,000 英镑,卖掉了自己的资本品(比如房产),他也不会因为拥有的资本品减少而变得

第九章　私有资本

更贫穷；这个欠他的1,000英镑债务，替代了他出手卖掉的资本品。当我们考虑具体人员的个人"资本"时，必须把欠他们的债务当作他们"资本"的一部分，而他们所欠的债务又是他们"资本"的扣除项。这就是经济意义上的资本（资本品）与商业意义上的资本（可能只是意味着几片确认债权的纸张）彼此不同的原因。债权代表着转移出去对资本品的控制权，换回约定的每年支付多少的承诺。

对比出借人和隐名合伙人的境况（出借人在放出贷款后，最好称为债权人或债券持有人[①]），可以看到：隐名合伙人的收入完全取决于他合伙的企业的经营状况，而债券持有人只要借款人有能力偿付，一定可以严格按照约定的承诺获得收入。债券持有人面临的唯一风险是债务人违约风险，而总是有法律制度保证，债务人只要有能力就必须偿付（至少就一国之内的债权债务而言是这样）；但是，债务人无力偿付（或无力全额偿付）的可能性也一直存在。因此，如果出借人有充分理由相信借款人的偿付能力，他会更愿意向借款人放款。很多时候，出借人自己无法获得关于借款人情况的必要信息，因此在借款人与出借人之间有很大的活动空间留给中介——对于中介自身的偿付能力一般出借人是有信心的，同时，中介在投放受托的资金前，可以开展必要的调查。这些中介的工作称为金融；有各种各样的金融机构，其中最重要的是银行。[②]

[①] 大体上说，两者的区别是：债权人是短期出借资金，债券持有人是长期出借资金。

[②] 关于不同金融中介之间的相互关系，经济学专业的学生在学习货币课程时，会重点关注。

在出借人评估贷款给某个特定借款人是否安全时,他必须考虑的主要因素之一,是借款人另外拥有的资本的数量多寡。如果一个人自己没有资本而想借入 1,000 英镑,他的努力多半不会成功;因为,即使他的投资计划看起来很有前途,他的企业遭遇最轻微的风险,也会让资本价值跌破 1,000 英镑,由此,他极有可能无法全额偿付债务。即使他自己拥有 1,000 英镑,投资于企业的资本损失一半的风险还是不可小觑,因此出借人还可能认为这样的借贷是不够安全的。但是,如果他已经拥有 10,000 英镑的资本,再借 1,000 英镑用于前景看好的投资,通常不费吹灰之力;因为,价值 11,000 英镑的资本品投资于特定企业,很少有可能会出现如此巨大的损失,以致 1,000 英镑的债务都无法偿付。"凡有的还要赐予他"的圣训*是不是经济规律可能尚有争议,但"凡有的还要借给他"大概确是一条借贷的规律。

4. 股份公司

合伙与借贷两种方法,直到 19 世纪中叶,都是英国(在正常情况下)单一企业增加资本的仅有的两种合法途径。但是,即使把它们用到极致,也只能筹集起数量有限的资本。这是因为,如果合伙人超过六人左右,合伙企业就难以平稳运行;而一家合伙企业能够借到的资金量,又取决于合伙人自己投入的资本。比方说,如果合伙人自己已经投入 10,000 英镑,并借款 10,000 英镑,要想进一步

---

* 见《圣经·新约·马太福音》25:29。——译者

借款就可能变得非常困难,理由已如上述。最终克服这些困难的办法是成立公司,而不是合伙企业——成立公司是组建大型企业的更便捷的方式;但在 1850 年代以前,成立公司的唯一合法途径是取得皇家特许,或者通过特别立法(像早期铁路那样),而这些途径都是代价高昂的。当时所谓的公司,也是以不太正规的方式创立的,法律上,只不过是扩展了的合伙企业,因此,对于组成公司的人员来说,它们的法律地位仍然是不正常的、有危险的。

这些公司的组成人员所面临的特殊危险,是无限责任的危险(所有隐名合伙人也面临同样的危险)。法律没有把合伙人的私有财产与他已经投入合伙企业的资本,明确区分开来。如果合伙企业不能偿付债务,合伙人的全部财产都有可能被拿去抵债。因此,很多隐名合伙人遭遇了无妄之灾;某家与他有些"利益相关"的企业突然倒闭,就会吞噬他的全部财产。①

英国法律在这个问题上的重大变化,来自一系列的公司法(以 1862 年的法案为其高潮),这些法律使成立有限责任的股份公司变得很容易。有限责任公司的股东一般只以他的出资额为限,对公司的债务负责;如果他买入价值 100 英镑的股份,公司彻底破产清算,他可能损失这 100 英镑,但不会损失更多。因此,股东面临的风险比隐名合伙人小得多(某种意义上他继承了隐名合伙人的角色)。这样一来,有几百名(甚至几千名)股东的公司就应运而生

---

① 这种灾难可能成为家庭剧本的创作源泉,这对电影小说家来说是天赐良机;但有一位小说家[瓦尔特·司各特爵士(Sir Walter Scott)]亲身经历了这一切。他用威弗利系列小说所得的利润,成为一家出版社的隐名合伙人。这家出版社破产了,给他个人留下了高达 13 万英镑的债务。

了。公司这种组织形式所能汇集的资本量,远远大于合伙企业所能汇集的资本量。

法律上认为合伙企业的所有合伙人都会积极参与共同资本的管理,这可能不无道理;但是,要说人数众多的股东(其中很多人只有很少一点股份)可以在一家大公司的管理上发挥积极作用,显然是荒谬的。股份公司的法理是:股东选举代表即董事,为自己管理资本。为了保护股东免受可能滥用职权的董事的侵害,法律支持一些防护措施,如一定程度公开账目,惩处以欺诈手段募集资本(募股说明书中的虚假陈述等)。公司立法的历史,是法律与一小撮诡计多端的无赖明争暗斗的漫长故事,这些无赖的活动构成了公司发展的阴暗面;毫无疑问,在英国,法律在这场斗争中占了上风。在后来的一部公司法(1908)中,还规定了一种处于合伙企业与旧式股份公司之间的混合公司制度,即私人持股公司(Private Company)。因此,现在英国的企业主要有三种法律形式:(1)无限责任的合伙企业依然存在,但它的主要据点是在所需资本很少的行业。(2)小型企业主要组建成为有限责任的私人持股公司,股东不允许超过50人,没有公开账目的义务(因为人们认为,股东人数少,通常对企业会有个性化的认知)。(3)当企业希望股东超过50人时,就必须成为公众公司(上市公司,Public Company),它的股东人数不受限制,但必须服从账目公开的规定(这些规定由于1948年的公司法等而不断得到加强)。大多数最大型的公司自然采取这种形式。

5.人们为什么愿意成为股东？

因此，现代公司有两种方法获得开张或扩大经营所需要的资本品：一种是借贷，另一种是发行股票。买了股票的股东，在某种意义上是公司的共有人；他们推选董事作为自己的代表。但是，任何法律规定都不可能带给股东推选合格董事所需的信息；①事实上，一家新公司的董事通常在股票发行之前（即在股东成为股东之前）已被任命，并且他们通过增选其他董事来保持自己的地位，这些董事的选任只需得到沉默的普通股东的批准。因此，更符合事实的看法是：公司的董事自己组成了一种合伙关系，自己投入一部分资本，并通过借贷和发行股票，获得额外的资本（经常远远超过他们自己投入的量）。如果从这个角度看问题，会发现股票发行本身变成了一种借贷，它与其他借贷的区别主要体现于一点：债券持有人有权获得固定的年收益（表示为固定利率），而股东只能在其他债权均已偿付之后，从每年剩下的利润中分得一份。②

股东受到有限责任的保护；否则，他就把自己交在了董事手中，像隐名合伙人把自己交给同伙一样。他把自己的财产交给董事，让他们替自己管理，从而，他是否能得到好的回报，或最终完全

---

① 民主政体也有同样的问题。要求具备专业能力的重要官员，不可能直接选举产生；例如，一个民主国家如果试图通过直接选举委派驻外使节，马上会陷入尴尬的境地。政治首脑的职责就是任用官员，或者挑选负责任命的官员。选举这种政治首脑的方法，不适用于像公司这样的组织，因为公司是为专门目的而设立的。

② 还有一件事情表明这样看待问题是正确的，即在公司债券和普通股之间，创造出了各种各样中间性质的义务，如优先股等。

损失财产,取决于董事的能力和勤勉程度。初看起来令人惊讶的是:公众公司的股东竟如此信赖公司董事,他们与董事之间是不可能有任何密切接触的。某种程度上,原因在于有限责任的另一个效果。无论股东投资的公司发生什么情况,他的损失都不会超过投入的资本,因此,如果他在很多不同公司同时持有少量股份,而不是"把所有鸡蛋放在一个篮子里",他会更安全一些。这是隐名合伙人不增加自身风险就做不到的,但对于现代的资本所有者来说却司空见惯。

另一种保护公众公司股东的方法,是他随时可以轻而易举地卖掉股份。私人持股公司的股份一般不能出售,除非卖给公司董事会批准同意的人;而公众公司的股份通常可以自由买卖,不需要以任何形式咨询公司官员。为了方便股份交易,发展出了一个交易商群体,他们组成了证券交易所(Stock Exchange①)。可以在证券交易所卖出他的股份,并不能真正保障股东免受损失;如果他获悉公司的负面消息,想要卖掉自己的股份,其他人也可能听到了这个信息,因此,除非降价甩卖,否则很难找到买家。但是毕竟,悲观者确实有机会在不可救药之前收手止损。

---

① 这么称呼,是因为这些交易商从事证券(stocks)和股票(shares)买卖业务。这是 stock 一词的另一种意义,我们已在上一章提及。stocks 与 shares 之不同,没有什么经济学意义上的重要性,只是 stocks 可能还包括债券(bonds)。[股份公司(Joint Stock Company)中的 Stock 还有第三种意义,现在已被淘汰,代之以现代的"资本"(capital)。]

6.现代的资本所有者是否还有经济职能?

我们在这一章所说的变化(其他大多数国家也经历了大体相似的变化,只是细节上有很多麻烦的差别),最终结果是社会的资本品基本上不再由个人直接拥有。这条规律的最大例外(也只是局部例外)在于土地和房屋。社会改革家对土地所有权的看法经常很是奇怪,他们认为,现代的土地所有者仍然履行照管他所拥有的资本品的实际职能,而其他大部分财产所有者几乎都已不再这么做。后者大多放弃了对资本品的直接管控,而只取得所有权的凭证——那只是一张纸,没有任何可识别的特定物品与之对应。现代股民持有的股份通常遍及很多不同的公司,实际上已经断绝了与任何具体资本品的联系。

对于公司董事来说(他们通常也是所管理公司的重要股东),情况确实不尽如此;私人持股公司的股东,一定程度上也不是这样。在这些人身上,所有权的某些原始功能仍然存在。但是,如果我们问完全消极的股东还有什么经济功能,那无非就是使公司的积极董事和管理者能够管控资本。他们能够轻松做到这一点,是有真切利益的,因为,这样就能够操作自如、不失时机地抓住新机会,扩大经营以满足消费者需要。资本所有者与具体资本品之间联系的松散化,实际上提高了资本筹集的便利度。这时,如果一家企业想要筹集更多资本,它不必再求助于特定人群中那些此时正好有闲钱的人;现在它有更广阔的选择:任何持有可在证券交易所卖出的股票的人,愿意卖掉部分股票并把所得借给企业的人,都可以是筹资对象。这种资本筹集上的便利，具有实实在在的社会效益，尽管并不总是得到充分利用。但是，与社会产品中必须留出来用于支付利息和股息的部分相比，这种效益可能也没有什么可称道的。

我们后面讨论收入分配时，还会谈到这一点；① 在这里，只要对私有财产制度领域发生的显著演变有一些认识，就足够了。这种演变可能还没有结束，可能还有一些惊人的转变行将发生。②

---

① 见后面第十四章和第十七章。

② 在完成这一章（我能够维持其先前的版本基本不变）的第一稿以来，已经有一个"惊人的转变"发生，而且出现了一个新词。这就是"公开收购"(take-over bids)及类似的现象。这类现象在1950年代后期变得相当普遍。对于沉默的股东来说，这是对消极作用的一种反抗——我们认为沉默的股东发挥的作用一般是消极的（总体上看，我认为这样说还是很合理的）。

可以说，已经发生的事实是：股东通过民主选举产生董事会的"管理层更迭"模式，虽不比过去的做法更切实可行，但市场确实提供了另一种选择。正常情况下估计的公司股价，是基于公司将延续相同的经营管理水平不变的预期，因为，个别股东卖出少量股份，另一个人买入这些股份，不会对投票表决造成大的影响。但是，如果一家公司的决策让外部人确信，它没有在为股东尽力，这时，就值得以较高价格大量收购这家公司的股份，从而获得足够的投票权来改变管理（无论是管理人员，还是管理决策）。经过这样的变革之后，又可以卖出股份；如果变革成功，卖出股份就能产生利润。当董事会进入这样一种心理状态（其起源已在本章中解释），即认为自己是在为"公司"的利益，或"公众"的利益，或者其他任何区别于股东的利益而效力时，就可以看到，他们把自己暴露在了这样的侧面攻击之下。

第十章　国家资本

1.资产与负债

　　上面我们从两个方面讨论了资本的性质：(1)它作为生产要素的一面，由生产过程中使用的真实物品构成；(2)它作为所有权的上层建筑的一面，真实物品借此归属于最终所有者。现在，把这两个方面拼在一起的一般方法呼之欲出。个别资本所有者拥有的资本，通常包括一些实际物品（房屋、土地、耐用性消费品等等），但大部分可能是由所有权凭证、股票、债券构成。后者不能与具体的真实设备一一对应，但它们是对企业所用设备的权利要求；通常，持有人有权从企业使用这些设备赚到的利润中分得利息或股息。这样，从所有权的角度看，公司无非就是让很多人可以共同持有资本品的一种方法，公司资本在偿付其他债务后，就归股东所有。在编制公司的账目（accounts）*时，表示这一点的常规做法，是把股份

---

　　* 本书中 account 是指商业记录，而非银行账户；通常根据习惯译为"账户"，少数地方为避免误会译为"账目""账簿"。这句话表明，作者指的是复式计账法下的账户，如资产负债表（balance-sheet）就是一种 account。这个词在本书后文，特别是第五篇中频繁出现。另外，accounting 译为"核算"或"会计核算"，这本书的主旨就是讲社会核算（Social Accounting），见前言及第十八至第二十章。——译者

记作公司的负债,使公司的负债等于资产。(就像个人一样,公司的资产包括自己拥有的财产,加上欠它的债务;公司的负债就是它所欠的债务,即由它的资产承担的权利要求。)下面用具体案例说明这一点。

假设一家公司创立于1955年,当时它的资本由发行价值10万英镑的普通股和借入3万英镑的债券组成。现在我们考虑它在1958年年初的状况。这时,它还欠了银行1万英镑,同时还有5,000英镑各种应付账款(商品已交付该公司,但款项还没有支付)。另一方面,它还有客户欠下的5,000英镑的应收账款,即商品已交付出去,但客户尚未付款;它拥有的设备由各种真实物品构成,价值15万英镑。结果在资产负债表上大致表示如下:

负债		资产	
股票发行		设备(土地、房屋、	
普通股	100,000	工厂、生产中的产	
债券	30,000	品、销售中的存货)	150,000
银行借款	10,000	应收账款	5,000
应付账款	5,000		
余额	10,000		
	155,000		155,000

这是一家比较成功的企业,资产总值超过了负债的值加上股本原值。剩下的1万英镑余额,置于负债端,因为任何这种盈余都归普通股股东所有,并可作为股息分配给他们(但谨慎的管理团队在这种盈余没有积累到相当大之前,是不会着手将其分配出去的)。我们可以说,最初拿出10万英镑的普通股股东,现在拥有了11万英镑的权益。(如果企业经营不成功,余额可能是另一种情

况,普通股股东的权益将少于他们最初拿出的股本金。)

如果以这种方式理解一家公司的资产负债表,我们将会看到,资产负债表的两边各自加总得到相同的数值是合情合理的;因为,如果股东的权益被视为负债,则公司的净资产(资产减去负债)当然一定等于零。而对于个人而言,净资产通常为正值。个人可能欠银行一些钱(有透支),可能有欠商店的账单在特定时点上还没有偿还;但是,这些负债几乎总是远远小于他的资产,这恰恰是因为,他无法为更大金额的借款提供足够的抵押品。随后我们将考虑这个规律的一种例外情况,①但这些例外并没有什么实际重要性。

2. 经济资本与商业资本的联系

现在我们举一个简单例子,看资本的两个方面如何组合在一起。假设有一家像上面说过的公司,但是没有应收应付账款,没有银行贷款。进一步假设,公司股东(包括债券持有人)都没有投资其他企业。这样,我们就可以把这家公司和它的股东合在一起,视为一个独立的群体。这个群体的资本总额可以用两种不同的方法加总,得到的结果是一样的。

一方面,我们可以从所有权的角度看资本。股东个人会占有某些资本品(如房屋等),这些资本品与他们对公司的投资没有联系。假设这些个人财产的价值为2万英镑。他们还拥有股票与债

---

① 见第103—104页。

券价值 15 万英镑。如果我们假设他们没有个人债务,则总的净资产就是 17 万英镑。公司的净资产如上所述为零。因此,整个群体的净资产就是 17 万英镑。

另一方面,我们可以看看真实物品的情况。股票与债券价值 15 万英镑,相当于在公司的账簿(books)上,真实设备价值 15 万英镑。以缩略形式登录公司的资产负债表,并就股东的个人财产增补类似的账目记录,就得到下表:

	负债		资产	
公司	[a] 股票与债券	150,000	资本品	150,000
股东	..	..	资本品	20,000
			[a] 股票与债券	150,000
公司与股东合计	..	..	资本品	170,000

公司与股东合计,书面凭证(标记为 a)彼此抵销,就给出了整个群体的总的财富(possessions)也即真实设备,价值 17 万英镑,等于净资产(net assets)的总值。

书面凭证彼此抵销,是因为我们把公司的资本和股东的资本加在了一起(这些书面凭证对公司来说是负债,对股东来说是资产)。如果针对任何一个包含众多个人与机构的群体进行类似加总,会发现,群体内部各成员之间的所有债务都以相同方式抵销,表现为一些成员账户上的正项,另一些成员账户上的负项。如果这是一个独立自足的群体,即除了成员彼此之间,对外没有债务或权益,那么,就可以通过加总所有成员的净资产(net assets),或加总所有真实资本品(real capital goods)的价值,估计出这个群体的总资本。两种加总方法得到的数字一定是相同的。

3.国家资本的性质

做这样的计算最令人感兴趣的群体,自然非国家莫属。当我们把一个国家的所有个人与机构的资产和负债都加在一起时,大部分书面凭证(所有这个国家内部的企业欠个人的、个人欠企业的、企业欠企业的、个人欠个人的书面凭证)都可以按照我们说的方法相互抵销掉。如果这个国家是完全独立、自足的,我们会发现,在做完这些抵销后,这个国家的所有个人与机构的净资产总额,就等于这个国家及其公民拥有的所有资本品的总价值。粗略而言,这就是我们的发现;但是,抵销过程中有一些障碍需要稍加关注。

首先,现代国家不是完全自给自足的群体,即不能完全相互抵销干净。外贸企业通常会有欠外国人的债务,也会被外国人欠债;同时,一些公民会是外国公司的股东,一些该国的公司也可能有外国股东。因此,如果把一国所有成员的净资产都加在一起,会发现并不能完全抵销,会有一些剩余,以境外人士的债权或债务的书面凭证的形式存在。由于这些外国人的账户不纳入国家计算,以他们为一方当事人的权益就只会出现在国民资产负债表的一侧,而不是同时出现在两侧,彼此抵销。

因此,国民资产负债表必须表述如下:

负债	资产
[a] 欠本国国民的债务	真实资本品
欠外国人的债务	[a] 本国国民所欠的债务
	外国人所欠的债务

一国的国家资本等于该国所有个人与机构的净资产总和。它是总资产与总负债的差额。由于本国国民的债权债务(标记为 a)被抵销了,国家资本(如上表所示)等于该国成员拥有的所有资本品的总价值,加上外国人所欠的债务超过欠外国人的债务的部分。因此,国家资本的主体部分由真实物品构成;但对于债权国(如战前的英国)来说,必须在这些真实物品的价值上,加上公民已在海外做出的投资;而对于债务国(如 1945 年以后的英国)来说,必须从该国国民或政府所拥有的资本品价值中,减去所欠海外债务的余额。①

4.国家债务

抵销过程中另一个主要障碍来自国家债务(National Debt)。为了说明国家债务如何纳入计算,我们先举另一个相似的例子——这个例子不重要,但更容易理解。② 一个年轻人,预期可以在先辈去世后继承一些财产;有时单凭这个"预期",他就能从放债人那里借到钱,而不需要任何抵押品。这种做法并不明智,而且与从前的贵族社会相比,今天这种做法大概少见得多。但是,它如何纳入我们的核算(accounting)呢?贷款如果已经被投放并用于挥霍,那它就是放债人的资产,借钱的纨绔子弟的负债。它不是先辈的负债,但预计将由他的遗产来偿还;先辈根本没有被告知这件

---

① 我们将在第十二章讨论对外投资问题。
② 这就是前面第 101 页已有提及的例子。

第十章 国家资本

事,否则他有权"一个子儿"也不给。因此,这里没有与贷款明确对应的资本品;我们不能把贷款看作是放债人拥有的对社会上任何真实资本品的权利。但是,作为国内一个成员对另一个成员的负债,在我们合并国家资本时,它又必须被抵销掉。没有别的办法,只能把这个败家子的净资产看作是负数;这种情况之所以可能,是因为预期未来某个时点他的资产将会增加,可以偿还债务。

除了少数像这样的特殊情况,再没有个人或企业会是负的净资产。如果一个人的负债超过了资产,他会被判破产,他的资产将由债权人瓜分,每个债权人按照资产的一定比例得到受偿。但政府可以净资产为负而不致破产,可以无限期一直保持这种状态;原因是,他们有权通过增加税收来支付债务的利息。

政府的国家债务主要是过去的战争积累的;战争借款无论多么必要,都不可能像工业借款那样获得资本品;除了自由、独立等非物质权益,再没有其他东西。且不论在更高的立场上对此应该如何评价,如果从国民经济核算的角度看,当战争结束时,政府的处境跟那个败家子是一模一样的。它欠下巨额的债务,但没有等值的资产与之对应。它的净资产为负数。

当我们编制国民资产负债表时,必须把国家债务看作是政府的负债。如果国债的债权人是这个国家的公民自己,它会作为资产出现在这些公民的账户上;这样,当所有账户合并在一起时,国家债务就会像其他国内债务一样被抵销掉。只有一部分欠外国人的债务不会被抵销;这部分外债需要从国家资本中实打实地扣除。从各个角度来看,巨额外债比巨额内债对国家危害更大。

5.国家资本估算的局限性

我们已经知道了一国的资本是如何构成的,现在应该转过来看看,在特定情况下,国民资产负债表是什么样子。接下来我们就要走这一步,但在接触这些数字之前,有必要非常郑重地提出一个警示:可用于编制一国资产负债表的信息资料,比之其他很多大规模经济计算可用的资料,要粗劣很多(它远不如将在下面第四篇用于计算国民收入的资料)。在计算国家资本的过程中猜测成分非常高。这在一定程度上是因为我们的资料存在缺陷(据信这是可以补救的),同时很多项目缺少直接信息,必须采取迂回而不完善的方法进行估算;但是,根本原因埋伏更深,并且本质上难以消除。

国家资本主要是由耐用性产品、土地和建筑、交通工具、机器设备等构成。这些物品的价值是多少呢?首先应该注意,通常情况下,这些物品都有两种价值:(1)资本价值(capital value),即它被一次性买断的价值;(2)年度价值(annual value),即使用这种物品一年所需支付的价格,一年后该物品将完璧归赵。由于这些耐用性产品大部分的预期使用寿命远超过一年,它们的资本价值通常也远高于年度价值。例如,一幢房屋的售价(它的资本价值)通常是房租(年度价值)的 10—15 倍。①

---

① 一件物品的资本价值与年度价值的关系,不完全取决于物品的预期使用年限。即使是基本上预期可以永久使用的土地,售价也很少超过地主预计可以收到地租的 20 倍。如果售价超过当前地租的 20 倍(在通货膨胀时确实会出现这种情况),就预示着地租将会上涨。英国政府的一纸承诺——无限期地每年支付相同金额的(接下页注)

为了计算国家资本，所用的价值是资本价值，而非年度价值。① 但是，耐用性产品的资本价值通常得来并不容易。如果一幢房屋卖 3,000 英镑，我们可以毫不犹豫地说，它的资本价值是 3,000 英镑；但是，国家资本中有很多耐用性产品，在计算所指定的日期之前很长一段时间都没有买卖发生，之后很长一段时间其业主也不准备出售。这些物品的价值应该怎么算才好？我们计算这些物品的价值，目的各有不同（可能与财产继承有关，也可能与某些税收有关）；专业的估价师接受这方面的培训，但他们所用的方法会因为估价的目的不同而变化。制造业企业所用的固定资本，可能有五六种不同的估值，每种都有其貌似合理性。不同的估值可能由不同主体给出：(1)企业的董事会和管理者；(2)企业股东；(3)另一家企业——它可能在考虑把全部设备"作为一家持续经营的企业"买下；(4)其他只愿意一点一点购买设备的企业。此外，还有可能为了中央和地方税收之目的，对相同资本进行价值评估，其结果却不一定与上面任何一种评估结果相同。在任何国家资本的估算中，这最后一种出于税收目的的估值，很大程度上会被利用，因为它最容易得到；但应该注意的是，它与其他一些估值相比，经济重要性可能没那么大。

一些书面凭证也有同样的估值问题，尽管程度较轻，也很重要。例如，政府向某人借款 1,000 英镑，承诺在未来某个时候（如

（接上页注）利息——现在（1959 年年末）的售价大约是所付利息（即年值）的 20 倍；就是说，利率（年度价值÷资本价值）大约为 5%。

① 资本品的年度价值计入国民产出（national output），而非国家资本。我们已经看到，房屋的租金（使用房屋所支付的价格）是社会产出价值的一部分。

1990年)偿还这1,000英镑,同时每年支付3%的利息;那么,这笔债务在政府的账簿上应该并且实际上就是按面值登记为1,000英镑,因为这是政府在到期偿还借款时所必须付出的金额。从政府的角度看,这完全正确无疑问;但从债券持有人的角度看,并不清楚是否应该按照面值计算所持的资产。他在计算中用到的最重要的估值应该是:如果现在选择把债券卖给其他投资者,可以卖什么价;这个价格可能大于也可能小于面值,取决于这笔政府借款给出的3%的利率和其他投资利率之间的关系(事实上,在我写作的当下,这样一种政府债券,售价还不及700英镑)。公司债券也有同样的问题。因此,我们必须知道,很多情况下,相同的债务——它在一种资产负债表上出现于负债端,在另一种资产负债表上出现于资产端——在两种账户(accounts)上会被估计为不同的值,因此,当两种账户合并时,它不会理所当然地被抵销掉。一定程度上,这种困难可以被克服;但由于存在这种困难,国民资产负债表所能提供的信息肯定没有我们希望的那么丰富。

6.国民资产负债表

尽管有这些问题,这里还是有必要给出近期某个时点英国的国民资产负债表概览(实际上是1953—1955年间的某个时点,摩根教授针对这个时期做了计算,这些数据即来自他的计算,[①]可供参考),具体见表5。由于要说明政府债务在国民资产负债表中所

---

① 见他的著作:《英国财产所有权结构》。

第十章　国家资本

占的非常特殊的地位(特别是 1940 年以来),因此在表 5 中,我们把财产所有人分为两组即两个"门类"分别展示,而后再合并起来。第一个门类称为"私人部门",展示直接或间接归个人所有的财产,不但包含直接属于个人的财产,也包含属于一群人(如教会、工会)的财产,以及首先由股份公司拥有的财产(不管股份公司在法律意义上是"私人的"还是"公共的")。另一个门类称为"公共部门",展示所有政府机构拥有的财产,不仅是中央政府,也包括地方政府,还包括国有企业。每个部门的所有财产都归英国人所有:个人是英国的,公司是英国的,政府机构当然也是英国的;不过每个部门都有一些财产处于海外,英国与非英国的财产所有者(可能是个人、公司或政府)之间也有债权债务关系。

为了编制这种资产负债表,我们把两个部门分开来列示,但每个部门内部的众多不同单位(units)已合并起来。如上所述,这意味着同一部门内一个单位欠另一单位的债务,必定被抵销掉了。布朗先生为自己的住房办了按揭贷款,他欠建房互助协会的钱;由于布朗先生和建房互助协会都属于私人部门,前者的债务会被后者的资产所抵销,因此在资产负债表中,这笔按揭贷款不会出现。(出现的是房屋;房屋到底是仍然属于布朗先生,还是转让一部分给了建房互助协会,这个问题不需要追根究底。)同样,应该把他的邻居持有的玛莎百货的股票抵销掉;股票是股东的资产,又是公司的负债(两者都属于私人部门),因此也不会出现。不过,类似权益一旦脱离私人部门,就会出现在资产负债表中;如果布朗先生向地方当局借款,就会呈现为私人部门的债务和公共部门的资产;如果邻居持有美国公司的股票,那就呈现为(私人部门的)海外资产。

公共部门内部也要做很多抵销。很奇怪的一点是，中央政府会自己欠自己很多国债；因为，很多政府部门有自己的资金，他们很容易像其他人一样，用闲置的资金购买政府债券（当然，这样持有的资产马上会被抵销）。地方当局和国有企业欠中央政府的债务一定也是这样——这里指地方当局"通过财政部"借的贷款。当然，他们"在市场上"借的贷款不会是这样的，这些贷款引起的是公共部门主体对私人部门主体的负债，因此会被列出来。

表 5 中大部分项目，都应该按照这样的方式来理解；但有一个项目可能看起来还是很奇怪，那就是"纸币和硬币"，它们被列入了公共部门的负债。要理解为什么这样处理，最好先看看另一部分流通中的国家货币，即人们"存放在银行"的货币。显然，存放在银行的货币无非是银行对储户的债务，此外没有其他更"真实"的本质可言。如果把银行和（私人）储户看作属于不同的部门，存放在银行的货币将作为储户的资产和银行的负债出现；显然，此外没有其他处理办法。但在我们的计算中，两者都属于私人部门；因此，存放在银行的货币不会出现。像其他债权债务一样，全部都在私人部门内部的，在资产负债表中会被抵销掉。

1946 年以来，英格兰银行已经国有化；因此，在我们的报表中，它属于政府部门。英格兰银行对私人部门的个人（及其他主体）的负债必然相应展示出来。英格兰银行发行的纸币，就是这种债务的声明。（如果读者有怀疑，不妨找一张 1 英镑纸币来看看！）它们无疑是持有者的资产；而在英格兰银行的账户上以负债出现（但必须承认，它们是一种奇怪的负债，因为它们没有利息，除了自身之外无法以其他方式偿还）。从根本上说，它们与银行存款是同类东西,只是转让更容易,成本更低,但也更容易被盗。在编制资产负债表时,我们要用一种与处理存放在银行的货币完全相同的方式,来处理纸币(就像我们现在做的一样,不过英格兰银行属于公共部门)。

纸币看起来不过是债务凭证,金属硬币似乎有着更多实质的东西。但是,由于现代金属辅币所包含的金属价值远远低于硬币的面值,最好也看作是一种票据,只不过为了不易磨损,印在金属上而不是纸上罢了。它们所包含的金属价值是无关紧要的。真正重要的是(国民资产负债表披露的最重要的事情之一):在一国内部流通的货币只是国民经济不同部门之间债务体系的一部分。

整个国内货币流通必须以这种方式被看待。但是,一国的货币供应还有一部分没有在国内流通。它是国际货币储备,主要以黄金形式存在。黄金储备曾经存放在英格兰银行,但 1939 年开始,它已直接保存在政府手中。无论哪种情况,它都算作公共部门的资产,并在资产负债表中列出。这种储备的职能将在第十二章讨论。

7.英国的资产负债表

现在我们再来看这张报表,这一次是贯穿起来看。

首先,私人部门的资产包含 220 亿英镑的真实物品:包括个人拥有的真实物品(如住房等),也包括非国有企业拥有的所有资本品(土地和建筑、机器和存货)。有一点要记住:私人部门内部的所有债务和借贷都已被抵销;不过,还有金额为 19 亿英镑的纸币和硬币，230亿英镑欠私人部门的其他巨额政府债务（地方当局和国有企业的债务，以及真正意义上的国家债务，总金额比刚刚提到的真实物品的总值还要大）。当然，私人部门中具体哪些部门拥有这项债务，无法展示在表中；其中很大一部分是欠金融机构的（如银行等），但在1953—1955年，仍由个人（不仅仅是小储户）持有的数量好像也很可观。① 还有一些债务是私人部门欠政府的（如欠缴税款等），但因为数量微不足道，没有显示出来。

海外资产，显示为私人部门资产端的剩余项，包括：英国公司海外分支机构的价值，英国公司拥有的海外公司股份，英国个人的海外投资（以及在海外拥有的一些建筑物及其他设备）。可以看到，这些主要（但不完全）由海外负债来平衡（海外负债，如被海外主体拥有的英国公司股份，海外存放在英国银行的存款等）。如果单独考虑私人部门，它在对外账户上仍然是净债权人。

至于公共部门，出现在资产端的真实物品主要是国有企业的资产，地方当局贸易服务机构拥有的资产；当然，政府机构还拥有其他很多物资（军事设施和道路系统可能是其中最重要的），但没有人敢对它们进行估价。这无疑是最重大的缺口；但是，对它们估价显然没有意义，因为估价将接近于抵销另一端的230亿英镑的国内债务。对外账户上，公共部门也是净债务人（即使把黄金储备计入对外账户——这样做是有益的，因为政府总是可以通过支出黄金来减少外债，或者，可以把黄金变成另一种海外资产，例如通过增加国际货币基金的认购）。公共部门的外债，一是欠美国和加

---

① 根据摩根教授的计算。

拿大政府的 21 亿英镑债务——这是两国政府于 1945—1946 年给予的贷款，二是外界（主要是其他英镑区的银行机构）持有的普通英国政府债务。

如果我们把这些项目都加起来，资产负债相互抵销，会发现私人部门有大约 486 亿英镑的净资产，公共部门（只就显示的而言）有 201 亿英镑的净负债。再次相互抵销，会发现，作为一个整体，国家资本的值为 285 亿英镑。单是加总真实物品，结果为 309 亿英镑；当然，两者的差额可以由对外账户的负债净额来解释，即公共部门的净外债大于私人部门的对外净资产。但是，由于这个负债净额几乎都是对美、加两国政府的负债（应付利率很低，英国政府一旦有困难还可以延期支付），这个债务的负担一定不要夸大了。尽管英国经济是一种净负债状态，但就我们自己而言，这个债务的后果并不像乍看起来的那么严重。

表5　1953—1955 年英国国家资本的资产负债表估算　（单位：10 亿英镑）[①]

负债		资产		净资产	
私人部门		真实物品	22.0		
		政府债务	23.0		
		纸币与硬币	1.9		
对外债务	3.0	对外资产	4.7		
合计	3.0	合计	51.6	合计	48.6
公共部门		真实物品	8.9		
国内债务	23.0				

---

① 来自摩根，特别是他的表 65。

(续表)

负债		资产		净资产	
纸币与硬币	1.9				
对外债务	6.0	黄金储备	0.9		
		其他对外资产	1.0		
合计	30.9	合计	10.8	合计	−20.1
整个经济					
		真实物品	30.9		
		黄金储备	0.9		
对外债务	9.0	其他对外资产	5.7		
合计	9.0	合计	37.5	合计	28.5

第四篇 社会产品

第十一章 社会产品与社会收入

1. 社会资本与社会产品的对比

任一时期的一般生产过程,都可以简要描述为:劳动作用于资本,生产出产品——这是我们在本书第一篇给出,并在随后讨论中需要一直默记于心的。在第二、第三篇中,我们已经讨论了生产要素,即劳动与资本;现在进而要研究产出(Output),即社会产品(Social Product)。我们将重点关注社会(或国家)产品的度量问题。这主要是因为,我们需要清楚知道它由什么构成,组成部分是哪些。这样做了之后,就可以说明,社会产品发生了什么变化,这些变化是如何引起的,人们的经济福利如何受到这些变化的影响。

量度产出与量度资本两个问题有很多相似之处,我们将会在新问题上再次碰到一些已经碰到过的困难。但是,把这两个问题清楚区分开来非常重要。一个社会的产出和资本,很大程度上都是物品(goods)的集合(产出同时包含服务,而资本不包含)。但是,一个集合中的物品,与另一个集合中的物品并不一模一样。资本集合中的物品,是在某个特定时刻存在的东西;产出集合中的物品,是一个时期内生产出来的东西。产出集合中的一些物品是耐用品,在它们并列存在的时候,也会被视为社会资本的一部分。一幢房屋4月盖好,另一幢房屋6月盖好,7月份它们都屹立着,因此在7月会被认为是社会资本的一部分。但是,一条4月烤好的面包,在另一条6月烤好的面包上市之前,就已经被吃掉了,两条面包都是年度产出的一部分,但从来没有同时成为资本的一部分。

因此,构成社会产品的商品集合,不同于构成社会资本的商品集合;但它们都是商品的集合,都包含了很多不同种类的商品。由于资本包含了不同种类的商品,要把它们还原为共同要素,从而得到国家资本的单一数字,唯一可行的办法就是以货币计算它们的价值(这里不考虑外债问题)。我们给出了国家资本(national capital)是多少多少英镑,同样,也给出国民产值(national product)是多少多少英镑。必须一直记住,社会产出(social output)包括产品与服务,它们都可以满足需要;但说到度量,要把这么多面包、自行车、轮船、这么长时间的教学等组成的产出加总在一起,唯一办法就是用货币来衡量价值。货币量度有严重缺陷,因此运用时必须十分小心。但我们不妨先把货币量度看作是理所当然的,至于它的缺陷,以及缺陷多大程度上可以补救,都容后再说。①

2.社会产品与社会收入的一致性:一个简化案例

计算社会产品的通用方法,依赖于一个非常重要的经济学原理,这个原理涉及社会产品净值与社会成员总收入之间的紧密关

---

① 见后面第十五章。

系。当我们应用这个原理计算一国的国民产值时（如我们通常想做的那样），有一些障碍会使问题复杂化。在研究了国家资本后，读者自然会知道，这些障碍来自：(1)与海外人员有关的经济事务；(2)政府的经济活动。我们会在适当时候处理这些障碍，[①]但就目前而言，置之不理，倒可便宜行事。这一章以下部分，我们将做出一个非真实的假设：我们与海外的人员或实体之间没有经济联系，政府的经济活动也可以忽略不计。做了这样的假设后，讨论就更容易理解；过后如果打算再填补这些缺口，这样的简化处理也无伤大雅。

有了这些假设之后，必须明确的原则就非常简单了。这个原则就是：一个社会的社会净产品与社会成员的总收入正好相等。社会净产品与社会收入是同一回事。

分析不妨从一个特例开始，在这个特例中，上述原则体现得非常明显。我们假设：整个社会的生产体系被组织在一个巨型企业之中，这个企业控制着所有资本设备，雇用所有劳动力。这正是纯粹社会主义社会存在的状况；这个社会的整个经济体系由单一企业构成，国家拥有企业的全部股份。这里不需要假设国家拥有股份，因为我们现在还不想把国家牵扯进来；假设股份属于大量私人股东，因此这些私人股东可以被视为资本设备的间接所有者。

于是，社会净产品与这家企业的净产品是同一回事。如我们所知，它包括了所生产的消费品与服务的总和，再加上净投资即这一年生产带来的资本设备增加。劳动工资要由这个产出的价值支

---

① 见后面第十二和第十三章。

第十一章　社会产品与社会收入

付；剩余部分全部是利润，属于股东。① 劳动工资是工人收入，剩下的利润是股东收入。因此，社会净产品的价值等于工资加利润；而工资加利润又等于收入总额。社会净产品就等于社会收入。

相同等式可以由另一条途径来检验，即考虑收入的支出方式。人们会用部分收入购买消费品与服务（当然是从企业处购买，因此企业产出一部分用在这里）；剩余部分会储蓄起来。这里，当我们说一个人储蓄了一部分收入时，意思不是说，这部分收入没有支出；储蓄是消费的反面，而不是支出的反面。一个人储蓄，是把一部分收入用于增加自己的资产；无论新资产以什么形式呈现，他都是在储蓄。因此，一个人储蓄的一种可能方式是直接购买新设备，增加他在年末拥有的资产。如果我们假设所有储蓄都是这种类型，那么很容易明白，社会收入会用于购买社会产品。社会产品*中由消费品与服务构成的部分，由消费支出购买；由净投资构成的部分，则由储蓄购买。全部收入购买全部产出；由此，我们同样得到了社会收入等于社会净产品的结论。

进而言之，如果假设储户在以这种方式取得新设备后，不是自己持有，而是重新借给企业，很明显，等式仍然成立。社会收入仍然会购买社会产品；但企业以发行股票作为交换，继续持有新设备。现在储户的新增资产会以股份形式出现；股份是企业的负债，但企业的资产与负债仍然相等，像它们应然的那样，因为企业会拥

---

① 由于企业控制了全部生产，因此没有从其他企业购买原材料的事情。

* 这里的"社会产品"原文是 social product，对比第一节"社会产出（social output）包括产品与服务"，可见 product 与 output 两个词是不加区分的。什么场合加以区分，什么场合不区分，详见本章第五节。——译者

有价值上等于股份的新的设备,追加到它的资产上。企业的资产负债表仍然是平衡的。

很显然,为了到达这最后一种状态,构成新设备的实际物品,不一定要直接进入储户手中。储户可以用储蓄直接购买股份,企业发行股票供他们购买,而没有新设备换手。如果发行的股票价值等于储蓄的价值,也就会等于净投资的价值。企业的资产与负债仍然平衡;储户会按照他们的储蓄额购买股份,而构成净投资的物品会继续留在企业那里,增加企业的资本设备。

只要我们假设社会的全部资本设备都由单一企业控制,那么储蓄的方式就应该是这最后一种。人们以购买企业股份的方式实现储蓄,而企业发行股票与新添设备只是一体两面。当一个人储蓄时,他就取得了收获一部分利润的权利,这些利润是使用生产出来的新设备创造的利润。他用自己的一部分收入,购买了新资本设备的一份间接所有权。①

让我们回顾一下上一章给出的企业与股东的合并资产负债表,②看看它是如何受储蓄影响的。采用更符合巨型企业的数字,得到年初的情况是:

---

① 就具体某个人而言,的确可以不把储蓄借给企业,而以另一种方式处理自己的储蓄,即把储蓄借给另一个人,从而使他能够消费超过收入。但我们不需要太关注这种借贷,因为,当我们把借贷双方合并起来时,这种方式的储蓄显然就抵销掉了。总收入还是没有超过总消费。只有使总收入超过总消费的储蓄,才是净储蓄;在假设单一企业拥有全部资本设备的情况下,净储蓄一定是贷给该企业的。

② 见第 101 页。

	负债		资产
企业	10 亿英镑股份	真实设备	10 亿英镑
股东		股份	10 亿英镑

到年末,情况是:

	负债		资产
企业	10.5 亿英镑股份	真实设备	10.5 亿英镑
股东		股份	10.5 亿英镑

股东持有的额外 5,000 万英镑股份是他们的储蓄;额外 5,000 万英镑价值的真实设备是净投资。两个时点上,企业资产与负债都必定相等,因此储蓄在价值上一定等于净投资。

因此,储蓄形式是购买部分新设备的所有权凭证,而不是直接购买新设备本身——这个事实不会扰乱社会产品与社会收入之间的关系。这种关系可以概括在下列非常重要的表式(table)中。

收入方面:

社会净产品 = 工资 + 利润 = 社会收入

支出方面:

社会收入 = 消费 + 储蓄 = 消费 + 净投资 = 社会净产品

本章接下来部分,我们会考虑各种更复杂的因素,但不管如何,上述等式总是成立。而在接下来几章中,有些地方,还必须注意这些等式应如何理解。

3. 复杂因素:未分配利润、房租、服务

下一步,我们要在仍然假设一家巨型企业统揽所有产业的前

提下,力所能及考虑一些复杂因素。

首先,迄今为止都是假设,企业把赚到的全部利润都分给了股东,然后股东储蓄一部分取得的收入,把这部分储蓄贷给企业。实际上,企业可能有意缩短这个过程,直接截留一部分利润,而不是把全部利润都分配给股东。这时,实际发生的情况是:股东被迫储蓄一部分应得收入;企业可能没有增发股票,但已发行在外的股票会增值,因为它们代表的资本品现在增加了。未分配利润必须被看作是社会收入的一部分;实际上,它们是股东收入的一部分,但人们常常不这么看待,因为这部分利润股东没有拿到手。它们必须被视为社会收入中储蓄起来的那部分,有且应该有一部分净投资与之对应。

其次,迄今为止都是假设,个人在他们的私人财产中不能拥有任何资本品,连消费用的资本品如住房*也不能拥有。如果我们允许个人拥有住房一类的物品,那么,这些住房的租金收入就必须看作是社会收入的一部分,它来源于一种不归企业所有的资本(应该记住,我们把住房的使用看作是社会产品的一部分)。支付房租的开支,当然是消费的一部分。建造新房是投资的一部分;我们可以假设,实际建设是由企业进行的,但是,新建住房的一部分卖给了个人,就像消费品卖给个人一样,但没有像其他投资品一样贷回给企业。如果个人支付一部分收入购买新房,就增加了他们在年底持有的资产,与他们取得股份是一样的;因此,用于买新房的收

---

* 住房是耐用性消费产品,不是生产产品(原书第32、第35页);但在本书规定的经济学意义上(不同于商业意义),住房是资本,因为,"资本是指这个社会在某个特定时点拥有的各种物品保有量"(原书第36页)。——译者

入是储蓄的一部分。新房屋被视为新增资本存量的一部分,这部分资本仍然归私人直接所有,而没有交还企业以换取股份。

再次,我们一直假设,所有劳动力都受雇于那家巨型企业。但对于一些个人直接服务(direct personal services)来说,这个假设并不很合适。如果承认一些提供直接服务的人是独立工作,而不是为企业工作,那么,我们就必须区分出一部分由这些服务构成的社会产品,它不属于企业产出;还必须区分出一部分劳动力收入,它不是企业支付的工资。而用于购买这些服务的收入是消费的一部分,因此,我们可以毫无困难地在表式中找到它的位置。

现在让我们看一看,在考虑了上述三种复杂因素后,上述等式必须做出哪些改变。收入方面,不再是"工资加利润",而必须写作"劳动力收入加利润加房租",并且这些还可以进一步细分。因此我们有如下等值的各列:

社会产品				社会收入
企业净产品*	在企业挣得的工资* + 企业挣得的利润*	企业支付的工资* + 以利息与股息付出的利润* + 未分配利润*	劳动力的收入 + 利息与股息 + 租金 + 未分配利润	个人收入 + 未分配利润
+ 不在企业就业的劳动力的服务 + 房屋的使用	+ 不在企业就业的劳动力的收入 + 房租	+ 不在企业就业的劳动力的收入 + 房租		

支出方面,消费和储蓄也同样可以细分,因此又有一组等值的各列:

社会收入	企业产品的消费 * ＋ 其他劳动力服务的消费 ＋ 住房的消费 ＋ 购买新房的储蓄支出 * ＋ 借给企业的储蓄 * ＋ 未分配利润形式的储蓄 *	消费产品与服务的产出 ＋ 卖给储蓄者的新房 ＋ 企业的净新设备	消费 ＋ 净投资	社会产品

这种扩充的表式与前面的表式意义完全一样，但它不是取代前面的。如果我们把工资理解为劳动力的全部收入，把利润理解为资本的全部收入，那么还是可以说：社会收入由工资和利润构成，这些工资和利润是在生产社会产品中赚取的。如果把储蓄理解为包含未分配利润，投资包含消费者购买耐用品，那么，储蓄等于净投资的说法仍然成立；储蓄与投资相等，就决定了支出方面的收入与产品相等。按照这种方式理解，第119页的基本等式仍然是完全正确的。

4.企业间交易带来的复杂性

现在可以放弃巨型企业的假设了。在上面的表式中，巨型企业扮演的角色,正好等同于现实中组成工商业的所有企业合并在一起时所扮演的角色。所谓巨型企业,不过是所有现实中的企业合并而成的一个整体。通过观察上表中单一巨型企业的部分(由星号标出),就可以看出这个企业集合在社会收入的取得与支出中实际扮演的角色。收入方面,巨型企业的净产品等于它支付的工资加上(分配与未分配的)利润。支出方面,巨型企业的净产品,(1)就其中的消费品而言,由消费支出购买,(2)就其中的新增消费者资本品(如住房)而言,由储蓄购买,(3)就其中由贷款给企业来抵销的部分而言,由储蓄购买,(4)就其中对应于未分配利润的部分而言,也由储蓄购买。这是单一巨型企业的情况,如表式所示;而如果把组成真实工商业世界的所有企业合并在一起,情况也是如此。下面我们继续说明这一点。

当我们把巨型企业分拆成众多大大小小的企业时(这符合实际情况),会出现两种新情况。其一,必须考虑一家企业生产的材料[①]卖给了另一家企业,后者用以投入自己的生产。只要假定工商业合并成为单一企业,这些材料是不用考虑的;因为这时,材料从一个生产阶段传递到另一个生产阶段,纯粹是企业内部的事情。当企业被拆分后,材料的销售,在售方企业看来,跟其他产品销售是一样的。但是,由于还必须考虑材料被其他企业购买的一面,当所有企业合并在一起时,这些材料的买卖会相互抵销。

企业不止一家时,还须考虑一点:一家企业的部分股份(或其

---

① 也有某些服务,如运输、保险等,是一家企业为另一家企业提供的,其作用类似于这些材料。

他债务)可能由另一家企业所有,而非个人股东所有。如果出现这种情况,一家企业利润的一部分就要付给另一家企业;但是同样,当所有企业合并在一起时,这些利润转移也会抵销掉。唯一留下来的利润,是实际付给个人的或者未分配的利润。进而言之,贷给一家企业的储蓄,可能不是用来增加这家企业的资本品,而是要再转借给其他企业(一个明显例子是银行)。当所有企业合并在一起时,这些转贷款也会被抵销掉。

5.企业利润核算及其在社会收入中的地位

因此,企业一分为众,对我们的一般讨论完全没有影响。当所有企业合并起来时,企业之间各种交易都相互抵销,因为我们要计算的是社会的收入或产品。不过,考察一下现实中企业实际计算利润的方法,将有助于详细说明这种抵销是如何进行的。我们将继续简化分析,省略所有涉及税收的问题;但即便这样,把所有企业合并在一起,还是可能有点令人困惑。因此,明智的做法是坚持:除前一节已经给出的原则外,不再增加其他新的原则。

一家企业通过一年的生产赚到的利润等于其产出的价值减去投入生产的费用。这里的费用包括:(1)工资与薪金;(2)为生产而耗费的原材料成本;(3)其他企业提供的诸如运输、保险等服务的成本;(4)固定资本设备的折旧。① 因此,对于任何企业,

产出价值＝工资＋原材料与服务的成本＋折旧＋利润

---

① 这里的折旧概念用的是企业家理解的意思,只包括固定资本的折旧。见附录C。

第十一章　社会产品与社会收入

这是一个基本等式,表达了企业在创造社会收入中所扮演的角色。①

我们在很多方面都要用到这个基本等式;因此,应该定义一些名词,以便拆开来分步考察。接下来,我们会按照通常理解的意思,谨慎地把企业的产出(即销售)称为它的总产出(Gross Output)。总产出减去生产过程中消耗的原材料(以及其他企业提供的服务)成本,称为企业的净产出(Net Output);如果愿意,还可以说,净产出就是这家企业自己贡献的社会产出部分。下一步,要扣除折旧。因为"总"和"净"两个词无非是指"扣除某些东西之前和之后",因此,这里就不便再用一次"净"字来讨论"扣除折旧的净产出"了。这里需要更恰当的名词。最方便(也是与惯例非常吻合)的做法,是把"产品"一词与折旧扣除联系起来。因此我们可以说:企业的净产出与它的总产品(Gross Product)是一回事。而它的净产品(Net Product)是总产品减去折旧。从而,基本等式告诉我们:净产品*等于工资加利润。

这样,这个基本等式就分为三步:

总产出＝原材料与服务成本＋净产出

净产出＝总产品＝折旧＋净产品

净产品＝工资＋利润

对每一家企业分别而言,这些等式都成立。

---

① 从会计核算角度看,这是企业的营业账户(trading account)。见后面第十八章(但营业账户的内容见于第十九章第二节及以后。——译者)。

＊ 这里的 product 译为产值也许更合适,但为译名统一起见,仍然译为产品。——译者

如果现在把所有企业合并起来,就像在计算社会产品时所做的那样,我们发现,所有企业净产出的总和,等于所有企业总产出合计,减去生产用的原材料与服务的成本。但是,在说明这种关系时,必须考虑一家企业为另一家企业提供的服务,必须考虑一家企业卖给另一家企业的原材料。运输、保险等服务的价格,是大多数普通企业的生产费用,但又属于铁路公司、保险公司等企业的总产出,可以相互抵销。一年内由一家企业生产、被另一家企业耗用的原材料,计入前一家企业的总产出和后一家企业的原材料成本;因此,当所有企业合并时,也可以抵销掉。但是,一年内生产出来的原材料中,有一些不会在当年耗用掉,而是追加到存货上;而这一年耗用的原材料,又有一些不是当年生产的,而是取自存货。因此,不一定所有原材料都会抵销掉。还应注意:由一家企业卖给另一家企业的商品*,也有一些不会被抵销,因为它们没有消耗在这一年的生产上;它们是耐用性产品、固定资本品,用于替换或者增加产业**的固定资本存量。

做了这些抵销后,所有企业的净产出总和就变成为:

  卖给消费者的商品总产出

  ＋卖给其他企业的固定资本品总产出

  ＋增加存货的原材料的价值

  －来自存货的原材料的价值

---

* 这里是指不再作为原材料投入生产的产成品,原文为 goods,与前面原材料(materials)不同。——译者

** 在本句语境中,产业(industry)与企业(firm)相对,指所有企业的汇总,下同。——译者

第一项是消费品产出,加上卖给消费者的固定资本品(如住房);第二项是用在产业上的固定资本品的总产出——产业固定资本的总投资;第三项与第四项的差额,代表了原材料净投资。我们可以用"总投资"(Gross Investment)一词,表示固定资本的总投资加上原材料的净投资。因此,这就说明:所有企业的净产出(即总产品)的总和,等于所有消费品的总产出加上全产业生产的投资品。事实上,如果忽略原材料投资的复杂性,也可以说:对单家企业来说非常重要的总产出与总产品的区别,在所有企业合并时,就消失不见了。这正是我们考虑巨型企业时的情况。

每家企业的净产品是总产品与折旧之差。因此,所有企业的净产品的总额,等于总产品(即净产出)的总额,减去折旧的总额。而上面已经证明,总产品等于消费品产出的总额加上总投资。由此减去折旧,

产业的净产品＝消费品产出＋净投资*

而全产业的净产品又是全产业赚取的所有工资与利润的总和。这样就证明:全产业赚取的工资与利润的总和,等于产业生产的消费品产出,加上产业生产的净投资,这与巨型企业的情况是一样的。

6. 利润分配

到目前为止,我们一直都是关注全产业的工资与利润;现在必须再进一步,把它们(或其中大部分)变成每个人手中的个人收入。

---

* 见原书第37页。——译者

当年挣得的工资,必定直接付给个人,即工薪收入者;因此,在这个环节上,工资方面没有什么需要特别考虑的。而利润就不是这么简单,因为,一部分利润可能停留在未分配利润的状态,还有一部分可能付给其他企业。但是,既然注意到甲企业把股息分配给乙企业的可能性(乙企业持有甲企业的股份),那也就必须考虑到,甲企业本身也可能持有丙企业的股份,从丙企业那里收到股息。这些股息,与甲企业自己创造的利润一样,都可以分配给甲企业的股东。

因此,关于一家企业利润的分配,①有等式如下:

生产赚取的利润+从其他企业得到的利息和股息=支付给个人的利息和股息+支付给其他企业的利息和股息+未分配利润。当所有企业合并时,从其他企业得到的利息和股息必定等于付给其他企业的利息和股息,可以相互抵销掉。因此,所有企业合并在一起:

生产赚取的利润=支付给个人的利息和股息+未分配利润

上面已经看到,全产业的净产品等于全产业的工资与利润的总额;因此,全产业的净产品就等于支付给工薪收入者和股东(或业主)的工资与利润加上未分配利润。这跟巨型企业的情况没有两样,因此,上面表式在体现收入方面社会净产品等于社会收入这一点上,仍然是完全正确的。②

---

① 当然,按照这一章的惯例,税收仍然不予考虑。
② 这里关于企业利润分配的说明,是以股份公司为基础的(见前面第九章),因为股份公司是当今最重要的企业类型。其他类型的企业也可适用,难度不大。一个经营者是不区分自己(作为唯一股东)的利润和未分配利润的——实际上,他的(接下页注)

7. 支出方面

当我们转向支出方面时,事情可能变得有点棘手;这方面确实有一些很典型的令人困惑的地方。人们往往会说(有时候杰出的经济学家也会这么说):社会收入与社会净产品的相等关系既已通过一条途径得到证实,那么在另一条路径上也一定成立,因此没有必要进一步讨论。但读者有理由觉得,这种捷径并不尽如人意。现在我们没有理由不从头到尾再论证一遍,让自己相信,相等关系也可以由另一种渠道来证明。只要一步步论证,每一步都小心翼翼,就可以得出正确的结论。

造成困难的主要原因,亦即必须留心的因素,是货币的角色问题。当个人储蓄时,他可以用这些储蓄购买消费用的资本品,如住房(我们已经考虑过),可以购买股票或债券(也已考虑过),也可以增加持有现金,如银行存款。正是在这最后一种储蓄方式上,经常会惹来麻烦。但只要记住在上一章第 109—110 页讨论国家资本时所确定的原则,就可以避免所有这些麻烦。除了为国际贸易而持有的黄金储备外(这个在此可以不予考虑,因为我们忽略了对外关系的问题),现代货币无非就是银行对持币者的债务;因此,如果

(接上页注)所有利润都是分配了的;但他还可能必须支付利息给其他企业,例如他向银行贷款了。一个向地主租种土地的农民,最好是被视为在支付租金以代替利息(因为他也可以借钱买下土地)。后面这些情况的真正困难,是在工资与利润之间缺少清晰的区分;一个人自己的劳动所得与他拥有的资本设备得到的收入之间,做不到泾渭分明。缺少这种区分,将会给我们带来很多麻烦;但是,由于这些活动的工资加上利润的总额可以清楚界定,缺少这种区分,并不影响这里所关心的原则。

一个人增加他的货币持有量，就是增加了银行欠他的债务，即是说，是他借钱给银行。借钱给银行与借钱给其他企业尽管有一些重要不同，但从现在的角度看，银行就是企业；借钱给银行一定要视同为借钱给企业，就像其他工商企业借款一样。

因此，所有不用于购买消费资本品的储蓄，一定都贷出去了。当所有个人合并时，一个人对另一个人的贷款显然会被抵销掉，从而就所有个人合并而言，一定有

个人收入

＝消费＋储蓄

＝消费产品与服务的购买＋消费者资本品的购买＋借给企业的储蓄

要从支出方面展示社会收入等于社会产出，我们必须证明，这种由个人借给企业的储蓄，加上企业自己由未分配利润形成的储蓄，就等于企业的净投资。

为了说明这一点，我们需要回溯到上面第 100 页，看看一家典型企业的资产负债表。无论是年末，还是年初，资产负债表一定是平衡的；因此，资产增加的总额（在资产负债表的一边）*一定等于"负债"增加的总额（在另一边）。① 这样，一年中资产负债表各个科目（items）发生的变化，可以视为相当于我们正在讨论的纳入年度账户（account）的总额。资本的增加等于总投资减去折旧，即净

---

* 括号内的原文为"on one side of the account"，由此可见，account（一般译为账户）也应被理解为财务报表，资产负债表（balance-sheet）是其中一种。这一点对于理解全书后半部分非常重要。——译者

① 当然，一些（或全部）增加也可能为负（即减少）。

投资。"应收账款"的增加,等于企业新增放款。流通中股票、债券、银行债务、应付账款的增加,都可以视为某种新增借款。储备余额的增加,只能来自未分配利润。因此,无论是在年末还是年初,资产负债表的平衡告诉我们:

新增借款＋未分配利润＝新增放款＋净投资

对于每家企业来说,这个等式都成立;①所有企业合并起来,相应的总计也会相等。但在合并加总时,一家企业对另一家企业的借贷会被抵销;企业向公众的放款必须从企业向公众的借款中扣除。因此,所有企业合并在一起:

来自个人的新增借款净额＋未分配利润＝企业的净投资

这就是我们所要展示的。因为来自个人的借款净额等于贷给企业的个人储蓄。根据本章开头所做的假设,社会收入与社会净产品相等得到了充分检验。因此,无论从收入方面还是从支出方面看,等式都是成立的。

8.计算国民收入的方法

统计学家常用于计算国民产值(或国民收入)的方法,现在水到渠成了。如果放弃简化的假设,固然要做出某些校正(我们将在后面章节讨论这些校正);但国民净产值(net national product)和

---

① 需要注意的是:这个等式对于银行等金融企业,也与工业企业一样,都是成立的。对于银行来说,资本设备的净投资肯定是极小的一部分;即使银行在建设新的分支机构,新建筑的成本相对于它的一般经营规模也是很小的。对于银行而言,重要的是新增借贷;但上面等式同样成立。

收入总额(the sum of incomes)之间的联系仍然非常紧密,足以让我们从产出或收入角度,处理相同的问题。

先考虑收入法,它沿着把社会所有成员的收入加总起来的路线进行。这是最初用于计算英国国民收入的方法。甚至在1939年以前(当时缴纳所得税的人口比例远远低于今天的水平),收入法也非常适用;因为,非工薪阶层的大部分人的收入已归入所得税账户,而工薪阶层的收入可以从劳工部收集的收入统计数据中估计出来。因此,剩下来需要依靠间接估计的缺口非常小。二战期间,缴纳所得税的义务显著扩大,并且在战后保留了下来,从而运用收入法变得更加容易。不过,没有多少国家能像英国那样,如此便利地使用收入法;但所得税扩展到更广泛的人口群体,确实是一种相当普遍的经历,因此与1939年以前相比,现在很多国家更适合使用收入法了。

第二种方法是生产法,即从产出角度处理问题。如果所讨论的年份有生产普查,①则大部分企业的净产值可以由普查数据计算得到,只需加总起来即可。普查没有包含(或不能令人满意地包含)的那些生产必须依靠估计,因此必然不那么可靠;不过,有各种间接的方法可以做出相当好的估计。一旦生产法应用于某个有生产普查数据的年份,我们就可以利用间接方法将之扩展到毗邻年份;这样做可以给出相当好的结果,并且很大程度上不同于完全基于间接证据、没有任何生产普查可资校验的生产估计。像美国、瑞典这些国家,最初的国民收入估计都是基于生产法;但是现在,尽

---

① 见第6页。

管生产法还继续使用，收入法在这些国家也变得比以前更适用了。

随着经验日益丰富，经济统计数据日益增多，两种方法的准确性都已普遍提高；但1940年以来，这方面最重要的发展，可能还是两种方法所得的结果相互校验的普遍做法。随着人们对国民收入理论的理解越来越深入，大家认识到，不仅总额需要核对，几个组成部分也可以相互校验。现代对一国国民收入的好的估算，都是同时基于两种方法，它比仅基于一种方法的估算效果更好，信息量更大。但是，如果要满足这些相当严苛的要求，就需要提供非常充分的经济统计数据；一个国家如果一般经济信息来源匮乏，就不能指望可以完全可信的方式估算其国民收入。①

从收入端和生产端估计的双重方法，有时还可以用第三种方法，即从支出端估计的方法来作补充。从支出方面看，社会收入等于消费加上储蓄的价值。消费价值有时可以用零售业的统计数据来估计；储蓄方面的信息有时也至少可以获取一部分。如果这些数据可得，就可以大致估计出国民收入。支出方法没有其他方法那么可靠，但是，由于其结果应该与其他方法得出的结果相一致，作为校验还是有用的。当然，消费与储蓄价值的估计本身也非常令人感兴趣。

后面我们将检验其中一些调查的结果；但在这样做之前，必须讨论"国民净产值等于国民收入总额"这一说法的限定条件。讨论从对外关系问题开始。

---

① 对于很多国家来说，情况正是这样；我们可以在联合国的出版物上找到这些国家的国民收入（或国民生产总值）的统计数据。

第十二章　对外收支与国民收入

1.对外收支的复杂性

如果我们只关注独立自主（即"封闭"）的社会，社会收入理论会是相当规整的。它有很多复杂性问题，已经在上一章给我们带来一些麻烦；但是每种情况下，复杂性都得到了完美解决，我们又回到了收入与支出的基本等式：

社会净产品＝工资＋利润＝社会收入

社会收入＝消费＋储蓄＝消费＋净投资＝社会净产品

就像贪吃蛇，首尾相衔接。

但是，如果同样的论证继续应用于一个"开放"经济体，如一个国家（"开放"是因为它与外国人有经济联系），就不能期待还可以这样规整。每一种与外国人的经济联系，都会带来某一个未交代清楚的问题。某种意义上，这些问题勉勉强强都可以交代清楚。但在尝试处理这些问题之前，我们首先必须识别它们，发现它们的重要程度。事实上，这些问题可以简化为六种类型。

（1）第一种必须考虑的与外国人的经济联系，是把商品与服务

第十二章　对外收支与国民收入

卖给外国人,即出口。① 从我们的角度看,有了出口,就意味着并非所有计入国民产品(national product)＊的物资,都是由国民收入购买的。一些国民产品被外国人购买去了,外国人的收入不是国民收入的一部分。

(2)第二种是向外国人购买商品与服务,即进口。有了进口,国民收入就不再全部用于购买国民产品;一部分国民收入花在外国人生产的物品上了。以上两点是相对明显的。

(3)接下来要讨论的一点,我们在讨论国家资本时已经以另一种形式遇到过。一个封闭社会的社会资本由其国民所拥有的物资组成;封闭社会的社会收入来自劳动力在资本品上劳动的产出。这就解释了为什么对于一个封闭社会来说,社会收入等于社会净产品。但是,一国的国家资本,可能不仅包括实际物品,还包括应收的海外债务;这种情况下,就会有一些人得到这些海外资产的利息或股息收入,同时也得到国内的资本与劳动的产品收入(通常称为国内产值)。另一方面,也可能有一些人欠外国人债务,他们必须支付利息或股息;如果这样,必定有一部分国内产值要交付给外

---

① 在这一章中,我始终用进口和出口两个词,表示一国国民卖给外国人的所有商品与服务,或者一国国民向外国人买入的所有商品与服务。这是自然天成的经济含义。但在把我们的推理运用于进口与出口的统计公布数据之前,必须提醒一点。统计数据中记录的进口与出口,只是在港口或关口从海关的眼皮底下经过的部分,而并非所有经济学意义上的进口或出口都是这样的。海关记录的进口与出口,称为有形的进出口;此外还有无形的进出口。英国一个非常重要的无形出口,是英国海员为外国人提供的航运服务;另一个是英国保险公司为外国人提供的保险服务:这两者都没有包含在官方的出口统计数据中。另一个无形出口是为外国游客提供的服务。美国人到英国旅游,英国是(无形的)出口;英国人到欧洲大陆旅游,英国是(无形的)进口。

＊ 上一章译为国民产值。——译者

国人,只有交付后留下来的那部分,才构成了本国国民的收入。因此,支付给国内个人的利息和股息的总和,加上国内积累的未分配利润,不再等于国内赚取的利润。可能有一部分利润付给海外债权人,也可能有一部分利息和股息来自海外债务人。

(4)在收取与支付海外借贷的利息之前,必须先有海外借贷本身。因此,第四种需要考虑的经济联系就是海外放款与借款。这时,国内个人的净放款(一个人对另一个人的放款已经抵销)不再等于国内企业的净借款(一家企业对另一家企业的放款也已抵销)。因为,现在个人可能向海外放款,企业也可能向海外借款(或放款)。因此,在开放经济中,储蓄不再等于净投资;而必须说,储蓄等于净投资加上净海外放款。

这些是与外国人经济联系的主要类型,当我们研究一个开放经济体的国民收入时,这些都必须考虑到。而为了完整起见,还需要增加两个次要的修订。

(5)第一个是馈赠问题。在封闭社会,馈赠不需要任何特别关注,因为当所有个人收入合并时,一个人对另一个人的馈赠必定会抵销掉。但在开放社会,可能有一些馈赠来自海外,或去向海外,因此它们不会被抵销。大家可能认为,跨越国界的馈赠不会很重要。其实,某些情况下,它们是相当重要的。例如,爱尔兰经济一度非常依赖于移民对国内侨眷的汇款,而以色列经济非常依赖于来自其他国家教友的馈赠。政府安排的馈赠(其中最著名的是马歇尔援助计划)在第二次世界大战后的欧洲重建中发挥了非常重要的作用。总之,馈赠是重要的,不容忽视。

处理这种馈赠的最好方法是什么呢?自然而然的想法,是把

第十二章 对外收支与国民收入

它们视为"收入等于消费加储蓄"这一规则的一个例外。这样就可以说：如果一个人得到馈赠，他就能够消费和储蓄超过收入水平，超过部分等于馈赠的量；如果他做出馈赠，就是从收入中拿走一部分，但不计入他的消费或储蓄。这就是我们处理国际馈赠的方法——无论馈赠是个人之间的（移民的汇款），还是政府之间的。①

（6）最后，应该记得，在我们处理封闭经济中的货币问题时，发现它在我们的等式中不需要给予特别关注，因为，个人或企业持有货币的增加，总是可以被视为一种特殊类型的放款，即放款给银行。但在那里已经指出，当我们在开放经济中处理这个问题时，情况可能不一样。这时，银行可能会用一部分存放在它那里的资金（或自己积累的资金）换取外国人也可接受的国际货币。这样的货币本身可能是"债务"货币，以贷款给（或存款于）其他国家银行的形式存在。这种情况下，我们应该不会碰到新的麻烦。但是，所获取的国际货币也可能是黄金，一种尚未丧失国际接受度的传统金属货币。② 因此，我们必须考虑这样一种可能性：企业（在最广泛的意义上也包括银行）的一部分净储蓄和借款，可能用于购置黄金，而不是通常意义上的净投资。③

---

① 不过，可能需要注意的是，有一些馈赠不能以这种简单的方法简便处理（如马歇尔援助计划，资金原本是借出去的，但实际上是馈赠）。另一种想法，是把它们视为"储蓄等于净投资加上放款"的规则的一个例外。由于在编写这本书的1952年版时，这些馈赠非常重要，因此我对这种分类方法给予了很大关注。现在，那个时期已经过去，我可以做出大家喜闻乐见的简化了。

② 实际上，只有中央银行和政府才大量购置黄金。

③ 由于黄金储备被视为国家资本的一部分（见前面第110页），购置黄金也有可能被当作一种投资。但是，更好的做法还是把黄金储备与国家资本中由真实设备构成的部分区分开来，因为它们的作用完全不同。如果这样做了，就必须只把（接下页注）

2. 国民账户中的对外收支

接下来要做的事情是修订社会收入的收入支出表式，以便把那些未交代清楚的问题处理到位。为此，我们不需要再次提出上一章困扰我们的所有复杂性问题。返回巨型企业的假设，就足以说明情况。上面已经证明，巨型企业分裂成很多个别企业，不会给论证带来根本不同；这一点对于开放经济，就像对前面说过的封闭经济一样，显然也是适用的。因此，我们假设，这个国家的所有产业与贸易，即所有经济活动，都是由巨型企业实施；这意味着所有对外贸易也都是通过该企业。所有出口商品都由该企业卖出，所有进口商品都首先由该企业买入，要么直接在国内市场转售(企业仅仅像代理商一样行动)，要么用作进一步生产的原材料。由此，我们可以把国内消费者购买的所有商品都算作企业产出的一部分，把进口都算作企业的购买，即是说，都算作企业用到的原材料。

有了这些共识，我们马上就可以采用上一章用于分析巨型企业的概念，[①]算出国民收入的取得与支出。"国家企业"的总产出中未用于出口的部分，应该有一个专用名称；不妨称之为总留存产出(Gross Retained Output)。[②] 按照刚才的说法，总留存产出包含国内消费者享用的全部消费品与服务产出，还包含用于扩大或

(接上页注)真实设备增加算作投资；购置黄金必须被视为单独的项目。

① 见前面 124 页。

② 奇怪的是，从来没有人为这部分命名，实际上，这部分在许多经济学讨论中占了很大分量。

第十二章　对外收支与国民收入

替代国内产业所用设备的全部固定资本品产出;后者与国内总投资略有不同,①但我们可以扩大总留存产出的定义,以便包含全部的国内总投资。因此,

总留存产出＝国内消费＋国内总投资,而

国家企业的总产出＝总留存产出＋出口

国家企业的净产出(即总产品),是它的总产出和从海外取得的原材料与服务成本的差额。② 因此,国内生产总值(这是"国家企业"总产品的习惯称谓)等于

总留存产出＋出口－进口

国内生产净值(再次与企业的情况一样)等于国内生产总值减去折旧。这样,由于总留存产出包含了国内总投资,折旧是国内总投资的一个抵销项,我们可以从总留存产出中扣除折旧,称其差额为净留存产出(Net Retained Output)。因此,净留存产出是国内消费与国内净投资的总和。从而,我们可以把这部分讨论全部归结为下列等式:

(A)国内生产净值＝净留存产出＋出口－进口

在这个等式中,已经考虑了这个国家不同于封闭经济的前两个方面。

现在来看第三个复杂性问题。与封闭经济一样,国内生产净

---

① 读过前一章的读者知道,这里所说的不同,就是对原材料的净投资。由于(就目前而言)我们要把它计入总产出,为得到净产出而必须扣除的原材料与服务的成本,一定要包含在进口原材料上面的净投资。这是说,我们必须扣除从海外进口的全部原材料与服务,即全部进口额。

② 见上一脚注。

值仍然等于国内赚取的工资与利润的总和,因为这些就是"国家企业"账户中剩下来需要考虑的全部。但与封闭经济不同,工资与利润的总和不再等于国民收入。来自海外资产的收入(或正或负)也必须考虑进来。国民收入等于工资与利润的总和,加上来自海外资产的净收入。因此,

(B)国民收入＝国内生产净值＋来自海外资产的净收入

在等式(A)和等式(B)中,国民收入的收入端得到了充分论述。

现在转向支出端,在支出端我们必须面对剩下的三种复杂性。首先是馈赠问题。现在,收入不一定等于消费加储蓄;正如我们明确的,必须写作

收入＝消费＋储蓄＋对外国人的净馈赠

而且,也不像封闭经济中那样,所有储蓄(不是花在耐用消费品上的储蓄)都必须贷给"国家企业";因此,储蓄也不一定等于国内净投资。储蓄可能投资于国内,也可能贷给海外,还可能用于购买黄金。因此,

储蓄＝国内净投资＋净对外放款＋净黄金购买

于是,由于

国民收入＝国内消费＋储蓄＋净对外馈赠

以及

国内消费＋国内净投资＝净留存产出

因此,

(C)国民收入＝净留存产出＋净对外放款＋

净对外馈赠＋净黄金购买

等式(C)概括了国民收入的支出端的情况;三个等式(A)(B)

(C)合并,所有未交代清楚的问题都说到位了。

3.国际收支差额

现在讨论开放经济与封闭经济的国民收入理论的最重要差别。在封闭经济中,无论从收入端还是支出端入手,我们都能够证实社会收入与社会净产品的一致性。因此,不是真有必要从两端把整个过程都计算一遍(尽管这样做有启发性),因为无论哪一端都会得到相同的结果。而在开放经济中,无论哪一端,我们都得不到相同的结果。两种算法会给出不同的结果。但是,两种算法必须彼此一致——这一点仍然成立。只有等式(A)(B)(C)中的剩余部分之间存在联系,才能实现这一点。现在等式(A)和(B)已经告诉我们,国民收入与净留存产出之间的差别等于

出口－进口＋来自海外资产的收入

等式(C)又告诉我们,同样的差别等于

对外放款＋黄金购买＋对外馈赠

因此两者必定相等。这个差别可以用上面任一种方式表示,其数额非常巨大。我们称之为国际收支差额。

因此,我们已经说明的是:国际收支差额就是国民收入与净留存产出之间的差额;这个差额可以表示为上面两种方式中的任一种。这些关于国际收支差额的表述,概括了开放经济的国民收入的特有问题,并且已经说得题无剩义。

人们会注意到,国际收支差额不一定为正(即"有利的")。事实上很显然,一国出现了有利的国际收支差额,其他一些国家一定

会是不利的国际收支差额。假定一个只由两个国家组成的世界。一国的出口就是另一国的进口;如果一国有来自海外资产的正的收入,另一国必定有来自海外债务的负的收入。因此,一国有利的国际收支差额,一定意味着另一国不利的国际收支差额。当国际收支差额以另一种方式表示时,同样的两面性显然也成立。

4.国际收支平衡的货币方法

国际收支差额的两种表达方式的一致性,还可以用更直接的方法加以说明,但这种方法从根本上说可能较少有启发性。如上所述,某个人(或企业)在特定时间拥有的货币,无非是由银行欠他的债务构成(或者,在银行票据的情况下,是发行这些票据的银行的欠债)。因此,如果一家英国企业从美国购买机器,最初支付进口的唯一方法,是付给美国卖方一份在英国银行的索取权;这份索取权的转移可以采取多种方式,①最简单的是移交支票。支票是给英国银行一项指令:把英国买方账上的资金转移一部分到美国卖方的账上。交易的结果是英国买方得到了机器,美国卖方得到了在英国银行的索取权,即英国银行欠他的债务。如果美国卖方现在把支票存入他在美国的银行,美国银行就获得了对英国银行的索取权,但同时有欠美国卖方的债务要在银行账户的另一侧列明。

因此,这里至少有四方参与了交易:英国买方、美国卖方、英国银行、美国银行。英国买方与英国银行之间的交易,美国卖方与美

---

① 其他方式(如汇票等)在所有关于货币的教科书中都有论述。

国银行之间的交易,是各自国内的交易,不影响国际收支平衡。在两国之间,有英国进口美国的机器,又有英国银行对美国银行的债务与之相抵。这就是故事的全部。英国从美国进口了机器,英国银行向美国银行借了钱去"支付"进口。

任何东西进口到英国,都会发生同样的事情;英国人为海外债务偿付利息时,也会发生同样的事情;当他们直接借款给外国人时亦然(例如通过购买海外公司的股份)。所有这些事情都涉及海外银行对英国银行的贷款。

但是,这些贷款大部分很快就被抵销掉。因为,当有东西从英国出口,或者英国人获得海外资产的利息或股息,或者外国人向英国人、英国公司购买股票或债券时,银行之间就形成了相反方向的债权债务关系。所有这些都涉及英国银行对海外银行的贷款,它们在很大程度上抵销了上面的反向贷款。

通常情况是:两组银行债务几乎完全彼此抵销。如果是这样,国际收支就实现平衡或接近平衡,而不需要考虑银行间拆借(bank lending)。不过,即使弥补差额必须通过银行之间的净拆借(英国银行向外国银行拆借,或外国银行对英国银行拆借),国际收支仍然保持形式上的平衡;因为,银行拆借也是一种借贷,把所有借贷都包括在内,两边加起来一定相等。

但是,弥补差额所必需的银行借贷,不像其他借贷;当它增长超过某一点时,就会出现麻烦。因为,任何国家的银行可以通过这种方式向其他国家银行借入的金额是有限的;这个限额可能因环境不同而变化,但一定存在。一旦接近这个限额,政府(或中央银行)就需要卖出黄金——为这种紧急状况而持有的储备。但是,大多数国家（包括英国）并没有足够多的黄金，可以用来长久地保护自己。现在真正拥有大量黄金供应的国家，只有黄金生产国（如南非、加拿大、俄罗斯）和美国。大部分国家，当它们除了大量使用银行借款之外，没有其他办法可为进口买单时，就处于非常窘迫的状态。英国在1931年秋季放弃金本位时就是这样，1945年以来又屡次遭遇这种情况。关于这种"国际收支危机"，我们将在第十六章做进一步申述。

5.国际借贷机制

国际收支平衡也为其他一些问题提供了很多线索。当我们着眼于经济史的大维度时，就不需要太关注银行平准贷款或者黄金的转移等——这些只有在危机时刻才是重要的。也不需要担心国际馈赠问题。可以把国际收支平衡写作如下：

海外净放款＝出口－进口＋海外资产的净收入

其他项目则不必太关注。

现在我们来看一个很大程度上既非债权国也非债务国的国家，如19世纪晚期某个时候的英国。如果这个国家要对外放款，只有通过出口超过进口才能做到。这是国际借贷的第一阶段。在海外放款很多年之后，以往贷款的利息开始达到可观的金额，从而，如果它要继续保持出口超过进口的顺差，就必须更多地对外放款。即使它继续对外放款，如果规模少于以往贷款的利息收入，进口也会变得大于出口。这就是1850年后英国的常态：它仍然对外放款，仍在增加海外资产；但是，它的新放款通常少于旧贷款的利息收入,因此进口超过了出口。

现在假设,由于某种紧急状况如战争,一个一直在对外放款的国家开始从海外借款,或者开始出售海外资产。战争期间,由于海外净放款为负,海外资产的净收入仍然为正,进口大于出口的超额部分变得比平常大很多。但是,这个进口的超额部分是以放弃海外资产来支付的;如果海外资产损失巨大,战争结束后,来自海外资产的净收入就会大幅减少;因此,这个国家将不能继续以原有的速度对外放款,积累自己的海外资产,除非它设法压缩进口大于出口的超额部分。英国1919—1939年间的形势,看起来就类似于这种情况;这个时期,它的海外净放款确实非常小。我们会看到,如果海外资产损失进一步扩大,从而再没有海外资产带来的净收入,那么这个国家只能通过对海外放款再次积累自己的海外资产,前提是它能够像在第一阶段那样确保出口超过进口。大体上说,英国1945年以来就是这种情况。

上面我们讨论了一个对外放款国家的情况,这个国家只在特别的紧急情况下才会借款;但是,一个放款方必定对应着一个借款方,早期常规的放款能流向哪里呢?一个国家对外借款,如果能够有效利用,即借款能够增加该国的国家资本,那么,这个国家把对外借款当作一种常规政策就是完全合理、明智的。如前所述,借款国的国家资本,由国内拥有的资本设备减去海外负债构成。如果海外借款被浪费掉,就意味着国家资本的净损失因为债务增加了;如果借款用于增加国内资本设备,这些设备比相应未偿还的债务更有价值,那么,国家资本实际上就由于海外借款而增加了。大部分海外借款无疑都是这种类型。英联邦乃至美国,在发展时期如果没有大规模海外借款,就不可能取得现在这样的发展(甚至不可能像现在这样吸引住人口)。

海外借款的分阶段分析,可以比照上面的海外放款。假设一个国家(最初既不是债权国也不是债务国)开始向海外借款;第一阶段,它的进口将超过出口。进口的超额部分可能包括资本品或消费品;应该注意,通过借款融资大量进口消费品,不一定意味着这些借款被浪费了。因为,进口消费品,可能可以让该国自己的劳动力转向生产新的资本品;如果消费品不进口,就必须在国内生产,而如果不需要在国内生产,相应的生产要素就可用于增加资本设备。例如,当一国借款修建铁路时,新增的进口一部分是海外生产的铁道装备,一部分是供应给工人的消费品——既包括安装装备的工人,也包括从事铁路建设其他现场施工的工人。重新安排生产可能比这种情况更复杂一些,但原则是一样的。

当以往借款的利息增加时,海外借款的第二个阶段就到来了;然后(与放款的情况一模一样),这个国家必须比以前更多地借款,才能保持进口大于出口。如果借款的速度下降,或者未能提高,那么迟早有一天,出口必须超过进口。实际上,这个点总是在一段时间后到来。

如果借款得到有效利用,出口超过进口的状态通常水到渠成即可实现。因为,资本设备增加会提高该国的生产能力;商品生产会增长,从这个增长的生产中可以拿出更多商品用于出口,而不会伤筋动骨。事实上,我们看到,19世纪后期,当很多债务国进入第二阶段时,它们的出口(特别是原材料和粮食的出口)显著增加了。利用这些出口,它们偿付了债务利息,这时它们既有能力偿债,又享受着蒸蒸日上的繁荣。

6.国际借贷促进发展

如上所述,生产性借贷是一个非常有益的做法。如果没有19世纪的国际贷款支持,借款国的生产能力几乎不可能有较快发展;而如果没有新大陆的生产发展,老旧国家就会缺乏粮食和原材料——正是这些粮食和原材料,满足了增长的人口不断提高生活水平的需要。这种生产性借贷的经济机会很可能还远远没有用尽;亚非国家的大规模贫困要救助,仍然需要大量增加资本设备;在可预见的未来,贫穷的"欠发达"国家人民不大可能以自己的储蓄供应自己所需的资金。

但我们永远不应忘记,国际贷款会带来政治上的困难,这是国内贷款所没有的。借贷双方生活在不同政权和不同法律体系下,这样会使借款人对贷款人的义务更难落实;因此,如果贷款国政府可以影响借款国政府,以确保自己公民的债权得到尊重,国际贷款通常会开展得更顺利(贷款人更愿意放贷)。但这种外部压力引起了广泛不满,部分是因为民族自尊,部分是因为它削弱了屈服于它的政府的权威。因此,这样做容易激起反对"资本帝国主义"的强烈情绪,这种情绪在过去20年间变得如此鲜明,以致想要通过传统的国际借贷促进发展,至少在现在,几乎成了痴人说梦。这种情绪之所以有市场,很可能部分是因为人们相信还有其他替代选择。因此,不妨从目前的观点出发,说一说这些替代选择。

替代选择之一是共产主义。从一个方面看,俄国的共产主义最初就是对"国际资本专制"的反抗。俄国的例子说明,在有利环境下,一个国家有可能利用自己的储蓄迅速发展自己,尽管在这种发展过程中,必须付出极其巨大的牺牲。而自然资源匮乏的国家、技术落后、耐力不足的国家不大可能做到这一点。但是,在很多国家,有很多人想要做这样的尝试。他们可能成功,也可能失败;可以肯定的是:一个穷国若想依循这条路线发展自己,必须付出巨大的努力,这需要很大的决心才能坚持下去。通过国际借贷发展,是更容易、更少痛苦的过程(如下面第二种思路)。

147　　这第二种思路引出了一个想法:通过各种各样的国际机构(如世界银行)发展国际贷款。各个借款国家在这类机构派驻自己的代表;贷款方不能按照自己的意思为所欲为,这样借款方就可以避免来自"帝国主义"的压力。贷款方也能够根据国际机构的评估获得自己的权利,但仅此而已。迄今为止,尽管在设立这类机构上已经做了很多工作,但必须承认,这类机构取得的成绩还非常有限。私人投资者很可能要质疑这类机构的安全性,政府(基金的另一来源方)几乎总是会把他们负责的任何国际贷款看作是外交政策的工具。因此,这种方法终究不是那么可行。有待观察的是:这两种为经济发展提供融资的"现代"方法中,是否有哪一种能够像传统的私人投资者的贷款那么有效——私人贷款在借款国家的人民信守诺言、遵守合同的情况下,效果是非常好的。

7.战争与国际债务

不过,这还不是事情的全貌。20世纪的世界大战带来了国际债务结构的巨大调整。1914年之前,最大债权国(海外有净资产的国家)是英国、法国、荷兰;并非偶然,它们也是最大的殖民国家。德国也是债权国,但规模小一个档次。债务国包括美洲几乎所有国家、俄罗斯、英联邦自治领和印度、中国、日本等。这些债务中尽管有一些(如日本的)是战争债务,但更多的是生产性债务;债务利息可以由这些借款帮助创造出来的资本品的利润来偿付,且大多数情况下付息并不困难。两次大战的影响所及,体量巨大的战争债务(包括"重建"债务)已经超过了这种生产性债务。战争债务的借贷关系差不多正好相反,是西欧国家(包括英国)欠欧洲以外的世界各国。原有债权国的债权人地位被完全颠覆;在新的条件下,国际贷款的主要资金来源一定是美国。

战争债务几乎总是比其他债务更加令人担忧;它们的出现猝不及防,债务国的产业来不及调适,生产能力也没能相应提高。1920年代的德国就是一个著名例子。在经历战争和战后混乱的破坏后,德国由于战争赔款,由于为恢复营运资本而举债所形成的利息等,背负了外债;结果到1928—1929年,德国发现自己必须形成出口超过进口的顺差,而没有时间和机会去重塑国内的产业体系,以求能以尚可忍耐的方式创造顺差。1945年以后的英国也有相似之处,不过(到目前为止)结果要幸运得多,英国得到了很多因素的帮助,这些因素是德国当时所没有的。其中一个因素是对英国出口品的需求很旺盛,特别是英国擅长生产的汽车;第二个因素是英国以免费馈赠而非贷款的形式,获得了巨额援助(首先是租借法案,后来是马歇尔计划);第三个因素是通过与债权国的各种安排,英国可以一定程度延迟偿付全部债务。但是,所有这些缓解因素并没有让它免于陷入困境。如果没有实施严苛的进口限制,它同样不能驾驭;并且(对我们现在的讨论尤其重要),它不再拥有储蓄盈余,可以像从前那样用于对外放贷。

美国从债务国变为债权国,同样碰到了问题;这些问题最初出现在1920年代,目前尚未完全解决。美国债权人地位的自然后果,应该是出现进口入超才对;但是,美国制造业的利益与进口增长的趋势是针锋相对的,农业的利益则受到出口下降的致命威胁,因此,在最近30年中,实际(商品与服务合计)进口入超的年份不超过三年(1931、1935、1953年)。但国际收支平衡不可阻挡;如果一国有国际收支顺差(如美国现在的情况),那么它必须要么贷出,要么捐赠,要么进口黄金。1920年代,美国力图放贷;但当时条件很困难,贷款技术也不熟练,而且(到1929年)投资者受到了惊吓。此后,它开始攫取其他国家的黄金储备,而其他国家的黄金储备比美国匮乏得多。这样做的后果是灾难性的;但即便造成了灾难性后果,真正能被美国取得的黄金数量也非常有限;因此,这些年美国的国际收支顺差基本上没有了。1940—1950年代,美国进行了规模举世空前的捐赠。这是一种更好的解决方案,但很难成为永久解决方案。最好的解决方案,还是要找到一些途径,让美国能够以可靠的方式对海外贷款,用于合理的生产目的;上面提到的国际机构可能可以在这方面发挥一些作用,但大多数情况下(因此人们会认为),贷款的渠道还是要由美国人自己创造。①

---

① 这段文字,现在保留下来的与前一版的大致相同,但在写作这一版时(1959年年底),它可能已经过时。1959年看来是美国进口入超的又一年,而且这一年的情况很难用一些在其他年份可用的特殊原因给予解释。美国已经花了很长时间来调整自己的债权国地位;如果我们在1960年代发现这种调整得以完成,也是不足为奇的。

第十三章 政府与国民收入

1. 治安与防御的集体服务

收支基本等式*的第二类限定条件与政府**的经济活动有关。一国政府是国家组织的特殊部门；它的首要功能是保护社会免受内部骚乱和外部侵略的影响。随着时间推移，许多其他功能被添加到这个首要功能上；但政府的主要职责仍然在"法律、警察和军队"（用亚当·斯密语）方面。下面我们先讨论这些政府核心活动的一些经济问题，然后再处理其他功能。

为了维持法律、治安和防御，政府必须雇用大量人手（士兵和水手、警察、法官、公务员），并购买从战舰到信纸的种种物品供他们使用。而为了支付这些方面的费用，政府征缴税收，即是说，它对公民或臣民征收强制性的捐献。我们如何把政府的收入与支出纳入国民收入的收支账户中呢？通常的方法是说：以这些方式为政府工作的人，像其他人一样，也是为了满足社会的需要；政府给

---

* 见第十一章第二节（原书第 119 页）。——译者

** 原文为 State，在本章章名及大部分地方译为"政府"，也有地方译为"国家"；另外译为"政府"的原文往往是 government，译为"国家（国民）"的原文往往是 nation，不赘述。——译者

他们付工资,是作为公民的代理人行事,公民才是最终雇主,因此,公民纳税本质上与他们的日常支出并无不同。我们可以用自愿组织做一类比。高尔夫球场的负责人雇用园丁维护草坪,他是代表高尔夫球场的会员在行事;资金由会员缴的会费给付,而毫无疑问,缴纳会费是会员们日常支出的一部分。以这个例子类比政府及其税收,可能有一点危险,因为政府是一种强制组织,而非自愿组织。不管喜不喜欢,人们都必须缴纳税收;也不能简单换一个俱乐部,就轻松保护自己免受他们认为不公正的国家政策的影响。政府要在不同人群之间实现某种程度的税负分配公平的问题,与自愿组织中的类似问题相比,要紧迫得多。但是,尽管存在这个问题,我们还是应该把征缴用于公共服务的税收,视为经济上类似于俱乐部的会费。

进一步的问题是:治安与防御的服务,是应被看作直接满足消费者需要的服务呢,还是看作促进了其他商品与服务的生产?如果我们接受第一种观点,那么必须说,公共服务是国民产品的额外部分,是前面没有计算进去的;如果接受第二种观点,那么它们已经在前面考虑过的产品的生产过程里,只是其中一部分。现在看来,我们有理由认为,公共服务中既有前者,又有后者。

为富不仁的大亨——他们罪有应得地被谋杀是很多侦探小说的主题——经常雇用私人保镖;如果在现实生活中遇到这种情况,我们应该毫不犹豫地说,付给保镖的工资是大亨消费支出的一部分,就像付给管家的工资一样。而与大亨不同,大多数人愿意依靠警察及其他政府防御力量来满足更平常的个人保护需要;我们以纳税形式花费在这种保护上的支出,应该以类似方式,算作消费支出的一部分。现在来看企业的情况：企业如果雇用守夜人（而不是依靠警察看守自己的财物不被盗窃），则守夜人的工资是企业产出成本的一部分。守夜人的服务没有被当作国民产品的独立部分，而是包含在守夜人的劳动帮助其生产的物品之中（通过保障生产过程不间断地连续进行）。人们可能认为，当公共服务部门执行类似功能时，也应该被类似看待；毫无疑问，这样做会是理想的安排。如果由于偷盗泛滥，地方政府决定付费给警察，让他们执勤更长时间，那么我们是不是要说：由于警察服务的额外产出，社会产品增加了？显然，更明智的说法应该是：生产相同数量的有用商品，现在需要更多劳动力了。这么说固然更加明智；但不幸的是，我们一般不可能说清楚：在警察和国防力量的工作中，有多少是为了保护生命、自由和个人财产，又有多少关系到生产过程的保护。由于无法划定这条界限，英国统计学家的一贯做法是：忽略公共服务对其他商品生产的协助的一面，而把全部公共服务都看作是直接服务，看作像消费品一样直接满足消费者的需要。

除此之外，实践中可能别无他法；但我们应该知道这种解决方案并不令人满意，并准备好面对其后果中的一些令人尴尬之处。最明显的尴尬，是计算战时的国民收入。战时武装力量的扩张，是公共服务的扩大；如果把公共服务看作是直接满足消费者的需要，就不得不把军队或军火工业中的人员看作是在生产消费者愿意接受的东西——作为和平时期的普通商品与服务的替代品接受。因此，尽管和平时期的商品供给减少，但国家的境况并没有表现出明显恶化，国民收入没有减少。把这种看法用在侵略国身上，可能尚有一些合理性，因为侵略国愿意以枪支换黄油，以荣耀换欢愉；但是，抵御侵略的国家的境况，无疑以另一种方式描述要更好一些。如果我们可以说，由于敌方行动造成船只损失，由于躲避潜艇需要额外耗时，由于需要庞大的海军保障这些损失不致进一步扩大，从海外进口商品变得成本更高了；如果我们可以说，由于空袭造成的实际损失，也由于抵御空袭需要飞机枪炮，国内的产品生产也变得成本更高了；则据此计算战时的国民收入，就会发现，国家在战时比在和平时期更穷了——这确实更符合实际情况。但是，一旦我们把公共服务看作直接消费，就不能这么说了。因此，我们必须为这种方案可能导致的结果有所准备。

2.公共消费的定义

政府为执行其首要功能而花费在商品与服务上的支出，被视为消费支出；但是，这种消费支出完全不同于普通的私人消费，应该把它作为单独的科目（item）来展示。我们可以称之为公共消费。由这种公共消费满足的需要是集体需要，不是个人需要；我们不可能说明，某个特定个人从中得到了多少利益。[①] 但是，政府为这种支出而征缴的税收，必须按照某种方案分解到个人。没有理由认为，个人的税收贡献与公共消费给这个人带来的利益之间有什么关系，即使像俱乐部的会费与好处之间的非常松散的关系也没有。因此，个人缴纳的税收不能被视为这个人消费支出的一部分，即使这些税收被国家整体用于购买公共消费。必须把税收看

---

① 见前面第 19—20 页。

作是收入的额外支出。这样,就不能说收入等于消费加储蓄,而必须说,个人收入等于

个人消费＋储蓄＋税收

这是符合常识的。不过,如果所有税收都用于购买公共消费,我们可以认为税收(在下一阶段)会转化为公共消费,就像储蓄(在封闭经济中)转化为净投资一样;因此,最终来看,国民收入仍然花在消费和净投资上,只是消费要包含公共消费和私人消费。

3. 社会支出:半公共性质的消费与转移

其实事情远不是这么简单。还有很多其他政府活动要纳入其中,且必须以几种不同的方式来处理。下面从通常所谓的"社会"活动开始,依次展开讨论。

目前,税收本身广泛用于"社会"目的——富人的税率高于穷人;但是,这不影响上一节所说的原则。累进税制的存在只是提醒我们:税收制度并不试图按照人们从公共消费中得到的利益,成比例征缴税收;但也仅此而已。如果"社会"政策再进一步(如英国在近40年所做的那样,范围越来越大),用税收收入为消费者提供他们本可以自己买,但可能有人买不起的东西时,我们就要留意了。"社会"支出是一个新的复杂性因素,必须在我们的表式中为其找到一席之地。

但它不是一个简单的科目,所有内容都可以放在一起。就我们的目的而言,它至少要分为三种不同类型。第一种类型,就像前面说的公共消费一样包含了政府对商品与服务的购买,政府的教

育支出是一个好例子。教师是公职人员,就像士兵和警察一样;政府(或地方当局)为出版教科书买纸,就像为制作文件买纸一样。唯一区别是教师的服务更明显是为了个人的利益;它在性质上类似于私立学校的教师的服务——有一些人付费购买私立学校的服务,所以这些服务包含在他们的个人消费中。因此,这第一种社会支出的利益如何分配,是有必要追问的;而严格意义上的公共消费的利益如何分配,就没有追问的意义了。这种类型的社会支出在有些方面像个人消费,在有些方面则像公共消费,可以称之为半公共消费。

其他类型的社会支出不能以这种方式处理。以家庭津贴为例。政府每周发放固定总额的家庭津贴;这笔资金不是以提供服务作为回报;它与接收者对我们正在计算的社会产品有没有做出贡献并无关系。家庭津贴是政府的支出,但与提供给政府的服务无关;就像税收是政府的收入,也与个别纳税人得到的服务无关一样。因此,就我们的目的而言,家庭津贴(以及其他所有类似的支付,如失业救济金等)必须视同于税收,无非它是反过来的。我们习惯上称之为"转移收入",也可以认为是负的税收。

转移收入某种意义上也是收入,但它们不是工资与利润总额的一部分。因此,如果我们要处理得恰到好处,就需要进一步对收入做出区分。我们必须分清"税收和转移之前的收入"与"税收和转移之后的收入",后者可简称为可支配收入(Disposable incomes)。为了从税前收入得出可支配收入,必须减掉税收,加上转移收入。富人几乎没有转移收入,又需要纳税,因此他的可支配收入小于一般意义的收入。另一个极端是失业家庭,他们在"税收和转移之前"可能根本没有收入,但是会有一个可支配收入,因为他们得到的转移收入大于缴纳的税收。因此,只要把收入理解为可支配收入,收入等于消费加上储蓄的规则就一定成立。

第三种社会支出是补贴支出,包括住房补贴和食品补贴——前者自1920年以来既已实施,后者是第二次世界大战的遗产。补贴也是一种负的税收;它降低了政府想要鼓励消费(或生产)的物品的价格,就像税收提高了政府想要遏制消费的物品的价格一样。把这些"间接"税收纳入国民收入账户,是一件相当棘手的事情;这一点在下一章处理具体案例时更容易解释清楚。补贴带来了与间接税完全一样的困难。

4.国债利息

至此,我们给出了大部分政府支出的粗略分类,但仍有一些特殊支出没有考虑到。我们从国债的利息问题开始讨论。

战时政府负担的额外支出,很大一部分要依靠借款,而非税收;一旦决定把战争支出看作是公共消费的一部分,我们就必须把战争借款看作类似于一个败家子为了消费而债台高筑一样。战争结束后,政府会发现,战争留下了必须偿付利息的国债(大部分国债都是过去战争的遗产);但是,战争借款并没有形成资本品,也就没有利润可以偿付国债负担的利息——像企业债务那样。政府必须每年征缴额外的税收,以偿付国债利息;这种额外税收不能像为支付当年的公共服务而征缴的税收那样,被视为一种消费支出,国家只是作为纳税者的代理人。把国债利息视为转移收入,也不能令人满意。但人们一度就是这么处理的。如果比较战争遗留下来的另一个问题——战争抚恤金的情况（它被视为转移收入，没有现时的服务与之对应），我们会看到，国债利息收入与转移收入之间的界限是非常模糊的。不过，这并不是最好的处理方法。对于国债利息的受益人（可能是个人、企业或外国主体）来说，它与商业债务的利息是完全一样的；毕竟，他随时可以卖掉手头的战争国债，买入公司股票。因此，更好的做法是尽可能像对待其他利息支出一样对待国债利息。我们可以回顾一下企业的利息支出是如何被处理的，以便找到一种方法，把国债利息也同样纳入其中。

在不考虑"政府"这个复杂性因素时，我们说，一个封闭经济的社会净产品等于工资加上利润，利润有一部分以利息和股息的形式付出，部分为未分配的；因此，社会收入等于个人收入总额（工资加上利息和股息）加上未分配利润。社会净产品等于社会收入。现在，如果想要保留社会净产品等于社会收入的等式（如果可以，当然应该这样做），又要把国债利息收入安放在私人收入中，那么我们必须说，国民收入等于

> 所有个人收入（包括个人接收的国债利息）＋
> 未分配利润－付出的国债利息

这是说，企业在偿付利息和股息后，还有正的剩余（未分配利润），而政府有负的剩余，随后要用税收来弥补。这是我们必须给出的约定。它看起来很奇怪，但与前面所说的相符：符合我们的国民资产负债表所展示的情形，[①]也符合我们在上一章看到的情形——

---

① 见前面第 113 页。

那里必须考虑国债利息可能付给海外的情况。①

5. 国有行业

到目前为止，我们讨论的所有政府经济职能，都与国民收入的支出有关；最后来看一组属于收入方面的政府活动。即使在国有化之前，政府（广义的政府，包括地方当局）就已经负担起了某些生产责任，如邮局，水、电、气等很多"公用事业"（public utilities），以及（从1920年起）一部分住房供应。在此基础上，艾德礼政府*根据社会主义原则，增加了煤炭和铁路行业，排除了天然气和电力控制方面的私人（及地方）因素，将部分道路运输收归国有，鼓励发展几乎总是属于公用事业（public undertaking）的民航运输。现在，我们需要讨论一下这些活动如何纳入国民收入账户的问题。

工党政府实施国有化的行业，被组织为"法人团体"（corporations），形式上类似于公司。尽管政府"拥有"它们，并有责任在它们遇到困难时伸出援手，但它们的财务与政府财政之间的正常关系，非常类似于普通（非国有）公司与股东的关系。长期来看，它们的利润应该不会大于需要偿付的债务利息总额；但在某个特定年份，也可能赚得比偿付利息（还有与其他公司一样需要缴纳的税收）所需的金额更多，或者更少，从而可能出现（正的或者负的）未分配利润。因此，就我们的目的而言，这种国有行业用我们在第十

---

① 见前面第134页。

* 艾德礼（Clement Richard Attlee）在其担任英国首相的1945—1951年，对英国大工业实行国有化，并创办国民保健事业。——译者

一章用于其他"企业"的方法来处理即可。它们的核算与其他公司是一样的;如果愿意,可以把它们与其他公司混为一谈。

这些公共法人团体(public corporation)的核算安排都是井然有序的;如果公共机构负责的所有生产活动都以这种方式组织起来,事情就比实际情况要简单得多。事实上,除了公共法人团体之外,还有很多其他公用事业(从这个角度来看)必须被认为是"非组织化的"。其中一些是零碎而无须列举的,但也有两种相当重要的事项属于这一类:一是邮政业务;二是地方当局的住房行动。邮局没有组织成为公共法人团体,是因为它早在人们最初想到公共法人团体之前就已经国有化了;但并没有什么实质性的理由,可以解释它为什么不采取现代的形式——如果这样做的话,肯定可以把事情处理得更好。而住房确实是一个更加棘手的问题。[①]

国民收入统计学家在处理这些"非组织化的"公用事业时,所做的是尽可能把它们纳入到"有组织的"公共法人团体的形式中。为此,首先必须辨明提供服务带来的收入(这一点通常不是很困难);然后,以提供这些服务的当期成本与之相抵。后面这一点是棘手的问题,因为"非组织化的"公用事业不太可能费力区分当期支出和投资性支出,即属于这一年产出的费用和属于未来年度产出的费用,因此,也就不能说明它的收入是否超过它的当期支出,即是否赢利。不过,大多数情况下,通过调查账户可以做出大致区分,从而可以(非常粗略地)估计出创造的利润。

[①] 战争期间和战后(直到 1953—1954 年左右),还有一项非常重要的非组织化的公用事业——食品及其他物资的贸易活动,由政府食品部门和贸易委员会管理。

第十三章 政府与国民收入

为了确定一项公用事业的净利润,不仅需要把这一年的支出区分为当期支出和投资性支出,还需要考虑,初始设备耗用在这一年的生产中发挥了什么作用,即考虑折旧问题。"非组织化的"公用事业不太可能关心折旧。但是,我们可以对应该允许的折旧做出估计;而一旦估计过后,经常发现公用事业是亏损经营的。私人企业如果亏损经营,就不能继续存在;但公用事业可以,因为它的亏损可以由一般预算来弥补。公用事业亏损经营不一定就是错误;但是,各种必须弥补的亏损、必须支付的账单最好都摆在明面上,以便责任人知道他们在做什么。①

6. 公共部门

最后一点。如上所述,这一章讨论的政府支出不仅仅是中央政府的支出。所有政府当局,包括地方当局,都必须包含在内。地方当局像中央政府一样(按地方税率)征缴税收,把收入用在按上

---

① 读者可能会想到,公共法人团体账户中当期支出与投资性支出的区别(以及"非组织化的"公用事业需要做的区别)会影响政府支出的其他部分,甚至影响最初被我们列为"公共消费"的支出部分。我们可以把教师服务的支出称为公共消费,但建设新校舍的支出该怎么归类呢?建造轰炸机的支出又该如何?所有这些情况中,有一些东西到年末还会留存下来,因此,我们把很大部分政府支出归为公共投资,并像对待私人企业的投资支出一样,对其进行折旧。

在目前的实践中,很多政府支出事实上就是这样分类的(不是指在财政大臣的预算中,而是说国民收入统计学家做统计分析时是这样的)。他们无法说服自己把轰炸机支出算作公共投资(相应对过去留下来的轰炸机服务计算折旧);但除此之外,他们走得很远。尽管军事设施没有被视为投资,但民防设施显然算是投资。所有学校、医院及类似的公共建筑当然都算投资。我们将按照他们的方法进行分类,尽管(我希望)对此有所保留。必须认识到,这个领域的界限是很不明晰的。

面所列各种名目分类的用途上。但地方当局不像中央政府那样依赖税收,它们的总收入有一半来自拨款(grants)。这些拨款是中央政府转移给地方当局,因此,当中央和地方合并来看时(如在计算国民收入时),这些拨款就被抵销了。由英国政府给伯明翰市政府的拨款,与财政部给劳工部的拨款,处理方式是一样的。但在这样做时,我们并不怀疑地方当局的独立性;至于抵销这些拨款的方法与目的,与上面抵销企业与企业之间的利息偿付并无二致。

另一种从中央政府那里得到大量拨款的公共团体,是国家保险基金。社会保险提供的福利(养老金、疾病保险、失业救济金等),主要是由全体参保人员以大致相同的金额出资来支付,①但也有相当一部分来自一般税收的拨款。对这些保险计划的批评意见是:这些计划让人们看清,为了满足较不富裕者的利益,社会支出的比实际的更多;另一方面,可能有人认为,保险机制具有真实的社会优势,它让受益者能以权利的方式,而非"慈善"的方式,获得福利。这在心理上至关重要。但如果一种保险计划的投保缴费是强制的,而收益可能根据政府决策随时变化,那么实际上,其中的保险因素大部分是虚假的。实事求是的做法,是把国民保险纳入政府收入与支出的一般分类。因此,我们应该把国民保险福利视为转移收入(或在少数情况下,视为半公共消费),把国民保险缴费视为特种税收。

---

① 出资比例根据年龄、性别、就业或失业来区分,而不是根据收入区分。

第十四章　1957年英国国民收入

1.英国国民收入的计算

现在我们可以来看一些数据,了解具体如何计算国民收入。在这本书以前的版本中,为此选择的数据先是1938年的英国国民收入数据,而后是1949年的;随着时间推移,1949年也变得太遥远,现在的读者不会特别感兴趣。另外,现在我们清楚知道,1949年的英国经济仍然处于恢复阶段,还需要过一些年才能安定下来,进入更稳定的状态,这种稳定状态使1950年代中后期各年份彼此非常相像,甚于它们与战后初期年份的相似度。1954—1959年间任何一年,都比早些年更具有战后英国的特征。因此,在这一版中,我选择1957年的数据——这是当下数据完整可得的最近一个年份。这一年前几个月受到了苏伊士危机*余波的些微干扰,但不妨碍它总体上具有很强的典型性。

---

*　指第二次中东战争。1956年10月,英、法因埃及收回苏伊士运河主权而联合出兵埃及,次年3月撤军。——译者

我们将要用到的数据来自蓝皮书《国民收入与支出》。这是一种每年发布的官方出版物，其中详细罗列了国民收入统计数据。这些官方统计是从战争年代开始的。此前，所有英国国民收入的统计工作都是由非官方调查人员完成。第一个精确度达到现代标准的估计，是鲍利(Bowley)教授做的1911年的估计；随后是鲍利和斯坦普(Stamp)做的1924年的进一步估计。这些典型的调查①都是基于收入法；②鲍利在《国民收入研究》(1942)一书中刊发的关于1924—1938年的一系列估计也只使用收入法，这些估计一直是两次世界大战之间那段时期国民收入的主要信息来源之一。

但与此同时，1937年克拉克(Colin Clark)先生出版了《国民收入与支出》，给出了1924—1935年的一系列估计，同时使用了收入法和生产法。这项研究并没有能够完全克服双重方法的内在困难，但克拉克先生的调查还是为随后的研究指明了道路。

只有方法已经准备就绪，政府才能出手。第一份官方估计报告的出炉与1941年的预算相关。这份预算给出了1938年和1940年的估计，之后每一年的估计都在随后的预算中公布出来。③1939年的"窟窿"是后来填上的，这样，我们就拥有了1938年至今完整的官方估计。这些官方数据是现代英国关于这个主题的所有

---

① 它们再版于鲍利和斯坦普的《国民收入研究三题》一书(伦敦经济学院再版)。
② 见前面第129页(应是第130—131页。——译者)。
③ 现代的做法(1952年开始)是在预算决策(3月)之前，以白皮书的形式公布初步数据；更完整的数据(也是我们所用的)则见于蓝皮书(通常在8月左右出版)。但1941—1951年只有白皮书。

讨论的基础。

必须强调的是：国民收入的官方估计也只是一种估计，与别的估计没有两样。作者在获得信息方面占有优势，仅此而已。但是，官方估计之所以重要，不仅因为它们是官方的，还因为它们的出现标志着目标发生了改变。非官方估计者想要做的，无非是得到国民收入的全球数据，并说明它是如何划分为不同规模、不同种类的收入的。这类信息本身非常有意思，它仍然出现在蓝皮书中，但已经沦为副产品。蓝皮书的目标更加宏伟，是为政府和议会制定经济政策提供可作为指引的数据。为了实现这个宏伟的目标，仅凭一个总量或者拆分的总量是不够的，必须提供一套账户系统（a set of accounts）*。

确实，现代蓝皮书中的基本数据最好是被看作是一套账户，针对整个国家的账户，完全类似于商业机构为了自己的目的而给出的账户。只有从会计核算的角度看待蓝皮书，才能完全理解它。但本书的读者会发现，研究这个问题的方便做法，还是从更简单的方式起步。研究1957年国民收入可以得出的主要结论，会在这一章中以尽可能简单的话说出来。为了简化，必须略去一些复杂因素；因此，如果有人想拿官方出版物来校验这一章内容的话，会发现这种校验并非易事。如果他想做这种校验，最好从附加的第十九、第二十章开始——那两章在一个高于初阶的水平上解释了社会核算方法。

---

* 是指资产负债表等会计报表。——译者

2.国民产值的划分

根据官方数据,[①]1957 年英国的国内生产总值[②]估计为 192.2 亿英镑。关于需要从这个数字中扣除多少折旧,存在很多争议;[③] 官方数字是 17.74 亿英镑,这一点我们只能接受,别无选择。因此,国内生产净值(总值减去折旧)是 174.46 亿英镑。为了由此得到国民收入,[④]还需要加上海外资产获得的收入与海外债务的利息支出之间的差额。尽管 1957 年英国为债务国(如上所述),但差额实际上仍对英国略微有利——这看似反常,其原因是:海外债务的利率很低,低于海外资产获得的收益率。这固然是一种很不稳定的状态,但 1957 年英国确实从海外资产上获得了 2.26 亿英镑的净收入。对于国内生产净值来说,这是一个很小的增量,不过毕竟是正面影响。加上这个海外资产收入,英国国民收入是 176.72 亿英镑。后面这个数字很不确定,但关系也不大。就大多数目的而言,读者只要记住大概的数字,比如说 177.5 亿英镑就够了。

如我们所知,国内生产净值是国内赚到的工资与利润的总

[①] 蓝皮书《国民收入与支出》(1958)。所有数据都来自这本书。

[②] 即蓝皮书所谓"按要素成本计算的国内生产总值"(见后面第 174 页)。我必须略为修正蓝皮书的数据,加回"残留误差"0.68 亿英镑。出现这个令人生厌的项目的原因是:由于信息不足,收入法计算出来的总额与生产法计算出来的总额并不完全一致。统计学家倾向于认为"正确"的数字,是根据生产法得到的数字;但确实没有理由认为一个数字比另一个更好。我们主要感兴趣的是收入数据,最好使用属于这方面的数据,就是上面所说的数据。

[③] 见附录 C。

[④] 见前面第 138 页。

第十四章　1957年英国国民收入

和——工资和利润的概念都应该按适当广义去理解。广义上，工资是指劳动力的全部收入，包括计入官方报表中的工资、薪金，以及军队的报酬与津贴。利润包括公司的营业利润、土地与建筑物的租金。这些科目容易划分，但也有一些科目比较麻烦。公用事业也有利润，无论是国有企业（组织为公共法人团体），还是"非组织化的"公用事业（已在上一章论及）。还有一个科目，现在被称为"个体经营收入"（income from self-employment）。它包括农民的收入、没有组建为公司的小企业的利润以及独立工作的专业人员（如律师、作家等）的收入。在这个科目上，我们将会碰到很多困难；因为，尽管这个科目下的收入主要是劳动收入（店主的"利润"主要也是劳动收入），但确实也包含资本收入的成分。以前的习惯做法是把这个科目称为"混合收入"（mixed earnings）；这个术语对于我们的目的来说很方便，因此这里也将经常采用。

这样，国内生产净值分为劳动收入和资本收入，可以概括如下：

	百万英镑
劳动收入	12,942
混合收入	1,556
资本收入（含租金）	
私人所有	2,881
公共所有	67
国内生产净值	17,446

各项的占比大体上是：劳动收入占74%，混合收入占9%，私人所有的资本收入占16.5%，公共所有的资本收入占0.5%。考虑到混

合收入中有很大一部分其实是劳动收入,因此可以说,真实的劳动收入一定占到1957年国民生产净值的大约80%。

3.税前国民收入

应该看到,以上分析只是告诉我们,国民产值是如何划分为劳动收入与资本收入的;至于大多数人更感兴趣的支出角度的划分,还要留待下一步继续分析。跟前面一样,我们一步步来。首先,要区分哪些是分配给个人的公司利润(股息或利息),哪些是创造利润的企业留存的利润(未分配利润)。但公共部门的利润怎么样呢?在这一步,既然我们考虑了公司的利息支付,那就应该把政府的利息支付也同时考虑在内。下面我们就这么做,尽管政府利息支付消耗的利润远远超过政府的其余利润(理由上一章已解释过)。

下面的表格相应说明,国民收入(包含2.26亿英镑来自海外资产的收入)划分为(1)个人收入、(2)未分配利润和(3)政府的负的"税前收入"。我们知道,国债利息有一部分是直接付给个人的,另一部分付给企业(如银行)。付给企业的国债利息,会累计到企业已经计算的利润上,然后这个利润总额又会分为股东的股息和未分配利润。这里无法详述整个过程,我们知道的只是结果如下:

税前国民收入

	百万英镑
个人收入	
劳动所得的收入	12,942

混合收入	1,556
财产性收入（股息、利息、租金）	1,825
全部个人收入	16,323
企业收入	
未分配利润	2,098
公共收入	
财产性公共收入减去国债利息	−749
国民收入	17,672

至少可以看到，总数是对的。

这个意义上的个人收入总额是163.23亿英镑，大约比国民收入少13亿英镑。在这些个人收入中，11%多一点是财产性收入；即使我们把混合收入的一部分加上，财产性收入占个人收入的比重也不会超过15%。

4. 直接税与转移支付的影响

但显然不能止步于此，因为，我们在公共收入中留下了巨大缺口，必须以某种方式填补上。而且我们很清楚它是如何填补的，即通过征税来填补。

现在到了困难而令人尴尬的一点。[①] 政府征收很多种税，我们不能以完全同样的方式把它们纳入国民收入账户。为此，我们必须区分三种税收。第一种是对收入征收的直接税——这种税须由上表中的收入来支付，而后，纳税人才能计算出留给他用作消费

---

① 在上一章（第156页），这一点被推迟讨论了。

或储蓄的收入部分。所得税(income tax)是这些直接税中最重要的一种,其他还有很多,如利润税(profits tax)、社保缴费等——这些税收必须在某个地方计算,而在这里计算是最方便的。第二种是间接税,烟草税和购置税是很好的例子。直接税必须由收入支付,与消费无关,而间接税只有在收入被支出即消费的时候才缴纳。第三种是对资本征税,其中遗产税是最重要的例子。这些税收只在特殊情况下才缴纳,可以认为不属于纳税人收入的日常收支。

这三种税收最好分开来谈论。1957年,个人和企业缴给政府的直接所得税是34.15亿英镑;①这个金额本身足以弥补支付国债利息留下的缺口而绰绰有余。但是,当我们考虑这种从个人和企业到政府的直接转移时,应该追问一句:难道没有一些类似转移是反向进行的,并应该被一并考虑的吗?显然是有的。我们把社保缴费看作属于直接税;那么社保福利如何?它们无非是相同交易的另一面。然而,社保福利只是国家对个人支付的一个大类中的一种,这种支付带来的"收入"不是赚来的(即使在"利润收入是赚来的"这种意义上,也不能这么说)。它们不带来社会产出的生产,而是国家把通过税收征集来的收入转移给受益人。这些转移收入(包括战争抚恤金、奖学金,还包括社保福利)以前没有计入我们的报表;但是,既然已经考虑了从一些收入中减去直接税,自然也应该考虑转移给另一些收入的增加项。

下表反映了直接税与转移支付对收入的影响。第一列(从前表照搬过来)显示了税收或转移支付前的收入。第二列显示了转

---

① 关于纳税义务与实际纳税的差别,讨论见后面第246—247页。

移支付或税收的增减。① 第三列显示了根据前两列数据计算得到的人们实际可用于消费和储蓄的金额,我们称之为可支配收入。

表6 直接税与转移支付的影响　　（单位:百万英镑）

	税收或转移支付前的收入	税收或转移支付	可支配收入
个人收入			
劳动所得的收入	12,942	−1,536	11,406
混合收入	1,556	−742	2,639
财产性收入	1,825		
转移收入		+1,242	1,242
个人收入总额	16,323	−1,036	15,287
其他收入			
未分配利润	2,098	−1,122	976
公共收入	−749	+2,158	1,409
总收入	17,672	0	17,672

在看这张表时会注意到,有一件事情我们很想知道,它却未予披露。白皮书的作者已经估计了所得税在劳动收入与财产性收入(含混合收入)之间的分配,这种估计只能是粗略的;至于财产性收入与混合收入之间的进一步划分,他们就不愿意冒险去估计了。对此,我们可以做一个推测吗？如果税收在财产性收入与混合收入之间按比例分配,财产性收入缴付的税额会达到4.01亿英镑,从而,个人财产性收入留下来的可支配收入会是14.24亿英镑,混

---

① 读者可能会注意到,表中显示的直接税合计并不等于刚刚给出的34.15亿英镑。这是因为政府对转移收入也征收了少量直接税(社保缴费等)——政府一手给予,一手又拿走。表中显示的转移收入是扣除了直接税的。

合收入留下来的可支配收入会是 12.15 亿英镑。可支配收入的真实分布可能比这个更平均一些。个人财产性收入留下来的可支配收入不太可能超过 14.24 亿英镑。这个数字至少给了我们大致不差的印象。

假设这个数字是对的,那么,在全部个人可支配收入中,由财产性收入贡献的比例会在 9% 和 9.5% 之间。而在考虑税收的影响之前,财产性收入的占比是 11%。这样看来,差别似乎不是很大。但要知道,在全部财产性收入中,有很大一部分是属于完全非富人的群体(如靠储蓄生活的退休人员等),因此,对富人征税,不可能大幅度地降低财产性收入在可支配收入中的份额。仔细想来,从 11% 下降到 9.5%,已经是相当可观的影响了。

如果同时考虑未分配利润,比例下降的幅度会更大一些。个人财产性收入加上未分配利润,占了税前全部私人收入(个人收入加上未分配利润)的 21%;而在可支配收入上,占比不到 13.2%。很大程度上,税前未分配利润的巨大数字是"虚的";政府把企业的未分配利润当成了一种非常方便下手的征税对象。

5.消费与储蓄

在接着讨论其他税收之前,先来说一说储蓄。企业税后的未分配利润,一定是储蓄起来的;个人的可支配收入,要么用于消费,要么也储蓄起来。152.87 亿英镑个人可支配收入中,到底有多少被储蓄起来,很难说清楚;个人储蓄只能间接估计,且估计结果不太能让人信服。官方的个人储蓄数字是 10.77 亿英镑。根据这个数字,个人储蓄大约占个人可支配收入的7%。这无疑隐匿了不同社会群体之间、不同收入类型之间非常不同的比值。我们没有办法知道,可支配的劳动收入有多少比例被储蓄起来,可支配的财产性收入又有多少比例被储蓄起来(可以有把握地认为,转移收入很少有被储蓄起来的)。由于信息缺乏,我们可以假设:可支配收入来自劳动收入与财产性收入的比例是怎么样的,消费支出的来源结构也将是怎么样。如若不然,储蓄的来源结构一定会非常奇怪。

因此,来自财产性收入的消费可能占全部消费的大约9%。但这只是指狭义的财产性收入的消费,不包括混合收入。混合收入的消费可能另占8%。但混合收入的储蓄比例也有可能高于其他收入,而混合收入有相当部分是劳动收入伪装构成的。把这些情况都考虑进去,更广义上的财产性收入的消费占全部消费的比重,不太可能达到15%。比这略低一点,可能是更好的估计。

以上说明了个人储蓄和企业储蓄(未分配利润)的情况。而公共(或政府)储蓄的情况如何呢?只有处理了其他税收带来的困难,我们才能把公共储蓄纳入表式中。

6. 间接税:市价法

我们从间接税开始讨论。像香烟这类商品的价格中,有很大一部分实际上是税收;一个人买香烟,其实是同时既买消费品,又缴纳税收。就这种征税物品来说,消费者支付的价格,比生产者收到的价格,多出了税收的金额;而就补贴物品来说,刚好相反,消费者支付的价格,比生产者收到的价格,少了补贴的金额。在前面的各种计算中,计算消费者支出,自然是根据消费者实际支付的价格;而计算社会产出的价值,自然是根据生产者收到的价格。这些计算方法,每一种就自身来看都是完全合理的,但间接税与补贴的存在,意味着由此得到的结果并不一致。因此,无怪乎我们一直无法在表式中找到间接税和补贴的位置。除非采用一致的计算体系,否则,它们肯定会从我们的指间溜走。

原则上,处理这个难题有两种可供选择的方法。统计上比较简单的一种,是把国民产值重新定义为某一年生产的商品与服务的价值——是按照人们实际支付的价格计算的价值。由于间接税的总额要大于补贴的总额,以这种方法计算的国内生产净值将大于全部生产要素的收入。再像前面一样加上海外资产的收入,就可以得到国民收入的相应量度。我们可以称之为按市价计算的国民收入。

1957 年,政府的间接税收入总额是 29.50 亿英镑,补贴支出总额是 4.13 亿英镑。因此,按市价计算的国民收入等于前面算出的 176.72 亿英镑加上 25.43 亿英镑(间接税与补贴的差额),即 202.15 亿英镑。

当然,也可以按照与前表完全一样的方法,把按市价计算的国民收入分解开来。与表 6 唯一的不同是:额外的 25.43 亿英镑公共收入必须始终包含在内。个人收入与企业收入将不受影响,仍然如表所示,但公共可支配收入必须从 14.09 亿英镑增加到 39.52 亿英镑。

就像前面接着把个人可支配收入分为消费与储蓄一样,现在,也可以把政府的可支配收入分为公共消费与公共储蓄。为此目的定义的公共消费,将包括前面所谓"半公共"消费,[1]但不包括其他形式的公共支出——补贴支出,以及其他提供转移收入的支出等,因为这些都已经考虑到了。基于上一章解释过的理由,它也不包括我们决定视为投资的公共支出。蓝皮书作者认为,在扣除了这些部分后,可以算作公共消费的公共支出,[2]1957年的值是36.26亿英镑。

表7把这些数据放在一起,说明按市价计算的可支配收入是如何分解为消费与储蓄的。

表7 按市价计算的消费与储蓄 （单位：百万英镑）

	可支配收入	消费	储蓄
个人收入	15,287	14,210	1,077
未分配利润	976		976
公共收入			
税收与转移支付之前	−749		
直接税减去转移支付	2,158		
间接税减去补贴	2,543		
公共收入总额	3,952	3,626	326
合计	20,215	17,836	2,379

因此,从这个意义上讲,国民收入只有12%被储蓄起来了。

这些储蓄都用来干什么呢？前面的讨论已经说明了储蓄的用

---

[1] 见前面第155页。

[2] 对海外的净馈赠（无论是个人还是政府做出的）,就目前的目的而言,也应该包含在消费中。[但在本书末尾的表12（全书未见表12,有疑。——译者）中,它们是单独披露的。]

途,剩下的工作是确定具体数值。储蓄要么用于国内净投资,要么用于积累海外资产(包括黄金)。1957年,后一种用途的量达到2.33亿英镑。因此,剩余的21.46亿英镑应该等于国内净投资。如果在此基础上加上17.74亿英镑的折旧,就得到39.20亿英镑的国内总投资——指新产出的固定资本品的价值,加上营运资本与存货的增量。这样,沿着这条路线,我们理清了整个情况。①

7. 要素成本法

迄今为止,一切顺遂。这种方法虽然给出了井井有条的结果,但很有可能在读者看来,只是通过某种技巧才做到的。前面已经说明,政府的收入肯定来自国民收入(指为上述计算之目的而定义的国民收入),但似乎不是来自具体某个人的口袋。必须承认,在这样做的过程中,"按市价"计算给出了错误的印象。政府(比如说)对烟草征税,不会凭空变出收入来;政府征收的税,是由烟草和香烟的消费者缴付的,并且就是打算让他们缴付的。我们是否可以调整表式,以这种看似更合理的方式展示国民收入的支出呢?

这样做的唯一办法是采取第二种选择,即前面被搁置一旁的选择,要以生产者得到的价格来评估国民产值,就像我们一开始做的那样。这个国民产值(区别于其他)就叫作按要素成本计算的国

---

① 应该注意:国内投资的数值包含了公共投资(国有企业的投资和地方政府的住房建设)。39.20亿英镑的国内总投资与蓝皮书的数字不同,是因为我在这里加入了0.68亿英镑的"残留误差"。这意味着,直接计算总投资只能得到38.52亿英镑,而这里的数字是我们一直在研究的收入数据中隐含的值。

第十四章　1957年英国国民收入

民产值,相应的国民收入也叫作按要素成本计算的国民收入。但是,如果我们使用这种计量标准,就必须一以贯之,始终采用要素成本价值。特别是,在量度个人消费支出时,不能用消费者支付的价格,而必须用生产者(以及贸易商)得到的价格。也就是说,必须按要素成本计算个人消费;而按要素成本计算的消费与按市价计算的消费之间的差别,必须体现在它所应归属的位置,即:作为消费者缴纳的附加税收,从消费者的可支配收入变为政府的可支配收入。

这个决定带来的重新安排原本是很简单的,但由于有一个障碍,情况变复杂了。这个障碍就是:政府征收的间接税并不是全部都落在英国消费者当年购买的商品上;有部分会落在投资品上,有部分(很偶然地)会落在出口商品上,还有部分(更偶然地)会落在政府自己购买的商品上(例如,政府公用汽车所消耗的汽油也缴纳汽油税)。我们必须分出这四种来源的间接税收入的份额。这一点至少可以粗略做到,大体估算的划分见于蓝皮书。

1957年英国消费者个人缴纳的间接税(扣减补贴)估计为20.88亿英镑。因此,按要素成本计算,个人收入的支出结构如下:

	百万英镑
按要素成本计算的个人消费	12,122
间接税(减去补贴)	2,088
直接税(减去转移支付)	1,036
储蓄	1,077
税收或转移支付前的个人收入	16,323

根据这种更合理的计算方法,个人收入用于缴纳(净)税收的

比例是 19%,而不是 6.5%——那是单单考虑(净)直接税时的数值。如果我们也不考虑补贴和转移支付,则对个人的劳动和财产性收入征收的税收总额不少于 47.76 亿英镑,即占 29%。这个比例虽然比过去已有所下降,但确实仍是一个很高的值。

我们不可能确切说明,劳动收入和财产性收入各自承担了多少间接税;也没有合理的猜测,可以给出按要素成本计算的消费是如何分布的——它与前面所说按市价计算的消费的分布非常不同。

考虑到政府自己缴纳的税收,按要素成本计算的公共消费也必定(略有)减少。因此,按要素成本计算的国民收入的支出,可以分解如下:

	百万英镑
个人消费	12,122
公共消费	3,515
储蓄	2,035
按要素成本计算的国民收入	17,672

这种方法计算跟以另一种方法计算相比,国民收入用于储蓄的比例大致相同。

这种方法算出的储蓄数字与根据市价计算得到的储蓄数字之间存在差别。这个差别由落在投资和出口上的间接税(分别是 2.34 亿英镑和 1.10 亿英镑)来解释。海外资产积累(扣除出口商品的间接税)[①]的净值共计 1.13 亿英镑。因此,可用于国内净投资的

---

① 这两个数值之间关系的进一步讨论,见后面第二十一章(原文如此,但英文原书并无第二十一章。——译者)。

储蓄(也一定等于国内净投资)是20.35亿英镑减去1.13亿英镑,即19.22亿英镑。这是按要素成本计算的国内净投资(已经考虑了国内投资承担的间接税)。因此,国内净投资(按要素成本计算)占国民收入(按要素成本计算)的比重大约是11%。

8.资本税

在上面所有讨论中,都没有说到第三种税收——像遗产税那样的对资本征税。事实上我们不需要关注它。对资本征税,不影响我们所关心的国民收入的取得与支出。上面各表由于这种疏忽而造成错误印象的唯一可能,是读者先入为主,从表中得出一种我们正想小心回避的结论。我们已经把储蓄一分为二,一边是个人和企业储蓄,另一边是公共储蓄;说明了个人和企业为增加资产或者减少负债,从他们的收入中留出了多少总额,而政府又为此相同目的留出了多少总额。但是,这种划分不一定说明,储蓄对私有财产和公共财产分别造成了多大影响。因为,政府对资本征税,实际上是拿走了一些私人储蓄,并将其添加到自己的储蓄中(也可能有人为了缴税出售资产,另一些人花费私人储蓄购买这些资产)。政府一定会把这些税收收入储存起来,因为政府的所有支出都已有出处。因此,储蓄总额不受影响;只是它对私有财产与公共财产增长的影响可能与表面上的不一样。

1957年征收的资本税收入有1.76亿英镑。这是私人资本向公共资本的转移;但是,转移的净值远远小于这个数,因为相反方向上也有不少于0.72亿英镑的转移。它包括战争损失赔偿(1957

年还没有最终完结),基于《城乡规划法》这部古怪法律而对土地所有者的赔偿,对大学的建设拨款(应该记得,这些拨款被划归"个人"部门)。这一切的最终结果是:与上面给出的储蓄值相比,私有财产增加大约少了1亿英镑,公共财产增加(或国债净值减少)大约多了1亿英镑。

这一章描述的国民收入账户看起来可能相当复杂,但实际上,我们已经省略了很多不那么重要的难点。上面给出的内容,差不多就是预计读者在这个阶段可以接受的内容。如果读者想要了解更多,可以查阅本书末尾的附录。在那里,你会看到我在尝试制定一种前后一贯的方案,把各个难点系统地纳入其中。

第十五章 按实值计算的国民收入:指数法

1.物价变化的校正问题

国民收入由很多商品与服务组成,通过统一以货币计量,形成一个共同的基础。之所以必须以货币计量,是因为没有其他办法可以把不同物品的各种组合加在一起;但是,当我们想要比较不同年份的生产(或消费)时,使用货币计量可能会陷入困境。以货币计量的国民收入值发生变化,可能是由于这个社会支配的商品和服务的数量真实变化,也可能只是因为币值(money value)的变化。如果某一年生产的商品数量与另一年完全相同,但第二年的物价全面上涨了25%,那么国民产品的货币价值也会增长25%;但是,这个增长与商品和服务的生产实际增长25%,有着非常不同的意义。商品和服务的真实产出(real output)增长25%,是一个极有意义的经济成果;货币价值增长25%而真实产出不变,则根本不代表任何经济利益。在继续下面的讨论之前,有必要了解一下可用于区分这两种变化的方法。

首先必须强调,并不存在完全令人满意的区分方法。如果物价变化是指所有物价以相同的比例发生变化,那倒是很容易针对这个物价变化做出校正；我们应该简单地以同一的比例调整所有物价，然后就能够像没有发生物价变化一样，做进一步的分析。或者，如果当产出增加或减少时，所有商品与服务的产出都以相同的比例增减，那么真实产出的变动率是多少也完全清楚；我们会发现，这样也很容易避免被物价变化所纠缠。但事实上，这些简单的情况从未发生。两个年份相比较，一些商品的产出增加，另一些商品的产出减少；一些商品的价格上涨，另一些商品的价格下跌；即使（如有时发生的）几乎所有商品的价格都上涨，或都下跌，其变化幅度也非常不同。因此，我们不得不诉诸权宜之计。各种常用的权宜之计各有什么优点，要想甄别清楚，是一件非常棘手的事情（远远超出了本书的范围）。这里我们只能指出它们的一般特征。

2. 校正的原则

估计一年到下一年真实产出变化的最简单方法，是算出这两年生产的商品与服务的不同数量，并以同一套物价对每年的产量进行估值。通常，1950年的产值是由1950年生产的商品乘以1950年流行的平均物价得到；1951年的产值是由1951年生产的商品乘以1951年的物价得到。如果我们比较这些货币价值，我们面对的是部分由于真实产出变化、部分由于物价变化而引起的一种变化；但是，如果我们始终采用1950年的物价，得到的数值之间的关系就不再受物价变化的影响，而只反映产量的变化。

对于1950年和1951年而言，

$$\text{产出的货币价值之比} = \frac{(1951\text{年产量} \times 1951\text{年物价})}{(1950\text{年产量} \times 1950\text{年物价})}$$

$$\text{产出的真实价值之比} = \frac{(1951\text{年产量} \times 1950\text{年物价})}{(1950\text{年产量} \times 1950\text{年物价})}$$

括号的意思是：每种商品的产量乘以该商品在指定年份的平均价格，再把由此得出的不同商品产出的价值加总在一起。

这个真实价值之比的公式，是分子、分母都采用1950年的物价，但为什么要选择1950年作为基数（base，它即作此称谓），而不是其他年份，并没有特殊理由；重要的是，分子与分母中的物价（而不是数量）应该相同。如果不以1950年的物价计算分子、分母，代之以1951年的物价，将会得到一个不同的真实价值之比的公式；至于哪个公式更好，却是没有分辨的明显依据的。幸运的是，在几乎所有尝试算过的案例中，两个公式的差别都不是很大。① 因此，两个都可以用作真实价值变化的量度；选择哪一个没有多大关系。

如果足够小心谨慎，我们甚至可以采用其他某个年份的物价，而不是两个做比较的年份之一。因此，当我们想要追踪真实国民收入历时多年的变化时，可以选择某一个年份为基数，在整个计算过程中一以贯之，不加更改。在计算1920—1940年的真实国民收入变化时，可以选择1930年为基数，用1930年的物价计算这20年中任何一年生产的所有商品与服务的价值。人们通常就是这么做的，这么做可能没有害处，但有几分危险。在这20年中间，可能发生很多事情；10年前的环境可能与10年后大相径庭，因此，不

---

① 为什么会这样，有数学上的原因（见鲍利的《统计学原理》第87—88页）。

同的真实收入量度,即(从 20 年中)选择不同年份作为基数进行量度,结果很可能会有非常大的差别。举一个极端的例子,如果我们采用 1900 年的物价作为估值基础,比较 1700 年和 1800 年英国的真实国民收入,结果显然是荒诞的。其实,是不是存在某种估值基础,可以让我们针对相距一个世纪的两个年份来比较它们的真实收入,是值得怀疑的。如果做比较的两年以及作为基准的年份环境没有太大差异,这种比较就是合理可靠的;但是,如果环境发生大的变化——有时可能发生在非常接近的年份之间(1938 年和 1940 年可能是典型例子)——那么,做任何比较都需要慎之又慎。

3.物价指数

以上是用于比较不同年份的真实收入与真实产出的原则方法。理论上说,这种方法也不过是权宜之计;而实际上,至少一般情况下,我们甚至连这种程度也做不到。因为,我们可以通过这样那样的方式,取得按当年物价计算国民收入所需的信息;但是,通常没有不同物品各自的价格与产量的详细信息,而这是按照另一年的物价计算这一年的产出价值所必需的。因此,我们不得不求助于间接方法。这些间接方法的原则如下。

取上页所列(1950 年与 1951 年间的)产出的货币价值之比与真实价值之比的公式,将两者相除。两者的分母是一样的,因此相抵销。由此得到:

$$\frac{货币价值之比}{真实价值之比} = \frac{(1951\text{年产量} \times 1951\text{年价格})}{(1951\text{年产量} \times 1950\text{年价格})}$$

这个新等式右边的分数,分子和分母中的产量是一样的,但价格不同。它是1950年物价水平与1951年物价水平之比的一种量度。因此可以写作:

真实价值之比＝货币价值之比/物价水平之比

如果找到计算物价水平之比的方法,真实价值之比就可以根据最后一个公式轻而易举算出来。

当然,物价水平之比真正令人满意的计算,包含了实际产量和真实销售价格的信息——这是我们并不掌握的。但通过其他方法,可以获得大致的量度。我们需要的是两年之间平均物价变化的量度。这种量度称为物价指数。

物价指数的合成方式大致如下:取一个特定的商品组合(即"篮子"),里面有若干面包、若干糖、若干袜子、若干烟草等等;①调查在选为基期的年份,购买这样一篮子商品需要多少费用,在其他年份购买相同的一篮子商品又需要多少费用。这两个费用总额之比,就是两年之间平均物价变化的量度。

假设第一年这一篮子商品的费用是25先令,第二年是28先令。那么比值就是28/25＝1.12。在实践中,方便的做法是把这个数字乘以100(为了避免不必要地写小数点);因此我们说,第二年的物价指数(以第一年为基期)是112。基期的指数当然就是100了。

---

① 重要的是,两年中这些商品的质量应该尽可能接近。

4.权重

实际采用的计算指数的方法,与我们上面说的略有不同,但结果是一样的。实践中最先调查的是基期的状况,在商品篮子的总成本中,每一种商品所占的比例最先计算。这些比例就称为权重。下表给出了一个简单的例子。为了简化,假设篮子里只有三种商品,数量是给定的。如果基期的价格如表所示,则各种商品的总价值可以相乘得到,整个商品篮子的总价值是这些价值的加总。每种商品的总价值除以整个篮子的总价值,乘以 100,就得到了权重。*

	数量	基年的价格	总价值	权重
面包	9 条	每条 4 便士(d.)	9×4d.=3s.	100×3s/7s.6d.=40
牛奶	6 品脱	每品脱 3 便士	6×3d.=1s. 6d.	100×1s.6d./7s.6d.=20
牛肉	3 磅	每磅 1 先令(s.)	3×1s.=3s.	100×3s./7s.6d.=40
			7s.6d.	100

现在来看与基期做比较的另一年份。假设在这个年份,三种商品的价格如下表所示。如果以新的价格重新计算整个篮子的总价值,会发现,结果是 7 先令 10.5 便士。这个总额除以上面的 7 先令 6 便士,直接就可以算出想要的价格变化指数。但是,当篮子里有大量不同的商品时,特别是当我们想要计算不同年份对同一基期的一系列指数时,通常更方便的做法,是以另一种方式计算。

---

* 当时英国币制:1 英镑(£)=20 先令(s),1 先令(s)=12 便士(d),表格按此换算,下同。——译者

我们计算两年间每种商品价格的比例变化,并以每种商品的单独指数形式表示出来。然后,每个单独指数乘以相应的权重,加总,再除以100。

第二年	价格	单独的价格指数	单独的价格指数×权重
面包	每条3.5便士	3.5/4×100＝87.5	87.5×40＝3,500
牛奶	每品脱3.5便士	3.5/3×100＝116.7	116.7×20＝2,333
牛肉	每磅1先令2便士	14/12×100＝116.7	116.7×40＝4,666
			10,500/100
			105

无论采用哪种计算方法,这个商品篮子的采购成本在两年间上升了5%;因此,第二年的物价指数(以第一年为基期)就是105。

5.零售物价指数

每个物价指数都是基于某个特定的商品篮子;如果选择不同的篮子,当然会得到不同的指数,即对物价相对变化的不同量度。不同的物价指数适用于不同目的;为了比较真实国民收入,我们希望有一个包含了构成国民收入的所有商品与服务的篮子,篮子中各种商品与服务的比重与国民收入中包含的比重大致相同——这可是相当苛刻的要求!不过,国民收入统计学家已经成功编制了满足这些要求的物价指数,尽管还只有最近几年(1948年以来)的数据。但我们应该认识到,这个指数有一些组成部分是相当难办的,如涉及固定资本投资的部分。某一年创造出来的建筑物与机器的种类,总是大不同于下一年创造的种类,因此,几乎不可能想象有一个标准的篮子。如果是要比较真实收入,"一般"物价指数无疑比任何其他选择都要更好一些(在下一章,我们会为这个目的运用"一般"物价指数,当然是针对可以取得"一般"物价指数的年份)。其他一些物价指数虽然没有那么管用,却是基于更牢固的基础。

在取得这些进步之前,英国有一种指数比其他任何指数都更为人熟知,那就是过去一直由劳工部发布的生活成本指数。这个指数所依据的商品篮子,应是一个典型工人阶级家庭一周消费的东西。因此,它具有根本的重要性;它所反映的物价,是对大多数人的福利至关重要的物价;与量度真实国民收入的一般物价指数相比,它涵盖了后者涵盖的大部分商品。但至少在近些年,它已经变得面目全非,现在甚至被废弃,为另一种指数所取代。

生活成本指数有一段非同寻常的历史。早在1904年,政府就开始编制食品价格指数;针对普通工人阶级家庭消费的各种不同食品开展调查,并根据这些调查结果确定了标准篮子。这个仅包含食品的篮子被用于计算1904—1914年的物价指数。1914年战争爆发后,人们认为需要一种更广泛的物价指数。会被消费的东西如衣服、住房、休闲娱乐等,都得到了估算(并非基于对事实同样详细的调查),然后被追加到"篮子"里。这样组合起来的"篮子"一直使用到1947年。公布出来的生活成本表示为1914年以来物价的百分比增长,因此基期看起来像是1914年;但实际的基数,对食品项来说是1904年的信息,对非食品项来说是1914年较不可靠的估计。这种指数的基数奇特而久远,无怪乎到1930年代已经严重过时;因此,政府决定对工人阶级的生活支出做新的调查,以便

第十五章 按实值计算的国民收入:指数法

构建新的指数。调查于1937—1938年开展,初步结果也公布出来;① 但新指数的亮相因为战争爆发而推迟了。因此,战争期间,旧指数继续使用;但在战时环境下,它的结果只能说是荒谬的。直到1939年,旧指数很可能还不致严重误导;1937—1938年,指数是157(比1914年上涨57%),而计算表明,② 根据1937年调查形成的商品篮子的指数是159。战争期间,事情就变得很糟糕。由于官方指数采用的商品篮子已经与现代消费严重脱节,政府发现,(通过补贴)稳定官方篮子里的商品价格,比稳定整个真实生活成本,要轻便得多。不能控制温度,就控制温度计!但这种温度计除了政治目的之外,再无其他价值;这里,我们不能再用1940年后的官方生活成本指数。

毫无疑问,1940年代物价上涨很快,但确切的上涨幅度很难测量。这里有两个特殊难点。一是战争期间商品质量普遍下降,在一些情况下,这种下降持续了很长时间;二是定量配给制度(rationing system)使1938年(或1914年)商品篮子的采购成本调查失去了意义,因为篮子里一些商品的数量,是不允许人们购买的数量。由于这些原因,当1938年的商品篮子最终被官方采用时(1947年),统计学家对它几乎毫无信任可言;新的指数被称为"临时指数",意思是:一旦形势稳定下来,就应该用一个基于战后事实的真正的指数取而代之。事实上,形势稳定下来耗费了比预期更长的时间,因此,1952年不得不引入另一个临时指数。直到1956

---

① 《劳工部公报》,1940年12月和1941年1—2月。
② 计算由鲍利教授做出,见《经济研究评论》1941年第6期,第134页。差别之小,引人注目。这是这些指数可靠性的一种体现——如果一切属实、没有乱搞的话。

年，真正的指数（基于 1953—1954 年无定量配给的家庭预算）才得以实现。这个新的指数无疑比前任有很大改进；但在我写这本书时，这个指数仍然非常稚嫩，对我们帮助不大。

　　如前面已解释过的那样，物价指数的比较，针对邻近的年份通常效果更好，针对相隔很远的年份效果较差；因此，这些年所做的基数变更是非常合理的。然而，1939 年至大约 1952 年间的官方数据仍然明显不可靠。非官方的统计学家已经针对一些棘手的年份做出自己的估计，从而构建了覆盖这些年份的连续的指数。① 下面图 3 中后面一些年份采用的就是这种非官方指数；但在针对战后年代的图 4 中，我们采用了新的官方指数，把它们组合即"拼接"在一起。②

6. 批发物价指数

　　无论生活成本指数，还是后续的什么指数，都属于零售物价指数，即人们在商店里实际支付的价格指数。量度真实国民收入的一般物价指数，就其包含的消费品而言，也是一种零售物价指数。显然，计算消费品价值的合适做法，是采用零售物价（因为我们对比的是消费者用自有收入购买的消费品数量），而不是采用企业之

---

　　① 它由伦敦剑桥经济学社刊发。
　　② 这是说，由于第一个临时指数显示 1948—1952 年间上涨 22%，第二个临时指数显示 1952—1956 年间上涨 16%，新的指数显示 1956—1958 年间上涨 10%，因此我们说，1948—1958 年间一共上涨了 56%，因为 $1.22 \times 1.16 \times 1.10 \approx 1.56$。

间收付的批发物价。① 而非属年内取得的投资品,应该按照取得一方支付的价格估值;通常情况下,这个价格是批发物价。因此,在结束这个主题的讨论之前,有必要关注一下批发物价问题。

过去,在物价指数编制方式改革之前(刚刚我们已经讨论了改革对零售物价指数的影响),英国贸易委员会经常公布批发物价指数,人们普遍把该指数视为生活成本指数的孪生指数。这个指数所用的"篮子",是基于不同物品在生产普查中呈现的相对重要性。当然,物品种类非常繁多,而且必须承认,批发物价指数所用的篮子有一点"代表性"。实际上,它在很大程度上是工业所用原材料的批发价格指数。

改革之后,这一点得到了更坦率的承认,旧的批发物价指数被一组指数所取代,其中主要指数被直白地称为"非食品制造业所用原材料"的物价指数。尽管这个指数大体上类似于旧的指数,但其实彼此差异很大,将它们"拼接"在一起并不合理。因此,我让图3保留了在本书上一版中出现的形状,以体现旧的零售物价指数和批发物价指数在1915—1951年的变动情况。但我添加了新的图4,反映新的物价指数(零售物价指数、基础原材料的批发物价指数以及一般物价指数)的变化,时间起点是它们可得的1948年(或1949年)。读者会注意到,两张图在时间上有一点重叠。

---

① 如果按市价估值,显然是正确的,因为我们想要的就是消费者支付的价格。即使按要素成本估值,我们仍然不想使用批发物价——因为它没有考虑要素成本中的重要元素,如经销商的利润。要素成本无非是针对间接税和补贴做出调整后的零售价格。

图 3

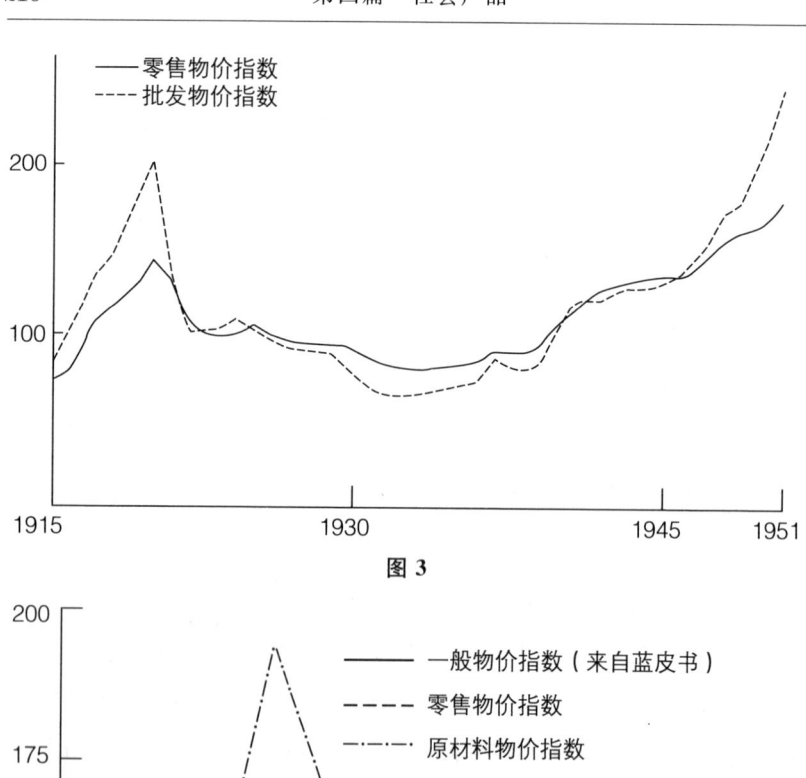

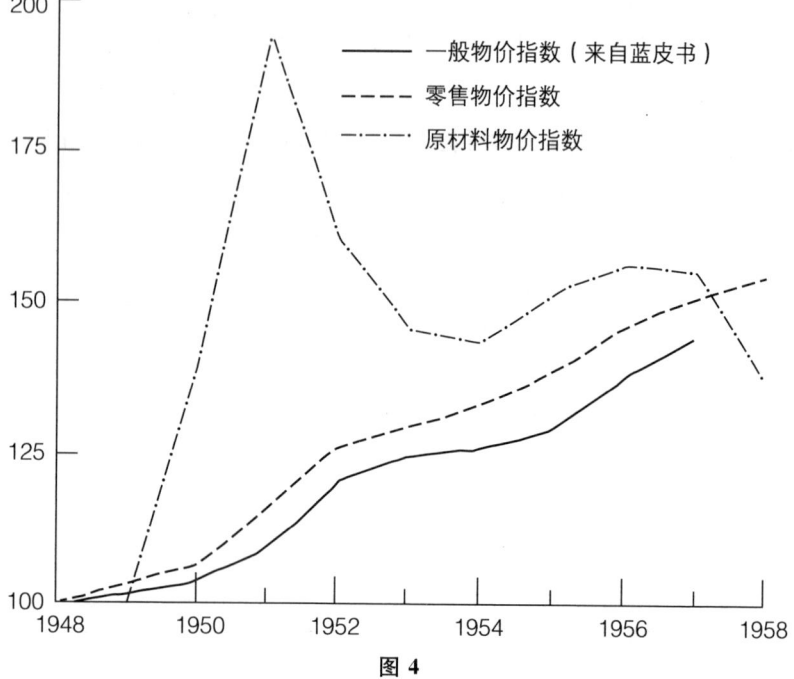

图 4

7. 物价上涨

我们从图3开始讨论。在这样一种比较中,图3涵盖的36年是一段很长的时间,对于从中得出的结论要小心甄别;但是,并列观察两次世界大战的经历,可以得出非常有启发性的经验教训,因此值得冒险一试。图中画出了两条物价指数曲线,指定它们在相当平静的1924—1929年的平均指数均是100(可以有把握地认为,在1914年前面几年,这两个指数也非常接近,约为65)。

首先,要注意到,两个指数通常朝相同方向变动,但批发物价指数更加"敏感",即它的变动更激烈。各个时期的惯常情况是批发物价比零售物价更敏感;其原因有很多,最重要的原因之一是:批发物价(特别是原材料的价格)对需求变化的反应比零售物价更快速。当某种物品出现短缺时,只要持续时间不是太长,普通消费者通常可以等待新的供给面市;但是,企业的原材料供给即使只是暂时中断,也会导致严重损失,因此,如果没有采取什么措施加以制止的话,企业马上会抬高短缺物资的价格。正常情况下,当短缺不是很严重时,我们没有理由阻止企业这样行事。大体上,供给会流向更迫切需要那些物资的企业,较不迫切需要的企业则会被断供。再没有其他形式的组织可以把问题解决得如此之好、如此之快(快特别重要)。但在出现(很多不同物品同时)严重短缺或严重过剩时,情况就没有这么好办了;因为这时,"自由市场"上发生的物价变动可能会非常激烈。而且,如果短缺(或过剩)持续下去,批发物价的激烈变动就会触发反应较迟缓的零售物价变动;无论如何,如果压力持续,零售物价最终也必定变动。

在第一次世界大战的通货膨胀中,我们可以看到这个过程的发生,批发物价上涨远远快于零售物价;在顶点(迟至1920年才到来),批发物价指数大约比两者保持同步的情况下高出了30%。而后,1921年出现暴跌,伴随着严重(尽管短暂)的失业。两个指数都急剧下降,批发物价也快于零售物价,因此两者又回归到同一水平。在相对平静的1920年代,两个指数缓慢下降,保持同步。1920年代不是英国贸易或就业状况很好的时期,但也不是特别差的时期。1930年以后,是经济萧条年代,批发物价指数与零售物价指数都下降,但前者下降更多。1937年出现了一个趋向更正常关系的短暂复苏(这里要注意,从长期来看,1920年代属于正常的情况,到1938年可能已不正常)。第二次世界大战与第一次世界大战的情况有明显不同。1940—1945年,两个指数都上升,但上升幅度比一战期间要小,并且非常好地保持同步。这主要应归功于管制(特别是价格管制)的效果:二战期间与一战期间相比,管制已被运用得更加熟稔。1945年以后,又有一个变化。尽管很多管制保留了下来,但和平时期与战争时期相比,运作要低效得多。批发物价相对于零售物价的上涨,几乎马上就启动了;零售物价的上涨也加速了。如果不是因为另外两个复杂因素,这个阶段肯定已经结束,就像1920年的相应阶段一样(尽管不大可能像1920年那样戛然而止)。第一个复杂因素是1949年英镑贬值——尽管物价已经全面上涨,英镑贬值还是让英国物价在一段时间内明显低于大多数非英镑国家的物价。另一个复杂因素是1950年朝鲜战争。就战争而言,这只是一场小的战争;但它发生在令人尴尬的时刻：1945年前发挥作用的管制这时已经取消，即使没有取消，可以说也消磨殆尽。1949—1951年，旧的批发物价指数上升了40%，图4中新的原材料物价指数上升超过90%——这个新指数对于这种干扰更加敏感，因为它仅限于一些价格特别敏感的商品。即使这场风暴过去之后，原材料物价指数也差不多稳定在比1949年高50%的水平上。这大致相当于货币贬值的幅度；如果原材料价格以美元计算（实际上这些原材料大部分是在国际市场上买卖的），1949—1953年就没有太大变化。正是货币贬值，使零售物价指数（还有图中所示的一般物价指数[①]）得以在1950年代的大部分时间里继续迎头赶上。要推断这个过程何时结束并不容易；从图表上看，好像应该已经结束，但贸然得出这样的结论显得轻率了。我们不能确定，这些指数何时会达成一致；但清楚的是，它们不会再像过去15年中的很多时候那样，彼此严重脱节。

零售物价指数的上升已经在1958年崭露头角；1959年（没有显示在图中）又好像至少暂时地停顿了下来。

[①] 如我们将要观察到的，零售物价指数与一般物价指数保持非常紧密的关系。1949—1952年零售物价指数的过度上升，可以归因于价格管制的取消和食品补贴的削减。

第十六章 国民收入与经济增长

1. 国民收入在多大程度上可用作经济增长的量度

我们要算出真实国民收入(即按照上一章说的方法对价格变动做出校正),主要目的之一,是要把它用作经济进步或(按现在流行的说法)经济增长的衡量标准。实际上,没有哪个单一指数可以完美地衡量经济增长;为了分析经济是否处于"合理"增长状态,需要考虑的东西远远不止单一数字所能表达的。但是,收入是比消费更好的量度,因为消费可能仅仅因为人们变得不那么俭省而(暂时)增长——可能是因为他们不再那么关心未来,而经济状况根本没有好转。收入当然应该以实际价值计算;如果货币收入提高,但物价也相应上涨,更高的收入并不能买到更多东西,那就没有任何好处。

本章中,我将利用英国最近 30 年的数字,说明国民收入[①]在

[①] 现在更经常用作经济增长的衡量标准的,不是国民收入(我们这里将继续采用),而是国民生产总值(GNP),它等于国内生产总值+海外资产收入,也等于国民收入+折旧。采用国民收入的原因是:折旧数字以传统方式取得,被认为不可靠。确实,原则上国民收入是较好的衡量标准,但现在官方统计学家已经为我们提供了关于折旧(即资本消耗)的相当好的估计,因此没有理由不用这种最终数字。见附录 C。

第十六章 国民收入与经济增长

这方面的用途。截取这么长的时间段是值得的,因为战前与战后经历的比较非常有趣。但要记得,在这期间,国民收入统计取得了显著进步。因此,战前的统计数据①远没有战后的可靠;对于前者,只能说它给我们带来了正确的印象;只有战后数据是相当确凿的。此外,战后数据作为国民核算体系的一部分被公布出来(如我们所见),意味着它们附带了很多额外信息,可用于对它们的解释。而对于战前年份,认知就相对粗略。

关于战争年代,我们也有很好的认知,但这里最好不要涉及,因为(从一个角度看)战争年代的分析确实很困难。前面的讨论中已经注意到,国民收入量度存在很多不足;在和平时期,这些不足尚可接受,但在战争期间如1939—1945年,它们个个都会惹出麻烦。算入国民收入的服务,只是那些需要付费的服务,但付费服务远未囊括所有通常被认为有用的工作。② 当(如战时)家庭主妇从家庭的无报酬劳动中脱身出来,进入工厂干有报酬的工作时,家务劳动就会减少,但这是不显现出来的。再说,我们没有注意劳动强度问题,③而在战时,投入劳动的强度肯定是异乎寻常的。另外,一些公共服务还存在一个棘手问题:它们应该被视为本身直接有用呢,还是应该被视为生产其他直接有用的东西的手段?④ 战时大为扩张的国防,显然就是这种类型。最后,一旦说到商品质量变

---

① 对于1927—1938年,我用了普雷斯特(A. R. Prest)"英国的国民收入"一文给出的数据,见1948年《经济学杂志》。
② 见前面第23页及以下。
③ 见前面第72页。
④ 见前面第151—152页。

化，说到环境已不允许消费者自由选择如何花销收入（战时及战后一些年份就是这样）等，上面通过剔除物价变化计算真实国民收入的方法就更不可靠了。如果试图比较（比如说）1943年和1938年，所有这些困难都会叠加在一起；没有考虑到这些困难（也很难考虑）的纯粹算术比较，会有严重的误导性。因此，就当前的目的而言，还是忽略战争年代为好。确实，即使我们设法跳过战争年代，去比较战前的1938年和战后的（比如说）1948年的情况，很多相同的困难依然存在；这些困难仍然很严重，以致即使是这样的比较也相当棘手；但是，有少量结论还是可以说的，我会在适当的地方尝试说出来。

在讨论具体数字前，还有一个前提条件需要注意，那就是人口。显然，如果一国的劳动人口在增长，我们可以预期，真实国民收入会随之增长；更多人手，生产更多商品。如果在劳动人口增长的情况下国民收入保持稳定，那就不是一种平稳的状态，而是在变差。为了比较不同时期的经济绩效，我们应该比较人均真实收入，而不是总的真实收入。不过，可能也不是总人口的人均真实收入。① 我们假设，人口开始增长是因为家庭的规模变大了。只要新增的人口在襁褓中，乃至在学校里，都会有更多的嘴巴要吃饭，但是不应期待国民产品以及国民收入会有任何增长，直到他们达到就业的年龄。在这期间，如果总人口的人均国民收入下降，并不意味着这个国家的经济在走下坡路。为了避免这种误解，看来更

---

① 但在比较消费的时候，除以总人口是合适的。

好的做法是以劳动人口①(在工作或在寻找工作的人)去除国民收入,而不是以总人口去除。劳动人口会排除儿童、从事家务劳动的妇女、老人等(排除他们是恰当的,因为我们不应期待他们为国民产品做贡献);劳动人口包含(正在寻找工作而没有找到的)失业人员,把他们包含在内也非常合适,因为,失业增加而导致的国民收入下降,确实标志着生产效率下降。因此,我们应把劳动人口的人均真实国民收入的变动当作经济增长(或不增长)的指标。

2. 1927—1958年英国的平均真实收入

第一步从人口校正开始会比较方便。名义国民收入除以每年劳动人口的估计数,即可得到以货币计算的平均国民收入。图5上半部分中的实线,就展示了1927—1938年和1948—1957年的这个值。这条曲线开始于1927年的大约185英镑,到1932年下降到150英镑,1937—1938年回升到185—190英镑之间,差不多等于开始时的水平。因此,就这条曲线的第一部分而言,正好有一个大的凹陷,下降然后上升到差不多相同的水平——这显然就是1930—1934年的大萧条,伴随着严重的失业、下降的工资、下降的利润。曲线第二部分与此恰成对比,它是不断地上升(有时快,有时略慢,但没有真正下降),从1948年大约415英镑,到1957年将近730英镑。两个时期经济表现的差别之大,几乎是

---

① 见前面第60页。

前所未有的。①

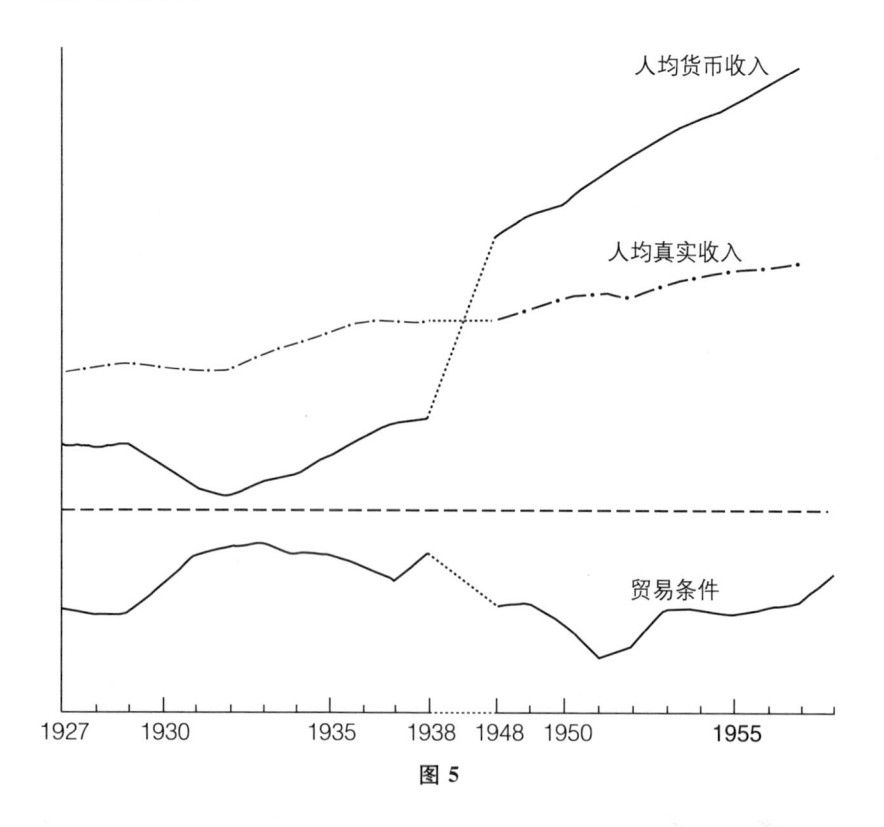

图 5

但是，这是以货币计算的名义平均收入；如果考察按实值计算的真实平均收入（图5中的虚线），会发现截然不同的情况。这时，乍看起来，两个时期实际上颇为相似。第一个时期开头与结尾货

---

① 读者不能在图中测量出这些数字，因为我是根据"比例尺度"画的。这是说，我画的是实际数字的对数（货币收入是用英镑数字，其他是用真实收入的指数），而不是数字本身。这样就产生了一个效果：从 150 英镑上升到 180 英镑，看起来就像是从 500 英镑上升到 600 英镑——比例变化一样，因此看起来一样。如果不做这样的调整，后一个时期由通货膨胀引起的增长（公正地说，这一点非常重要）看起来会非常夸张。

币收入几乎不变,实际上隐含了15%的真实收入增长(当然是因为物价下降);第二个时期货币收入飞快上升,但大部分被物价上涨抵消,真实收入增长不超过20%,高于第一个时期,但没有高出太多。真实情况是:第一个时期的增长集中于很短的时间跨度(1933—1936年);第二个时期的增长则更加平稳,尽管在1950—1952年创下了纪录,但1955年以后明显慢下来。这些差别很重要,两个时期总增长的差别也不可忽略;但相似性仍然存在,并且确实相当突出。

这一点如何解释呢?我们必须从第一个时期开始,更加详细地加以考察。

第一个时期的真实收入增长,看起来像是集中于1933—1936年,但细想起来,这可能不是看问题的最佳方式。1931—1932年,考虑到此间异乎寻常的严重失业,(劳动人口的人均)真实收入下降是非常小的;如果我们计算就业人员的人均真实收入(而不是包含失业人员的劳动人口的人均真实收入),则1928—1932年是增长大约10%,而不是如图所示的下降约2%。我们不应认为,1932年有什么措施可以吸纳失业人员,并把真实收入的大幅增长推广到大得多的就业群体;不过,这种计算表明,在1933—1936年间促成真实收入增长的一些因素,其实出现得更早,但由于经济低迷而未被利用。根据这种理解(这可能是更合理的理解),经济低迷年份,真实收入曲线有一个凹陷,与货币收入曲线的下降相对应。如果从1928年的顶峰到1936年的顶峰画一条直线,就可以大致得到假定没有大萧条的情况下,真实收入可能经历的路径;低于直线的凹陷①告诉我们,大萧条带来真实收入损失是多少。

关于那次大萧条的原因,后面我会做一点说明;在此之前,我们要看一看,上面已经识别出来的潜在上升趋势的原因究竟是什么。关于这个问题的一些一般性讨论,显然对我们讨论第二个时期也有帮助。

3. 上升趋势的原因

基于我们对生产过程的总体理解,乍看起来,人均真实收入的这种渐进式上涨,似乎一定是由以下三个原因引起的:(1)劳动力的平均技艺提高;(2)投入生产的资本设备增加;(3)技术进步,即采取更有效的劳动与资本相结合的方法。1927—1937年,这三个原因无疑都在发挥作用;但每个原因分别贡献了多少收益,却很难说清楚。

有些事情可以合乎情理地认为,是劳动力技艺提高的结果。教育,显著影响受众的生产能力的教育,在本世纪不断推广;但应该注意,它对劳动力平均技艺的影响是非常缓慢的。例如到1938年,在此前20年里(于他们的学生时代)有过任何教育改善经历的劳动力,占比还不超过40%;后来的教育改善也有类似的滞后性。但重要的是,只能做传统非技术性工作的工人比例一直在显著下降。

---

① 尽管如此,它与货币收入曲线相比,是一个平缓得多的凹陷。这是真实的,因为,异常低的货币收入部分地被异常低的物价抵消了。

资本设备增加引起的真实收入上涨与技术进步引起的上涨很难区分。在技术进步时期，新增资本的效力总是比看起来的、仅根据新增资本的价值估计的要更大一些。资本设备增加，不仅包括添加到旧资本品上的相同类型的新资本品；新增资本品很大程度上是不同类型的资本品，它是更现代的类型，通常也是更有效的类型。同样的道理也适用于这个时期发生的资本置换。资本品因磨损而被置换，但旧机器不一定是被相同类型的机器所替代。如果在旧机器投产后经过一段时间，技术方法有了改进，新机器就可能不同于旧机器，比旧机器效率更高。新机器的成本有时可能并不高于替换掉的旧机器，因此，使用新机器的企业不会认为自己增加了资本投入；但是，如果新机器比替换掉的旧机器更有效率，生产力就会提高，（也许我们可以说）这是由于所用资本设备的质量提高带来的。

技术改进通常都表现为资本质量的提高。做出一项发明——发现一种更高效的生产方法——本身并不会提高生产率；只有当新方法付诸应用时，生产率才会提高，而通常只有等到应用新方法的新设备建造出来，这种新方法才能付诸应用。因此，常见的情况是，最终归因于某项发明的生产率的提高，一直要到发明最初做出之后几十年才算完成。在1924—1938年提高生产率的各项发明中，最有效的可能是内燃机和发电机；但它们都不是新发明，而是从19世纪继承下来的，在1910年以前就完成了技术发展的所有关键步骤；这些发明的巨大经济效益发生在后一个时期，因为发明在可被利用之前，必须体现在资本品中；而新的资本品需要时间来建造。应该想到，要充分利用像内燃机这样的重大发明，所需资本品是各种各样的。仅就陆上交通而言，不仅是制造卡车、客车、小汽车、摩托车的问题；首先，制造这些车辆的工厂必须建造起来，修理这些车辆的工厂也必不可少，行车的碎石路、运送燃油的油罐车、分销燃油的加油泵也是必需的。这些东西要能够发挥作用，还必须在地球的某些地方，有油井可以开采原油，有热带种植园可以产出做轮胎用的橡胶等。如果你记得，每年可用于新投资的只是社会资源的有限部分，并且有其他形式的新投资同样需要社会资源（在我们这个时代，这些相互竞争的新投资中，最重要的是住房），那么，一项伟大发明需要一段时间才能充分自我实现，就再平常不过了。而发明在自我实现的同时，也大大提高了新增资本的生产率。

4. 外部影响

以上讨论的关于人均真实收入增长的原因，基本上都是内部原因，这些原因起源于一国自身生产体系的发展。除了这些内部原因之外，还有外部原因需要考虑，外部原因通过国家的对外贸易或国际债权债务地位施加影响。就我们这个时代英国的实际情况来看，外部原因确实需要高度关注。

下面由一个简单例子开始，说明其中原理。设想一个虚构的国家，出口商品只有煤炭，进口商品只有小麦。如果它生产 1,000 万吨煤炭供应出口，煤炭价格是每吨 1 英镑，则它的出口值是 1,000 万英镑。假设这个国家的出口与进口是等值的，那么，它在小麦进口上会有1,000万英镑的支出。如果小麦的价格是每英担10先令,那么可以进口的小麦数量是2,000万英担。

现在假设煤炭价格保持不变,但小麦价格下降到每英担8先令,出口相同数量的煤炭可以换回的小麦数量,会从2,000万英担增加到2,500万英担。国内生产的所有商品数量可能都保持不变(包括用于出口的1,000万吨煤炭),额外的500万英担小麦就是国民的真实收入增加。这个真实收入增加,不是因为生产力提高,而是因为贸易条件改善——所谓贸易条件,是指这个国家以自己的一单位产品可以换取其他国家的产品数量。

贸易条件改善可以为一国带来巨大利益,但并不总是纯粹的利益,稳赚不赔。假设(继续这个虚构的例子)这个国家并不恰好想要更多小麦;2,000万英担的进口量已经能够满足社会的全部粮食需要,额外的500万英担将无处可用。这种情况下,要么必须允许出口金额超过进口金额(这只能通过对外放贷实现,但可能没有合适的放贷机会),要么必须削减煤炭出口的数量。如果该国只出口800万吨煤炭,可以继续进口2,000万英担小麦;在这样的进出口数量下,进口值与出口值再次平衡。某种意义上,这种情况也会令人满意;该国只需放弃800万吨而非1,000万吨的煤炭,就可以得到想要的全部小麦。如果国内的煤炭消费可以很快提升,利益就可能体现在国内煤炭消费的增长上,而不是小麦消费的增长上。但是,如果两方面的消费增长都不够快速,煤炭产量就会下降;本应为国家带来巨大利益的贸易条件变化,只会导致煤炭行业爆发失业潮。

5. 1930 年代的经历

1930年代英国的实际经历与这个虚构的例子有很多共同特点。进口价格下降很厉害；尽管出口价格也下降，但平均而言，没有像进口价格下降那么厉害，结果是贸易条件朝着有利于英国的方向发展。因为有官方的进出口价格指数，我们就有可能以一个指数除以另一个指数，从而计算出贸易条件指数。① 图5底部的曲线，展示了这个时期贸易条件指数的变化。

如图所示，1929—1933年，这条曲线有很大幅度的上升（贸易条件朝有利于英国的方向变动超过20%）。这是大萧条的结果，大萧条不仅发生在英国，也发生在世界其他地方；这与批发物价指数比生活成本的零售物价指数波动更大，是一个道理。原材料和农产品价格下降超过工业制成品；因此，像英国这样的国家，出口主要是制成品，进口主要是食品和原材料，就会发现贸易条件变有利了。甚至英国复苏之后，美国仍然处于萧条之中；因此，整个1930年代英国都保持了很多有利的贸易条件。

由于这种贸易条件变化，英国可以大规模扩大进口，而不必更多出口作为交换。但实际发生的情况不是这样。1930—1931年出现了进口增长的趋势，但这种趋势被1932年推行的关税打断。

---

① 已成惯例的做法是进口价格指数除以出口价格指数；因此，贸易条件指数（如官方统计给出的）反映的是为一单位进口而须付出的出口数量。但我更愿意倒过来计算（如图5所画——这条曲线与其他曲线一样是按比例尺度画的），因此，当贸易条件变有利时，曲线会上升。

1930年代劳动人口的人均进口量(按实值计算),通常略少于1920年代的水平(可能少2%—3%)。进口商品价格比1920年代便宜很多的事实,体现在出口量减少上,而不是在进口量增加上。

出口减少对于出口行业是一场灾难;但对整个国家来说不仅不是灾难,反倒是一个机会——尽管要把机会变为真实利益尚待时日。第一阶段,出口减少只会带来出口行业的失业;人们失去工作,因为他们的劳动不再为出口生产所需要,并且(暂时)找不到其他岗位。这个阶段对国家没有利益可言;但是,贸易条件变化还是解释了为什么在这么严重的失业情况下,人均真实收入只是如图所示,下降了很小的幅度。失业人员的真实收入确实下降了;但那些仍留在工作岗位上的劳动力,实际上比经济衰退前处境更好了(伦敦地区是1931—1933年世界上少数非常繁荣的地区之一)。这时出现的真实国民收入减少,只是国内市场的生产减少所致;出口是减少了,但减少的出口换来的进口量并不比以前少。

到1933年以后的第二阶段,贸易条件变化带来的机会,变成了实实在在的利益。已不为出口生产所需的劳动力,转向为国内市场而生产(可能还在他们原来的行业,也可能转移到新的行业)。在这个阶段,人均真实收入快速上升(同样体现在图中),其中一个原因就是贸易条件的改变。进口与1920年代大致相同的数量,现在只需较少的出口量即可实现;原来用于生产额外出口的生产力,现在被释放出来,为国内消费生产更多产品。

6.战后复苏及后续情况

现在应该转入故事的下半段了。当曲线再次出现时(1948

年),展现的是什么情况呢?由于战时通货膨胀,货币收入大幅上升;无须感到惊讶的是,它与我们在前面看到的物价走势相一致。如上所说,比较1938年和1948年的真实收入是一件棘手的事情;不过我相信,图中所示1948年和1938年劳动力人口的人均真实收入不相上下的关系,给了我们一个颇为正确的印象,没有严重违背事实。在经历了所有战争的干扰、轰炸的破坏、贸易的混乱后,劳动力还处于疲惫不堪、心神不宁乃至忍饥挨饿的境地,而能够做得这么好,已是难能可贵。但是,这里我们必须特别注意数字的含义,以便确切知道,它们实际上意味着什么。

1938年,还有超过12%的劳动力处于失业状态;到1948年,失业比例已经下降到了2%。这是非常令人满意的;但没有那么圆满的是,尽管就业率上升,人均产出(指包含失业人员的劳动人口的平均)却没有明显提高。更多劳动力投入应该有更多产出,实际上却没有。① 吸纳战前的失业人口,只不过使劳动力人均产出保持平稳。这就是战争造成经济损失的具体表现。劳动力使用的是破旧的、(局部)完全损毁的资本设备,贸易条件优势已大不如前(在1930年有帮助的贸易条件改善带来的利益,这时已烟消云散),来自海外资产的收入(这在战前也有帮助)也已消失大半。

这些情况不仅表明真实收入没有随着就业增加而上升,还意味着产出尚未扩大,对扩大产出的刚性要求已经登场——这些要求在战前是不一定要给予满足的。表8来自国民收入蓝皮书,给

---

① 第二次世界大战后,实际工作时间并没有像第一次世界大战后那样系统地减少(见前面第72页)。

出了后一个时期的每一年中,国民收入分别有多少比例用于各种主要的消费与投资(因为现在可以利用所有额外信息)。我们没办法把1938年的国内投资析分为不同项,但以后各年都可以分得很清楚。1938年"公共消费"已经扩张超过1930年代初的水平(由于重整军备),1948年可能到达更大的值;而且,1948年不可能再像以前(实际)做的那样,利用海外资产为"公共消费"融资,因为海外资产已经被抵押出去了(确实也动用了一些海外资产,但即便是这样较轻的支援,现在也变得岌岌可危)。

尽管迫切需要国内投资(因为它是提高生产能力的主要希望之所在),但各项投资并不能比1938年增加多少。增加投资的最终影响是国民收入用于个人消费的比例大幅下降;因此,在人均真实国民收入没有变化的情况下,1948年的人均消费大约从1938年的100下降到了95①(1948年的消费分布确实更好一些;尽管这表明一些穷人的状况得到了改善,但同时意味着,多数人的消费下降甚至可能超过5%)。当我们明白这是1948年数据的含义时,就很容易理解为什么改进措施势在必行。而且如图所示,总体而论,改进已经发生。我们可以借助表8中的百分比数据,考察它是如何发生的。

---

① 人均(真实)消费(这次是按总人口计算人均,这样看起来更合适)的变化大体如下:

1938	100	1949	96	1952	96	1955	107
		1950	98	1953	99	1956	107
1948	95	1951	97	1954	104	1957	108

应该注意,这个变化过程与真实收入的变化过程大相径庭。

表 8　各种支出占国民收入的百分比

	消费		固定资本净投资		营运资本投资	外汇结存
	私人	公共	私人	公共		
1938	79.1	16.0		6.2		−1.3
1948	75.4	18.2	2.3	2.8	1.7	−0.6
1949	74.4	19.1	2.3	3.5	0.7	0.0
1950	74.7	19.0	2.5	3.5	−2.1	2.4
1951	73.2	20.4	1.8	3.6	4.9	−3.9
1952	71.2	22.2	1.5	4.0	0.4	0.7
1953	70.5	21.8	1.8	4.6	0.9	0.4
1954	70.9	20.9	2.5	4.3	0.3	1.1
1955	71.3	20.4	3.4	3.7	2.0	−0.8
1956	69.1	20.4	3.9	3.7	1.7	1.2
1957	68.6	19.7	4.0	3.9	2.6	1.2

为了实现全面复苏，表中所列的四种投资都必不可少。外汇结存(foreign balance)一定要为正，即在海外资产(包括黄金)上有净投资；这是为了英国修复国际信誉，当其他国家要取走它们存放在伦敦的账户余额时，英国不会再像战后初期那样，出现汇兑危机。① 营运资本投资不可或缺，因为，如果原材料出现短缺，会持续威胁生产连贯性以及生产效率。对包括住房在内的固定资本的公共投资，对国有企业的固定投资(战前明显不足)，也都亟须上马。最后，私人企业为了恢复与扩大生产能力，同样亟须增加投

---

① 战争期间积累的债务如此之多，以致战后很多年都无法还清。鉴此，英国不得不对其他国家提取"英镑存款"设限。但是，这种限制如果全方位覆盖，必定会造成国际贸易的停滞。因此，这种限制一定程度上总是无效的，因为它的存在威胁了账户的自由存取，只会让账户存取更加反复无常。限制不可避免，但它不能阻止危机的持续。

资——既是为了消费能够稳定恢复,也是为了外汇结存能以更健康的方式得到改善,即通过扩大出口而不是缩小进口的方式。如我们将要看到的,想要完全满足所有这些需要,必须长年累月地努力。

在这个故事的前半段,各种国内投资都取得了一些成绩,真实收入得以增长;尽管消费所占的比重下降,但(人均)私人消费可能还略有上升。然而,外汇结存岌岌可危。前半段以海外阵线的失败告终——发生了一场汇兑危机,最终导致英镑贬值(时值1949年9月)。英镑贬值是必然的,至于是否需要这样大幅度贬值,仍是一个有争议的问题;而下一个阶段无论如何都是非常有压力的。表面上看,外汇结存在1950年得到改善;但这种改善的另一面,是营运资本和存货的急剧减少,而这一定与随之而来的真实收入增长停滞有关系。麻烦还不止于此。国际冲突再起(与朝鲜战争有关)从两个方面损害了英国经济。一是贸易条件恶化。由于战争恐慌,各国争夺原本就稀缺的物资,使这些年的贸易条件成为图示的年份中最糟糕的。另一是军备重整压力,导致1952年的公共消费比重上升到了22%。但在这时,资本已经有可能得到一些补充(尽管条件非常不利,要以外汇结存再次受到威胁为代价)。因此,到1952年,真实收入(或产出)又开始扩大。但毫不奇怪,就私人消费而言,1952年是1948年以来最糟糕的一年。①

到1953年,各种压力减轻,进程得以重启,呈现出了一条清晰的、更加平稳的发展道路。1953—1954年,如果不是由于公共住

---

① 见204页脚注。

房建设投资高峰，私人消费应该增长更快；但这种可能性本身就是一种宽松化的迹象。1953年以后有了明显起色。真实收入增加，消费与所有投资都得以扩大；经济显然进入更健康的状态。直到1954年以后，战后恢复阶段才可以说是结束了，经济发展步入了更正常的阶段。

关于这最后一个阶段，现在还不能细说端详。但可以观察到，1955年以后，真实收入与消费已经没有那么快增长了。鉴于这些年在各方面所做的大量投资，增长滑坡态势似乎要令很多人大失所望。但关于战后发展历程的正确观点认为（我们从早年经验中学到的东西可以证实这一点），英国经济正常可以达到的增长率并不是很高。快速增长是经济从萧条或战争破坏中恢复过来的一种现象；在这种条件下，相对少量的投资就可以带来巨大的回报（对于资本严重不敷所需的落后国家来说，情况有时也可能是这样）。当最紧急的事情完成之后，进一步投资带来的增长一定会下降。

这种状态确实有其危险性。在第一次世界大战后达到相应节点时，投资出现了瓶颈；储蓄被浪费掉，并且（由于一连串政策失误，在一系列转向中误入歧途），世界经济陷入了大萧条，从而触发了我们的故事。现在是否会重蹈覆辙呢？迄今为止历史没有重演，但这并不能让人完全放心；直到最近，我们承受的都是反向的压力。只是到了这个阶段的末尾，危险才变得可能成真。

不过，我们也无须太过焦虑。1930年代的大萧条是由于应对紧急状态的政策失误造成的，这些失误只是因为无知，而不是因为癖好或者恶意。这些政策经常是凭借巨大的勇气和决心，经过深思熟虑而付诸实施的，因为它们被认为是正确无误的。现在一切都已时过境迁。一旦私人投资停顿下来(这绝非不可能),公共投资马上就会冲上去填补缺口;有吸引力的公共投资的机会(回报可能并不确定)唾手可得。此外,表中可以看到,至少在英国,现在私人消费占国民收入的比重确实很低;当然,这是被税收负担所压制的;如果需要,可以放宽。我们不能期望这样就能够实现完全平稳的发展,因为像英国这样的贸易国,不可能把自己隔离起来,不受外部的干扰。可以肯定的是:像1930年那样一个经济灾难叠加在另一个经济灾难之上的危险,已微乎其微。

这种危险之所以能够避免,一个原因就是我们有了这里研究的国民收入账户,以及这种研究带来的思维习惯的传播(如上所述,所有这些都是1930年以后才有的)。

第十七章 收入不平等

1. 收入不平等与社会阶层。英国1954—1955年的不平等程度

在国民收入的研究中,我们从不同角度将国民收入分为:消费部分和储蓄部分,国家拿走的部分和私人留存的部分,以工资支付的部分和以利润取得的部分。但迄今为止,对于大多数人最感兴趣的分类却不置一词,即分为富人的收入和穷人的收入。这种分类与工资和利润的划分完全不是一回事。有一些人很富,却是通过工作为自己赢得高收入的(如成功的律师、电影明星等),因此他们的收入要算作工资;有一些人很穷(大部分是老人),但靠自己原有储蓄的利息收入过活,因此他们的收入属于利润。确实,高收入更多来自利润而非劳动所得,低收入更多则来自工资而非利润。但是,低收入与高收入的划分,必须作为一个单独的问题来研究。

英国与其他大部分国家一样,大多数人的收入要低于整个社会的平均收入。收入高于平均水平的人数相对较少,且其中一些人的收入远远高于平均水平。在日常言论中,出于政治目的,人们习惯把最后一个群体(人数少但收入高)称为"富人"群体;把收入高于平均水平,但高出不多的较大群体称为"中产阶级";把大部分

的收入低于平均水平的最大群体称为"劳动阶级"。但是,应该注意:阶级(class)差别不能完全归因于收入差别;一个人如果以中产阶级的方式生活,与中产阶级的人交往,就社会而言,他就属于中产阶级。① 工人阶级与中产阶级的区别,不仅是收入多少问题,还有赚钱的形式问题。体力劳动者倾向于把自己看作是工人阶级,文职人员倾向于把自己看作是中产阶级;但是技术娴熟的体力工人会比低级职员赚得多。我们不可能把人口清楚划分为一个个明确的阶级,每个阶级的收入都比上不足,比下有余。如果根据其他因素而不是收入来划分阶级,阶级的收入特征就会彼此交叉。而如果根据收入来划分阶级,就会发现,无论收入群体如何选择,结果都是很规则的金字塔形。每个收入范围内都有一些人存在,通常随着收入由低向高递增,各收入范围的人数会逐渐减少。

我们对英国各收入群体的收入分布情况的了解,就像对收入的了解一样,都来自所得税记录。较高的收入(年收入超过2,000英镑)需要缴纳附加税(surtax),一种额外的所得税,是根据纳税人的整体收入规模计算的;因此,只要对收入缴纳的税收做出估计,就直接可以知道这些收入的分布情况。年收入低于2,000英镑的人大多也缴纳所得税,但他们的收入分布情况不能知道得那么准确。这是因为,尽管税率与收入规模有某种联系,但它受到免税制度的间接影响——因为有免税额(allowances),就不必计算每种不同情况下纳税人的总收入。因此,对收入低于2,000英镑

---

① 关于阶级区分中"收入差异"与"其他弱经济因素"之间关系的讨论,见马歇尔(T. H. Marshall)的论文"社会阶级"(载《社会学评论》1934年1月)。

人群的分析是一个难题;但就特定年份而言,这种困难很大程度上已经被税务机关组织实施的"收入普查"所克服。收入普查的目的,是要发现在低收入群体被评估的各种收入中,哪些属于相同性质的收入。现在有两份收入普查资料:一份是1949—1950年的,另一份是1954—1955年的;我利用第二份普查资料①给出下面表9中的数字。

当我们想要全面描绘收入分配的情况时,遇到的困难之一,是所要比较的收入性质之不同。一对夫妻及其子女共有一份收入需要缴纳所得税;一对刚刚参加工作的男生和女生有两份收入,但当他们结婚时又会只有一份收入。如果这个家庭的收入没有高于男生或者女生的收入,无论以哪种合理标准衡量,家庭的收入情况都是更差的。转为从个人角度描述收入分配,也不能克服这种困难,因为不同年龄需要不同,并且青少年往往不完全依赖他们自己赚的收入。因此可以认为,如果不把各种性质的收入混在一起,而只考察一种收入(按照同质性更多一点的方式分类),可以更好地描述收入分配情况。收入普查让我们有可能做到这一点。但由于我们想要研究的是一个大的群体,如果要从中得出某种大致印象,我们就得满足于这个印象是涵盖了千差万别的家庭境况的。看来,最好的研究群体是已婚人士群体,收入由夫妻共享,可能有子女,

---

① 第二份普查结果公布在税务局第99号报告上。需要知道的是,调查不是加总全部人口的所有收入,并将其一一归入各自的位置上;那会是一项极为艰巨的任务,需要的劳动力比可以得到的多很多。实际做的调查,是抽取一个典型样本,如盖洛普民意调查中所做的那样。当像这里一样不存在"多数"风险时,现代的抽样程序是非常可靠的。

也可能没有。这样做固然把一些可能陷于严重贫困的对象（如孤儿寡母）排除在外，但它与任何其他简单方式相比，都更好地描述了收入不平等的真实程度。

表9反映了1954年4月至1955年4月"财政年度"已婚人士的收入分布情况。收入是税前的，但不是如我希望的那样完全是"转移支付前的"，家庭补贴（allowances）已包含在内，社会保险缴费已经扣除（就这张表而言，这些调整很大程度上相互抵销；因此，它们未能如我所愿，并不会对总体效果造成多大分歧）。列在表中的已婚夫妇数量（1,190万对）可能比英国已婚夫妇总数少75万对；其中大部分是领养老金的老年夫妇，他们已从其他方面加以考虑。因此，这个表尽管没有包括全部已婚夫妇"税收与转移支付前"的收入，但确实包含了绝大部分。更面面俱到的枚举并不会带来实质性的差别。

表9　1954—1955年已婚夫妇的（税前）个人收入

收入层级	各层级的夫妇数量（千对）	各层级的平均收入（英镑）
10,000英镑以上	9	16,290
2,000—10,000英镑	241	3,460
1,000—2,000英镑	807	1,300
500—1,000英镑	6,662	668
250—500英镑	3,855	400
250英镑以下	365	207

1954年已婚夫妇收入水平处在500—1000英镑一组的为最多。尽管（如我们所见）1954年以来收入已有很大增长，但1958年的情况依然如故基本可以确定无疑；事实上，由于低收入组的人

数必定会下降,这个组肯定堆积了比1954年更多的人数。1954年最低收入组的人数已经很少,到1958年无疑会进一步下降。

2.不平等的原因。资本所有权不平等。遗产税

收入不平等的原因是什么?这个问题涉及面很广;我们必须借助经济学的很多分科,才可能恰当回答这个问题。① 而在这里,只能点出少数几个涉及的问题。

一旦我们开始系统思考这个问题,就会发现,这个问题差不多完全可以分解为若干子问题。收入要么来自劳动所得(工资与薪金),要么来自个人的资本所有权,因此,我们必须问:(1)为什么一些人比其他人赚更高的工资;(2)为什么一些人比其他人拥有更多资本。如果能够回答这些问题,也就在主要问题上取得了很大进展,只是还没有完全回答完毕罢了。因为,相同的资本所有权,有些时候可能给所有者带来比其他时候更高的收入。例如,资本在所有者之间的分配不平等状况没有变化,但国民收入中利润所占的比重从1/4下降到了1/8;这时,资本家的收入相当于工薪阶层的收入会下降很多,结果,收入分配就可能更平等一些(因为资本家目前总体上是更富裕的阶层)。② 因此,我们需要考虑第三个子

---

① 见坎南(Cannan)《财富论》第10—13章,它仍然是关于这些问题的最好的基础讨论。

② 1938年到现在,这种性质的变化实际上已经发生,主要倒不是利润与工资的比例变化,而是分配利润与未分配利润的比例发生了改变。

第十七章　收入不平等

问题:国民收入为什么在工资与利润之间这样划分？资本与劳动所得的相对份额发生变化,会影响收入不平等。①

不同人在各自岗位上所赚工资彼此不同的原因,前面章节已有一定程度的讨论。② 我们已经看到,工资差别的经济功能,是促使劳动力在各种工作岗位之间配置,并激发努力工作的动机。如果某些岗位难以得到充足的劳动力供应,而一些人又特别适合从事这些工作,那么就有理由给他们足够高的工资,吸引他们专门从事这些工作,并为之付出努力。一些工资差别可以用这些理由来解释;但不能认为,任何时期存在的所有工资差别,都可以这种方式解释。例如经常看到这样的事情:某种职业的工资水平较高,起初是有充分理由的;但一段时间过后,所需的劳动力已不再特别紧缺,却可能仍然维持高工资。一旦人们取得特权地位,就不愿意放弃,并会利用各种经济的、政治的力量来维护这种地位。因此,研究劳动收入差别的经济学分科,既要致力于找到哪些差别可以用效率合理解释,又要通过比较现实与理想安排,来批判现实存在的收入差别。

在国民收入之于资本与劳动之间的分配比例上,也有类似问题。这是最重要的经济学问题之一,也是最困难的问题之一,至今仍然没有完全解决。以我们在本书中所用的方法,不可能对这个问题说出任何有价值的东西。

资本所有权不平等,可能是导致收入不平等的三个要素中最

---

① 值得注意的是:如果资本所有权是平均分布的,这些相对份额的变化就不会影响收入不平等状况。

② 见前面第六、第七章。

重要的一个。如果资本所有权平均分配,那么,国民收入的很大比例属于利润这个事实,就不那么重要了;并且,由于几乎所有最大的收入都是因为拥有大量资本,最大收入与最小收入之间的差距就会大大缩小。资本所有权不平等还是造成劳动收入不平等的原因之一;拥有资本(或父母拥有资本)的人发现自己更容易从事一些报酬更高的职业,并且在其他方面也有更广阔的空间让他们施展才华。如果资本分配更均等,大量不平等的问题就会消失。

资本主要来自两个渠道:个人储蓄和遗产继承。普通人为养老积蓄的或为应急准备的小额储蓄,最终确实使他成为资本所有者,但拥有的资本非常有限。而成功人士通过自己的劳动获得很多收入,但只用掉其中一小部分,他可能在职业生涯没有结束之前,早早就成为一个拥有相当大资本规模的资本家;如果他的才能使他能够合理投资自有资本,一开始就得到丰厚回报,那可能性尤其大。但完全依靠个人储蓄获得真正大规模资本的情况是非常罕见的;1940年以来,由于所得税加重,这种情况已经变得几无可能。因此,在造成资本所有权不平等方面,财产继承所起的作用非常重大。

现如今,[①]人们通常认为,通过继承获得资本,比通过个人储蓄获得资本,要缺少正当性一些;因此,政府把遗产转移当作征缴特别税收的恰当时机。英国是从1894年开始征收遗产税的;但税

---

① 更早时期,人们不是这样看待问题的;我们确实可以怀疑,这种针对财产继承的现代态度是否与一种更普遍的倾向有关,即崇尚个人而非家庭的倾向——社会主义者比保守主义者更倾向于这种个人主义。

率一直保持很低的水平,不大可能对资本所有权不平等产生任何明显影响。1930年税率加重了很多。但直到1938年,一份20万英镑的遗产不会缴纳超过25％的税;只有超过200万英镑的大额遗产,才会征收令人生畏的50％遗产税。1939—1949年,税率进一步提高:一份20万英镑的遗产现在要缴60％的税,100万英镑的遗产要缴80％的税。同时,通货膨胀也加大了遗产税负担;因为,一份30万英镑的遗产,现在的实际价值最多只相当于战前的10万英镑。如果依此比较,自1939年以来,这样一份遗产的税率,已经从20％上升到60％。

按照目前的水平,遗产税对所有大额财产都有没收的功效。农村家庭原先是祖祖辈辈传承同一片土地,现在发现他们的传统生活方式因为遗产税的影响而穷途末路了。家族企业不得不拆分。这些事情正在发生,现在还看不到它们的全部影响。一定还有很多大额财产在最近20年内没有转过手(正是在这最近20年,遗产税才变得如此可怕),但这种情况正在不断减少。由于现在遗产税如此之高,人们有强烈的动机采取任何可能的规避手段;因此,财产在原主去世之前就转交给继承人,或者留作信托(trust),收入由法定继承人独享,在原主去世时不再缴纳遗产税。第一种规避手段已经被新规阻截——新规明确,在去世前五年以内所做的馈赠,也要征收遗产税;但第二种仍然存在相当大的自由空间。这扇门为什么仍然敞开?原因之一是它有助于抵消现行制度中的一个明显不公——丈夫与妻子的待遇不对等问题;如果这扇门关上,就必须用其他方式解决这个问题。按照目前的规定,如果丈夫死在妻子之前,丈夫的财产需要缴纳两次遗产税(分别在他和妻子去世的时候），才能传给下一代*；而如果妻子死在丈夫之前，财产只需缴纳一次遗产税，就可以传给下一代。如果在处理这个难题上直接做出让步，倒是可以加强对信托业的监管；但就目前而言，还是必须利用信托应对这种情况，而同时，它又可能被滥用于其他地方。

3. 1938 年以来收入分配的变化

没有确切资料可以说明，过去 20 年中，遗产税是如何影响财产分配的；但可以肯定的是，收入不平等程度（即使是税前）已经显著下降。"收入普查"数据（如我们在表 9 中看到的）不能充分反映这方面的情况，因为它们只有 1949 年和 1954 年的数据可得，时间跨度太短，无法给出有效的比较。可用于说明发生了什么情况的最好数据，来自国民收入蓝皮书。这些数据的质量不如前面用的数据那么令人满意，因为它们把各种收入都放在一起，而没有考虑家庭状况。这样做的一个后果，是夸大了最低收入组的人口数量，包括了很多青少年，以及其他非完全独立的人群。但是，如果我们只是拿这张表比较不同年度的情况，这个问题也许不会那么严重。①

---

* 原文为 cannot leave property to his wife without...（留给妻子），这里根据文意翻译。——译者

① 蓝皮书甚至没有尝试给出 1938 年收入属于最低一等的人口数量，而我在表 10 中列出的数字（以及 1938 年最低收入组的平均收入数字的依据）只是一个猜测而已。1938—1949 年劳动人口增加了 300 万，但其中相当一部分是已婚女性，她们不被认为是有单独的"收入"。

第十七章 收入不平等

表 10 还有一个事情需要说明。在我们所选的时间里,物价上涨幅度很大;如果不注意这一点,将会得出错误的结论。把 1938 年记录的 250—500 英镑阶层和 1957 年的 250—500 英镑阶层放在一起比较是错误的;由于物价上涨,后者要比前者贫困很多。针对这个复杂问题,有一种简单的方法可做粗略修正。1949 年的工资水平差不多是 1938 年的 2 倍;1957 年差不多是 1938 年的 3 倍。因此,假设 1938 年 1 英镑等于 1949 年的 2 英镑和 1957 年的 3 英镑,会使工薪阶层的收入相对可比,我们可以在此基础上考察其他收入发生了什么变化。正是在这个意义上,我们说表 10 已经转化为"1957 年的物价";在表中显示为 1938 年收入"低于 750 英镑"的人,实际上 1938 年的收入是低于 250 英镑的;类似的调整全部都已做过。

表 10 1938 年、1949 年和 1957 年个人(税前)收入

收入阶层 (以 1957 年物价计)	阶层的人数(千)			阶层的平均收入 (英镑,以 1957 年物价计)		
	1938	1949	1957	1938	1949	1957
3,000 英镑以上	288	230	180	8,030	6,200	5,620
1,500—3,000 英镑	539	550	525	2,010	2,005	1,975
750—1,500 英镑	1,900	2,800	5,250	1,000	970	970
低于 750 英镑	21,000	22,300	20,000	385	370	405

数据经过这样整理之后,从各阶层的人数上就可以清楚看出,拿来比较的是同一类人。第二个阶层的人数始终保持大体相同。重大变化是第三个阶层人数大量增加——可能来自最低阶层,这在第二个 10 年中表现得非常明显(第一个 10 年由于劳动人口规模增长,这一点没有那么明显);还有最高阶层的人数(按比例)大

幅下降,不到 20 年前的 2/3。这两种变化(大家会注意到,变化贯穿整个 20 年)都朝着更加平等的方向发展。

当我们考察各阶层的平均收入时,必须记得,我们修正物价变化的方法是非常粗糙的。如第二个阶层的平均收入在 1949—1957 年间似乎有所下降,这不见得有什么重要意味可言;但是,当我们发现,上两个阶层的平均收入下降,第三个阶层不动,而第四个阶层上升时,就可能有重要意味了。看来,至少在第二个 10 年中,有一个平均收入相互靠近的趋势。这也是朝着更平等方向的变化。

这种变化的原因是什么呢?如果只就高收入阶层的收入下降而言,遗产税肯定是原因之一,但不会是唯一原因。即使我们看工资,高收入者的工资增长幅度也要小于低收入者(可能是因为,随着教育普及,能够胜任"更重要"工作的人相应更多了)。有几个因素阻碍了财产性收入的扩张。货币租金有黏性:房租是因为租金管制,地租则是因为更隐蔽的原因。固定利率的债券自然不会带来高于票面的货币利息;股东的收益,本来可能会胜过债券持有人的损失,但由于沉重的利润税(在利润分配为个人收入时征缴),这些收益根本不能完全实现。这些因素可以解释很多事情;但应注意的是,它们对 1938—1949 年间的情况有很好的解释力,而相同趋势为什么会持续到 1950 年代,却不能充分解释清楚。遗产税的高税率确实继续存在,因此最高收入阶层不断缩小不足为奇;[①]但

[①] 有时人们认为,数据显示出来的这种缩小并非实情,因为高税率激发了强烈的逃税动机,有更多的收入在逃避税收。确实,是存在大量逃税;但高收入阶层的逃税似乎不太可能比低收入阶层多,因为,从高收入阶层可以征收到相对更多的(接下页注)

是，人们可能认为，由于政治原因，较低收入阶层的收入均等化就没有那么显著了。抑制股息和租金增长的压力确实已经有所松弛；但从数字上可以看出，对比同时期的工资上涨，这些因素影响并不大。无论原因是什么，收入均等化的趋势看来无疑仍在继续。

4.可支配收入的分布

到目前为止，我们考虑的收入都是税前收入。税前收入是纳税的收入，不是纳税后留下来的收入；只有纳税后留下来的收入，才是可用于满足个人需要的。高收入适用的税率远远大于低收入；因此，可用于个人开支的收入，与我们已经讨论过的收入相比，不平等程度要小一些。那么，可支配收入的不平等是怎么样的呢？

下面我们分步讨论这个问题。表11给出了所得税后可支配收入的分布情况。与表10相比，它只是不再展示各阶层的平均名义收入，而展示平均可支配收入。所有收入都已经通过上面所说的方法折算成"1957年物价"的收入。两张表应该放在一起来看。

比较两张表中1938年的数字，可以看到，当年最高阶层大约缴纳30%的所得税（当然是平均而言，阶层顶部的最高收入者纳税远高于此）。第二个阶层缴纳10%，第三个阶层缴纳3%，第四

(接上页注)税收，因此税务部门会更严密监督高收入阶层的纳税情况。前面说过，即使到1957年，资本增值扣除物价因素，也还没有恢复到战前私人财产的价值水平，因此，把资本收益排除在收入之外，不会造成太大差别。

对于这整个问题的更专业的讨论，包括这个脚注提及的各点，见兰德（H.F.Lydall）"收入规模分布的长期趋势"，载《皇家统计学会杂志》1959年第1卷，以及关于此论文的讨论。

个阶层纳税很少,表中没有显示出来。比较1949年的数字,最高阶层的平均税率已经接近50%,第二个阶层超过25%,第三个阶层是12%,第四个阶层(1938年几乎免税)是4%。1957年前三个阶层的平均税率大致与1949年相似,只是略低一点(49%,24%,11%),但第四个阶层实际上是略高一点(5%而非4%)。① 1950年代税率确实发生了重大变化,但主要只是抵消币值(money values)的变化而已,因此,税收的真正效果没有多大改变。税收的重大改变发生在1938—1949年之间。

表11　1938年、1949年和1957年个人(税后)收入

收入阶层 (以1957年物价计)	阶层的人数(千)			阶层的平均可支配收入 (英镑,以1957年物价计)		
	1938	1949	1957	1938	1949	1957
3,000英镑以上	288	230	180	5,490	3,105	2,870
1,500—3 000英镑	539	550	525	1,790	1,485	1,500
750—1,500英镑	1,890	2,800	5,250	970	855	880
750英镑以下	21,000	22,300	20,000	385	355	385

我们在比较不同时期的可支配收入的数字时(见表11),一定要记得关于币值的惯例做法。根据我们的测量,1957年最低阶层的平均可支配收入与1938年基本一致,这是因为我们把1938年的1英镑等同于1957年的3英镑——这个比例关系适用于比较工资,但大于零售物价的实际涨幅。1938—1957年的物价涨幅不是3倍,而是大约2.6倍;因此,如果要比较1938年与1957年的

---

① 这不像有人可能怀疑的那样,是什么邪恶的做法,而是通货膨胀的必然结果;如果没有通货膨胀,就必须防止出现这种情况。如果工资(和物价)上涨,较低收入就会进入较高的税收"档次";这时如不特意降低税率,人们一定要相应负担较重的税负。

购买力,可以把 1957 年的所有可支配收入提高约 10%。按照这种计算方法,最低阶层的平均可支配收入大约增长 10%;第三个阶层没有变化(这里的改进是人数增加了很多);第二个阶层有一点儿下降;最高阶层还是少了平均收入的大约 1/3(更不用说他们的人数下降)。这印证了显著均等化的印象,看来颇有道理。

5.间接税与真实可支配收入

表 11 还不能说明一切。它只考虑了直接税,而没有考虑间接税、补贴及其他形式的社会支出(social expenditure)。* 就 1938 年而言(那时补贴很少见),关于间接税在各收入阶层中的分布,可以做一些推算;我们已经分收入阶层估计了应税物品的消费情况,据此,就可以按收入阶层划分间接税。① 结果固然有很多猜测成分,但大致结果是不会错的。可以确定,1938 年的间接税是"累退"的;间接税主要是针对大众消费的物品(如征地方税的房屋,还有烟酒等)征收,随着收入水平由高到低,收入用于缴纳间接税的比例逐步上升。上面两个阶层缴纳的间接税占可支配收入的 10%—12%(可支配收入见表 11),下面两个阶层可能占 15% 或再略高一点。

因此,如果考虑间接税,1938 年税收的均等化效果要明显减弱。低收入阶层(特别是那些没有"戒烟酒"的人)的间接税负担很

---

* 见第十三章第三节。——译者
① 斯拉思(Shirras)和卢斯塔斯(Rostas)《英国的税收负担》。

重。但是,我们不应该只盯着沉重的间接税,而忘记了前面没有考虑的、从相反方向起很大作用的社会支出("半公共消费",如免费教育、免费医疗等)。① 工人阶级缴纳的间接税和收到的社会支出差不多可以相互抵消。因此,像通常那样把社会支出说成是"富人向穷人的转移支付",基本站不住脚。所有社会支出加总起来,政府为工人阶级的利益而付出的资金,不大会超过工人阶级缴纳的税收。另一方面,最低收入阶层几乎完全不需要再为政府的一般开支做出贡献;中产阶级和富人几乎完全承担了管理国家、维持社会有效运转的成本。这本身是一项巨大的社会成就。过去大部分社会的普遍做法,是政府运转几乎完全依靠主要来自穷人的税收,从这个角度,我们就能认识到这一成就的重要性。

对于战后年份,看来没有办法做类似的计算。食品补贴的发展降低了低收入阶层的间接税负担净额,但烟酒税收的大幅增长又造成了反向影响。直接税和转移支付合并的净效应无疑对最低收入阶层有利;间接税、补贴和"半公共消费"的净效应也可能略有裨益。但究竟如何,都不甚了了。

不过,如果所有事情都考虑在内,收入水平一定是趋于均等的。无论用什么方式衡量,结果几乎都是这样,清晰而确定。这不仅是战乱时期和战后社会主义社会的一个特征,1950年代基本上都这样。但是,早些时候的收入趋平是一种再分配(取自富人,以某种方式,有时是相当曲折的方式,给予穷人);而后期更多的是一

---

① 转移支付(养老金、失业救济金等)已经包含在税前收入中,社会保险费支出已经扣除。

种向上趋平,即提高穷人的收入,不是以任何人的损失为代价,而是把真实国民收入的增量分配给穷人。富豪的数量减少当然起到了部分作用,而且(就其是遗产税的结果而言)估计还会继续减少,但所起的作用已经变得很小。工人阶级生活水准进一步提高(现在人们普遍认同这一点),希望主要寄托在生产发展上,而不是分配的进一步调整上。

剩下来的收入不平等,更多是一个社会问题,而非经济问题。收入不平等是我们社会中一种更根本的不平等——权力不平等的表现形式。权力不平等在所有社会都有;如果没有权力不平等,很难想象社会将如何组织起来。权力不平等在历史上有很多形式,各种控制——奴隶主之于奴隶,封建贵族之于农奴,地主之于佃农,雇主之于工人,党魁之于党员,国家官员之于普通公民等等——都是它的形式。在各种不平等中,收入不平等是相对无害的一种;它可以这么容易地被记录与测量,就意味着有办法对其加以控制。保持收入不平等的可控性是重要的;但对人类自由的前景更重要的是,我们不应为其他魔鬼敞开方便之门。

第十八章　更宽的视域

经济解剖学与经济生理学。社会核算与价值理论

在这本书(主要是后面几章)中,我们遇到了一些非常有趣而重要的问题,但我们只能避而不答,或者以权宜的方式搪塞过去。这样做的理由是,一位读者学习掌握了本书内容,尽管学到了很多经济学知识,但所学的都还只是这门学科的一个侧面。例如,我们在讨论收入不平等的原因时提出的问题——国民收入为什么以这样的比例分为工资和利润——是不能沿着我们一直遵循的线路做出回答的。又如不同劳动的收入为什么不同,贸易条件为什么变化等等,也是这样。在讨论这些问题时,我们不得不大而化之,点到为止,尽管它们都是最重要的经济学问题。有经济学分科具体研究这些问题,但与这里所学的不是同一个经济学分科。

我们所学的经济学分科[可以称为社会核算(Social Accounting)]与其他经济学分科的关系,可以通过比照另一门科学来说明。人体的研究主要分为两个部分:解剖学与生理学。解剖学研究人体结构、各种器官及其关系,以及通过死后解剖发现的有机体的轮廓。而生理学关注有机体(持续存活的生命体)的活动。我们

这本书研究的是经济解剖学，即整体经济的结构，统计学家事后收集数据并开展研究，可以发现这种结构。关于经济生理学，即经济体系运行的方式，我们只是很偶然地点到为止。但经济科学的发展离不开经济生理学分科；①事实上，有很多初级经济学书籍就介绍经济生理学，很少涉及其他内容。而只有经过最近20年社会核算领域的大发展，才有可能写出一本像这样专注于"解剖学"的书；"生理学"方面的发展先行一步，大部分初级经济学书籍都遵循原有的传统。

我希望读者会发现，"解剖学"方法已经解答了读者在开始学习时想要问的关于经济体系的很多问题；我认为，换其他任何方式，很多重要的问题不可能如此迅速得到回答。不过还是必须强调，我们研究的领域只是经济学的一个侧面；如果以偏概全、言过其实，会导致严重的错误，一种近年来司空见惯的错误。

通过考察社会账户（social accounts），我们不难看出一国陷入困境究竟是因为生产不足、储蓄不足、出口太少还是进口过多。然后有人就发表讲话，劝告大家扩大生产，增加储蓄，加大出口，或者减少进口。已经有过太多这样的演讲，经验告诉我们，它们通常不起作用。例如，即使演讲真的说服人们更加努力工作，但额外努力如果没有产生预期之外的其他效果，人们也不大可能加倍努力。至少，更多生产可能意味着更多原材料进口，但不一定有更多出口

---

① 由于经济生理学不能以事后收集的统计数据为基础，又不能做实验，因此，它必然比理想化的科学有更强的推测性；它更多的是理论，而不是应用经济学。事情的性质看来就是这样，对此无计可施。用于经济生理学的统计方法一直在设计之中，但使用统计方法得到的结果还寥寥无几。

可资平衡。更多时候,这种演讲几乎没有任何效果;想要有效果,需要得到积极行动的支持,如改革某种税收或补贴、改变物价、实施或者取消某种"管制"等。所有这些行动都容易产生意外效果,超出人们直接想要的目标。我们通常很难做到,大幅改变社会账户中某一个数值而保持其他数值不变;在尽全力追踪某项决策的各方面影响之前,我们不可能说清楚,最初的决策实际上是否会对生产或储蓄、进口或出口产生预期的影响。

关于经济体系,人们想问的最重要问题,大多是这样的:如果做了这样那样的事情,可能的后果会是什么?这些问题很少可以单独根据社会核算的知识得到正确的解答。就像不可能仅仅根据人体解剖学的知识,预测一台手术的效果一样,如果没有经济体系如何运行的知识,我们也不可能预测一项经济改革的可能效果。因此,学生一旦掌握了社会核算的基础知识,他应该进一步学习经济学的"生理学",其核心是价值理论。经济运行的机制是价格体系,价格体系的基本原理就是价值理论研究的内容。

尽管价值理论包含了这么重要的知识,但乍看起来,它可能不如社会核算研究那么引人入胜。价值理论确实在一些重大问题上得出了重要的结论,但为了做到这一点,它必须在一些细小、琐碎的问题上花费大量时间。当然,这是科学的共同经验;大多数科学的初级阶段都是非常琐碎的。我写这本书一个原因就是我认为,初步掌握社会核算,可以让价值理论初阶的学习更容易掌握。

我希望读者在读完这本入门书后,脑海里会有一些一般性的问题——这些问题在他开始读这本书时可能并不存在,书中也没有做出回答,但读者现在想要得到答案。其中一些问题可能是我

第十八章　更宽的视域

们刚刚讨论过的类型,即经济变化的可能后果问题。还有一些可能是其他类型的。有一些问题与经济体系的组织有关:我们已经看到,各年生产的商品与服务是不一样多的,如果经济体系的组织发生改变,每年生产的商品与服务会不会更多?还有一些是界定的问题:是否真有必要把事物划分为我们选择的特定门类?分类方法能不能改进?(在这最后一类问题中,一个非常基本的问题是:国民收入的货币量度是否合理;如果一条面包价格3便士,一盒止咳片价格1先令,我们就认为,止咳片代表了与4条面包相同的"产品"。)沿着这些思路,聪明的读者会想要提出批评;但在这方面,本书提供不了多少帮助。而如果继续学习价值理论,会发现帮助很大。

至此,我要向作为本书主要目标对象的初阶读者告别了。基于上述原因,读者如果继续坚持社会核算方法,而不往其他方向拓展,他将形成偏颇的经济学观点。但是,进一步学习到某个阶段,他又将必须回到社会核算;那时,他会想从一个不那么初级的角度来探讨这个问题。如果他留意到一些在第一遍阅读时疏忽的内容,可能就会发现,重读这本书是有用的。但到那时,他会想要走得更远。我放在第五部分的补充章节,可能可以提供一些读者需要的东西。

第五篇 社会核算的增补内容

第十九章 社会核算体系

1.核算方法

这本书只是想介绍经济学的入门知识,但在国民收入研究的方向上,它已经比一般的初阶书籍走得更远。不过,有些读者可能还会得陇望蜀。他们希望可以看懂现在的国民收入蓝皮书,并从中得到一些道理。前面说的还不足以让他们做到这一点,还需要更多的帮助。现在可能是提供这种帮助的最好机会。

如前面第十四章说明的,现代蓝皮书的作用是提供一整套账户——把整个国家看作一家正在经营的企业的账户。这一点只能逐步实现;由于缺乏如何以正确方式展示一套国民账户的经验,连续几本蓝皮书(更准确地说,是之前的白皮书)都进行了大量令人厌烦的重新编排(这对学生来说非常不便)。[1] 这种重新编排,很大程度上就是一个发现的过程,由此逐步找出正确的方式。时至

---

[1] 连续几本白皮书之间在形式上的差异,主要都是这个原因。但是,除了形式上的差异,还有数字上的不同,原因是以往的信息只能随着时间推移而逐步掌握起来。因此,1950年4月发表在白皮书上的1949年的第一批数字,只是临时数字;到1951年4月,就有了1949年的更多信息,1949年的数字要相应做出修订。这种修订在某种程度上可能会持续多年。这本书给出的1957年数字,是1958年蓝皮书披露的;以后的蓝皮书披露的数字可能会有不同。

今日，这个过程可以说已经结束；因此，我们应该尝试简明扼要地写下已经发展起来的社会核算的主要原则。掌握了这些原则，就能够更好地研究官方数据。

2. 企业账户

考察国民账户的最好方法，是把它视为构成国民经济的所有个人、企业及其他主体的个别账户的合并（或联合）。当然，国民账户实际上不是这样编制的；因为，很多个别账户从来没有被白纸黑字地记录下来，我们不可能合并子虚乌有的东西。我们所做的是以间接方法编制联合账户（combined account）本身。但统计学家试图用这种方法，得到理论上可以通过合并个别账户得到的账户（当然前提是个别账户可得）。因此，如果我们想理解国民账户，最好是把它想象成由个别账户以一种理论上的方法编制而成。实际的编制方法（前面已经给出、接下来还会给出一些关于编制方法的提示），很大程度上是经济统计学的问题，而不是经济学本身的问题，因此，它不属于本书的范畴。

第一件要做的事情是准备编制国民账户用到的"砖块"，即为构成国民经济的个体单位（units）编制标准格式的账户。这项任务大部分已由专业会计人员完成，在现阶段的讨论中，我们可以充分依赖他们的工作。但是，尽管我们可以非常靠近标准的核算做法，也不能在各方面都亦步亦趋。因为执业会计师的主要工作是编制企业账户（尤其是组建为公司的企业），而我们所需的标准账户包括企业，同时也必须包括其他主体。因此，我们需要的是比专业会计人员的标准账户更具一般性的账户。

不过,标准的公司账户确实给了我们一个很好的起点。它包括:(1)资产负债表,显示公司在某一个时点,更确切地说,是年初、年末两个时点的资产与负债。(2)一套往来账户(running accounts),把一年中企业的所有支出与收入恰当归类。在现代公司法颁布实施之前,关于往来账户,一家旧式企业可能满足于仅拥有现金账簿(cash-book)即可,把收入与支出不加归类地记录下来;但是,这样的现金账簿,如果不分别审查每一个项目(item),就不可能说出企业实际上是如何运营的。因此,现代企业把现金账簿记录的项目区分归入至少三种不同的账户:(1)营业账户(trading account),反映利润是如何挣到的——利润是销售价值与相应必须支出的费用之间的差额;(2)拨款账户(appropriation account),反映利润及其他收入在股东和其他权益人之间的分配;(3)"资本账户"("capital account"),更好的说法可能是资本变动账户,因为反映的是资产负债表科目在年初与年末的不同。这三种账户在上面第十一章的讨论中所扮演的角色,读者很容易辨认出来。

所有货币收入与支出,都必须在这三种账户之一中找到自己的位置;但是,账户中有一些项目(单独而言),并不代表年内的货币收支。引进这些"人为"项目("artificial" items),是为了赋予资本变动账户正确的含义。当三种账户放在一起时,我们一定回归了现金账簿,因此,当某种账户的一侧记下一笔人为项目时,另一种账户的另一侧也一定会出现这笔记录。由于人为项目并不对应着实际的收入或支出,因此它比其他项目更不"可靠"。尽管会计人员通常遵循常规的会计准则，但对于应登录的准确金额，仍有一定主观判断的余地。

人为项目中最重要的是折旧。固定资本的价值因使用而下降，与资本品的买卖无关。这需要在资本账户上登录；同时，相应的分录（entry）记入营业账户。这是最难把握其准确值的人为项目。另一种人为项目来自商品已交付但年末仍未付款的情况；这些商品的价值记入营业账户，相应的分录记入资本账户。

以上这些就是编制公司账户的原则。现在以规范的方式写出这些账户没有多大意义，因为，下面我们马上就要对这些账户稍加归纳，然后再把它们写出来。

3. 个人账户

在归纳的过程中，我们首先要问：个人（或家庭）的账户如何适应这种体系？就家庭而言，会有某种可视为原始资产负债表的报表；它的资产端可能只有诸如家具之类的东西，别无其他，也没有对外负债，但仍然可以归入资产负债表的形式。既然有资产负债表，就会有资本变动账户。资本变动账户可以只展示一些小额储蓄，以及用这些储蓄添置家具等；但即使仅做到这一步，原则上也类似于企业的资本变动账户，因此，这种账户也很容易辨认出来。另外两种账户则有更多的麻烦。

对于私人家庭来说，最重要的账户是收入-支出账户，该账户一侧说明家庭收入，另一侧说明收入在消费与储蓄（以及纳税）之间的分配。乍看起来，企业似乎没有与之对应的账户。但再深入

232 想想,就会发现,企业的收入-支出账户就是它的拨款账户。实际上,企业拨款账户包含的一些项目,完全等同于私人家庭的收入-支出账户。企业固然不是充满欲望的个人,它不能消费;但它可以纳税,可以储蓄。拨款账户就反映了它用收入来纳税和储蓄。

如果说家庭的收入-支出账户比企业的"更丰富"(至少原则上如此),那么,与企业营业账户相对应的家庭账户,相对而言就很不完整。如果我们把家庭成员视为一个个生产单位,①他们独有的而企业账户所无的一种生产形式,就是他们自己的劳动的直接供给。因此,"收入账户"("earning account",最好是作此称谓)在销售方面只显示劳动的供给,在销售对应的费用方面什么都没有显示,②结果,个人收到的工资等于所供给的劳动的价值,单独出现在账户的另一边。这样的账户似乎没有登录的价值。但我们还是需要把它写下来,因为(如我们将要看到的),它在社会核算体系中发挥了至关重要的作用。

因此,会计人员应用于企业的账户体系,原则上也适用于家庭。整个账户体系可以不做任何大的改动,就从一种用途切换到另一种用途。但在用于家庭时,账户的名称看起来不太合适——这些名称对于企业来说是非常自然的,而要扩大应用时,就变得很

---

① 当家庭有不止一个工资收入者时,就需要不止一个单独的收入账户。这类似于一家企业可能发生的情况——这家企业从事两种或以上不同的业务,并且为每一种业务提供单独的营业账户。

② 考虑劳动工具、通勤等费用是非常合理的,这些费用是工人为了赚到工资而产生的,其中一些还可以看作是为完纳所得税而付出的。但是,这方面的信息非常不完整、不充分,目前一般存而不议。

不自然。因此建议：出于社会核算的目的，我们应该采用一套适合更广泛应用的名称。下表给出的名称看来很适合于现代用法。

在拟订下表时，我们无须担心资产负债表——它与年度（或核算周期）无关；需要关注的是往来账户。留下来的是三种账户，每一种都需要：(1)会计人员采用的适用于企业的账户名称；(2)适用于私人家庭的账户名称；(3)对两种情况都适用的通用名称。结果如下：

标准账户体系

	适用于企业	适用于家庭	通用名称
I.	营业账户	收入账户	生产账户
II.	拨款账户	收入-支出账户	收入-支出账户
III.	资本账户	储蓄-投资账户	储蓄-投资账户

如果想要同时涉及企业和家庭，或从一方轻松切换到另一方，就要采用通用名称；而当我们关注不属于以上任一种的经济主体的账户时，也可以采用这些通用名称。例如：(1)私人"非营利"实体，如教堂、大学、慈善组织；(2)各种国家机器。原则上，它们像企业和家庭一样，也可以有上述三种账户。

4.税收与转移支付

账户可以有适用于任何经济主体的标准格式，同样，账户里的项目也可以按照标准方式分类。其实，我们在第十一章讨论社会收入与产出时，已经运用了这些标准分类，因此，更规范的梳理并不能给读者多少新内容。主要的新内容涉及私人主体与国家的财政关系（税收等）——这个问题在第十一章没有谈及，在第十三章也没有充分讨论。在进一步分析之前，我们可以就税收在这些账户中的地位做一些有益的讨论。

尽管（如第十三章解释的）国家征缴的税收也用于有用物资的生产，其中很多物资都是直接或间接对纳税人自己有用，但纳税（相对于购买）的不同特征是：在纳税人的缴税与交换得到的服务之间，没有清楚可辨的关系。因此，从会计核算的角度看（尽管这可能不是非常深刻的角度），不可能把税收看作是对商品与服务的支付；更简单的做法，是把它当作类似于纳税人给国家的一份礼物。当然，我们不能完全把它视为礼物，因为礼物的属性在于它是自愿的，而税收是强制的；但是，礼物和税收都可以看作是一种广义的"交易"（transactions）。这类交易的自然用词是"转移"（Transfers），尽管"转移"并不总是严格用于表示这个意思；因此，我们可以说，礼物是从一个私人主体到另一个私人主体的自愿转移，税收是从私人主体到国家的强制转移。

如我们所见，国家得到的转移，一部分用于购买一般公共用途的服务（可以看作是一种公共"消费"），一部分用于支付债务利息（任何经济主体可能都必须这么做），还有一部分用于另一方向的转移。如果我们把税收视为一种转移（或给国家的一种"礼物"），那么当然也必须把国家支出的补贴、津贴等，视为从国家到其他实体的转移。从会计核算的角度看，它们显然是同一类事情。

这种转移应该置于账户体系中的哪个位置？这是一个非常棘手的问题，给我们带来了很多麻烦。如果可以把所有转移都纳入三种账户之一种，另两种账户不受其干扰，那当然皆大欢喜；如果可以这样做,我们愿意把它放在收入-支出账户中。但事实上,把所有转移都纳入收入-支出账户碍难成立。举一个例子:一位富人捐款创办大学。他捐给这所大学的,不是当年收入的一部分,而是资产的一部分;转移的金额可能远远大于当年收入,因此,如果从收入中扣减捐款,就不得不说,这一年他的储蓄是巨大的负数,这是非常不恰当的,而不符合通常的用法。我们必须区分收入转移和资本转移,前者确实要纳入收入-支出账户中,但后者不然,须在讨论储蓄-投资账户时加以考虑。如果不做出这样的区分,就会得出荒谬的结论。但问题是,要严格区别收入转移和资本转移非常困难,画出彼此的分界线,断非易事。

这还不是问题的全部。还有一些转移牵涉到生产账户。当政府对烟草进口征税时,烟草进口企业在进口原材料时必须纳税,因此,在它们看来税收是一种生产费用,是它们在获得利润之前必须额外支付的成本。以这种方式进入生产账户的税收是间接税。此外,进入生产账户的转移并不都是单向的。政府对一些生产征税,对另一些生产补贴;针对某些企业生产的特定物品,按产出的一定比例给付的补贴,也进入了这些企业的生产账户。因此,间接税和补贴都可称为间接转移,不同于进入收入-支出账户的直接转移(直接税与津贴),也不同于只出现在储蓄-投资账户中的资本转移。

5.账户的标准格式

现在,至少可以写出三种账户的标准格式。在展示这些标准格式时,我们会再次发现,应该对通常的核算程序略做修改。为了使每种账户的结构尽可能清晰,我们会把核算分为几个阶段,每个阶段展示某个重要项目的构成,然后将其转入下一阶段做进一步的调整或者分解。以这种方式写出来的账户,可以适用于任何经济主体(企业、家庭、慈善信托基金或者政府部门);当然,我们会发现在一些特殊情况下,很多分录是空白的。相同的账户格式也适用于整个国家。按照传统的簿记方式,收入记在右边,支出记在左边;各列的总计并不重要,但是两列需要分每一阶段相加,以确保左边和右边的值相等。

根据这个方案,生产账户可以分为三个阶段:

任何经济主体的生产账户

第一阶段	
生产中用到的原材料与服务的成本	商品与服务总产出
应付的间接转移	应收的间接转移
剩余	
第二阶段	
折旧	主体的净产出(或总产品)(上一阶段的剩余)
剩余	
第三阶段	
主体的收入(利润或工资)	主体的净产品(上一阶段的剩余)

这里,分解无非是标识出在不同阶段之间结转的两个项目——总产品和净产品的重要性。

收入-支出账户同样可以分为三个阶段:

任何经济主体的收入-支出账户

第一阶段	
	收入
应付的利息与股息	应收的利息与股息
剩余	
第二阶段	
	主体的净收入(上一阶段的剩余)
应付的直接转移	应收的直接转移
剩余	
第三阶段	
消费	可支配收入(上一阶段的剩余)
储蓄	

这里,第一阶段说的是根据利息与股息的收付,对收入进行调整,得到该经济主体的净收入;第二阶段说的是转移支付的影响。转移后的净收入称为可支配收入,可支配收入等于消费加上储蓄。

储蓄-投资账户可以分为两个阶段:

任何经济主体的储蓄-投资账户

第一阶段	
	储蓄
应付的资本转移	应收的资本转移
剩余	
第二阶段	
	可供投资的净剩余(上一阶段的剩余)
总投资	折旧
对其他主体的净贷款	向其他主体的净借款
现金积累	

这里,第一阶段说的是根据资本转移(如果有的话)对储蓄做出调整,得到的可称之为"可供投资的净剩余"。第二阶段说的是这个可供投资的净剩余转变为净投资和净贷款。方便的做法,是把净投资表示为总投资与折旧的差额(因此两者清晰列于账户两侧);把净贷款表示为贷款和借款的差额。①

6.部门账户及合并过程

上面三种账户是构建社会账户体系的基石,现在我们进入构建的过程。这是一个合并的问题;即是说,有一群经济主体,把它们的账户放在一起,生成整个群体的一套账户(仍然由同样三种基本账户构成)。合并主要就是相加,但是,由于我们想要的是关于群体的一套联合账户,群体内部的交易必须抵销掉。

这个过程完全等同于由一家家公司的个别账户构建一群公司的合并账户(consolidated account)。一旦把群体当作一个整体,群体内一家公司与另一家的买卖,一家公司向另一家的借贷,一家公司对另一家的利息或股息支付等,都变成了内部交易。如果账户简单加总,这些交易会出现在账户的两边(或是相应的正负项);但是,由于出现在两边的是完全相同的交易,两笔分录在合并账户中会被抵销。这正是由个别账户构建社会账户的(原则)过程。

合并到最后,是整个国家的一套账户,仍然由同样三种基本账

---

① 在上述账户中,净贷款(在支出方)是指该经济主体新发放的贷款减去受偿的旧有贷款;净借款是指该经济主体的新借款减去偿还的旧有借款。

户构成。所有个别经济主体的生产账户合并成为整个国家的生产账户；所有收入-支出账户合并成为国家的收入-支出账户，所有个别的储蓄-投资账户合并成为国家的储蓄-投资账户。这些最终的国民账户是结构的中心部分。但是，当合并进行到这种程度时，很多本身令人感兴趣的事情，以及本来可以利用统计信息加以精准测量的事情，都会在合并过程中被抵销掉。因此，一套发布出来的社会账户，通常不仅包含最终合并完成的三种账户。大量个别账户会被分为不同群体（最好是少数几个群体），每个群体（即经济部门）分别编制合并账户。于是，社会账户的形式呈现为：每个部门的一套账户，加上所有部门合在一起的整个国家的联合账户。

原则上，怎么划分部门可以有很多选择，但有一种部门划分是实践中自然产生的，因此也是特别重要的。它有点相当于我们把账户分为企业账户、家庭账户和公共机构账户。用专业语言来说，那就是企业部门、个人部门和公共部门。这些部门之间的边界并不都是泾渭分明。例如，个体户应该归于企业部门还是个人部门？国有企业应该归于企业部门还是公共部门？这些问题没有一劳永逸的解决原则；它们必须依方便行事，主要（必须承认）是统计上的方便。

如果我们认定部门的三分法是合理的，那么，社会账户将由12(3×4)张报表构成，每个部门各有3种报表，经济整体也有3种报表。事实上，这大体上就是现代国民收入白皮书所对准的体系。现在可用的信息还不足以让全部12种账户都罗列出来，仍留有一些空白。但是，对于像英国这样一个国家，这个标准体系的大部分还是可以提供的。

7. 收入转移与资本转移。要素成本

经过上面的梳理,现在可以说明账户的基本结构了(放在下一章考察)。但在转入数字研究之前,还有两点值得在这里讨论一下,以避免在实际遇见时,给我们带来太多麻烦。其中一点是关于转移,另一点是关于国际收支。

在我们描述的账户的标准体系中,个别经济主体的生产账户以各种方式合并,收入-支出账户、储蓄-投资账户也分别以各种方式合并;但一种账户从来不与另一种账户合并。这是合理的会计做法。因为,会计工作就是把商业交易活动分门别类,使交易的效果便于理解;一旦已经做出分类,再把它们混在一起,就会造成彻底的混乱,严重破坏会计工作。在编制社会账户时,我们愿意遵循相同的规则,并且大体上就是这么做的;但在少数情况下,这种规则会变得很难适用,为应付这种情况,不得不采取特殊(并可能相当奇怪)的对策。

首先来看资本转移的例子。一项转移,如果捐赠者视之为资本转移,接收者也视之为资本转移,则不会带来任何麻烦;当双方当事人的账户合并时,会相互抵销掉。但是,假设有一项转移,捐赠者视之为收入转移,而接收者视之为资本转移;那么,它会在合并账户中保留下来,在收入-支出账户中呈现为从收入拨出的转移,在储蓄-投资账户中呈现为收到的资本转移。而实际上,它是应该抵销掉的内部交易。我们只有修改一方当事人的账户(不管哪一方),才能把它抵销掉。如果修改接收者的账户,应该把转移

（作为收入转移）纳入他的收入-支出账户，然后把他所谓的资本转移看作是其储蓄的一个增量。

基于这种思路，我们来讨论遗产转移的情况。从死者的财产（被看作是资本转移）到继承人的财产（也被看作是资本转移），这里完全没有问题。但用于缴纳遗产税的那部分财产怎么样呢？政府认为这部分是正常的税收收入，即是说，属于收入转移。因此，基于相同原则，我们只有修改一方账户，才能恰当抵销；这时，重要的是修改哪一方的账户，由于转移是从一个部门转到另一个部门，因此所做的修改会显现出来。大多数人会说，我们应该修改政府账户，从而使转移在双方都表现为资本转移。我们采取哪种解决方案，对联合国民账户上的储蓄总额不会造成影响，但确实影响了储蓄在个人部门与公共部门之间的分配。

间接税（及其他间接转移）会带来相同类型的更大麻烦。所谓间接税，是一种首先由企业的生产账户支出的税收。但它没有转移到公共部门的生产账户，而是像其他税收一样，进入政府的收入-支出账户。因此，我们在合并企业与政府账户、形成整个经济的综合账户（unified accounts）时会发现，如果不采取专门措施，间接税会同时呈现为国民生产账户的支出和国民收入-支出账户的收入，没有被抵销掉——而如果所谓综合账户名副其实，它们是应该被抵销的。

应该强调的是，异常情况出现并没有原则上的原因，只是因为间接税在纳税人账户和政府账户中分类不同而已（补贴作为相反方向的间接转移，当然也会出现同样的困难）。因此，正确的处理方法一定是类似于上述资本转移中所用的方法：我们必须修改其中一种账户,使之一致起来。

现在我们面临的替代选择,已在前面第十四章中论述过。采取一种解决方案,是以市价计算国民收入;换一种解决方案,又是以要素成本计算国民收入。从会计角度看,如果采用第一种方法,我们所做的就是把政府当作纳税企业的"隐形股东"。这时,企业的生产账户保留不予修改,因此,企业产出的价值以购买产品的客户所支付的价格来表示。必须修改的是企业的收入-支出账户。间接税应该与利润一道,从生产账户转移到收入-支出账户;应该与直接税一起,体现为缴纳给政府。① 这是解决间接税问题的最简单方法;与其他方法相比,这种方法包含统计学家的猜测成分较少,因此越来越多被采用。但这种方法的问题在于它意义不大。它使间接税看起来像是由直接纳税的企业负担的,其实大谬不然。间接税是要转嫁给购买应税物品的消费者,这些消费者才是政府意向中的真正纳税人。如果国民账户要把间接税呈现为由这些消费者负担,那就必须采用另一种方法。

在另一种方法中,需要修改的是企业的生产账户。间接税(及补贴)直接从生产账户中删除。由于税收是消费者负担的,企业产出的价值就必须显示为税后净值,就是消费者支付给企业本身的价格,不包括支付给作为政府代理人的企业的那部分。如果所有价格(包括一家企业付给另一家企业的原材料价格)都以这种方式修改,国民产出(national product)*仍然包含与原来一样的真实

---

① 在现实社会账户中,我从来没有见过这么做的;但如果要恰当结清以"市场价格"计算的账户,就要类似这么做。

* national product 一般译为国民生产、国民产值、国民产品,但这里根(接下页注)

商品，但估值的价格基础变了，现在相当于是付给生产要素服务的价格（包括资本利润）。这时我们说国民产出是按要素成本估值。

如果生产账户以要素成本列示，就没有间接转移会出现在生产账户上。而消费者购买商品支付的总额（记入他们的收入-支出账户）将分两部分列示：一部分相当于商品的要素成本，另一部分代表间接转移。因此，间接转移会与直接转移一同出现在收入-支出账户上，并在合并所有收入-支出账户时，与政府预算的对应项目相互抵销。这样，账户可以结清，并且有其意义；但为了达到这些理想的目标，必须进行一系列相当广泛的修改。①

8. 国际收支

最后需要考虑的是国际收支问题。我们在第十二章考察过的国际收支账户，并没有出现在上述 12 张报表中。* 那么它与它们是什么关系呢？

答案是：国际收支是唯一有理由违背三种账户严格分开原则的一种情况。为此，我们发现，在编制完成整个国家的三种账户

（接上页注）据语境译为国民产出。而在第十一章第五节等处的 output 一般译为产出，如 gross output（总产出）、social output（社会产出），但 national output 全书仅一见，在第十章第五节的一个脚注中，也译为国民产出。——译者

① 由于一些价格需要修改的产品，是由购置设备（投资）的企业购买的，因此，修改不能严格限于生产账户和收入-支出账户，也可能影响储蓄-投资账户。为新投资缴纳的间接税，在修改之后，会体现为资本转移；因此，遗产税中出现的问题，也会在这里出现，也可以用同样方法处理。

* 见本章第六节最后一段。——译者

后,应该放弃三种账户分开的原则,而把它们混合在一起。假设整个国家的三种账户已经编制完成。然后,把所有收入,无论是生产账户的、收入-支出账户的,还是储蓄-投资账户的,都放在一起;把所有支出也同样放在一起;抵销掉被视为经济体内部的主体之间进行的所有交易,还留下什么呢?在一个封闭的经济体中,应该什么都没有留下来,因此,我们所做的这个过程将完全是徒劳的。而在一个开放的经济体中,确实有东西会留下来;留下的是所有对外交易,即与不在该国境内(世界其他地区)的经济主体的交易。仅由这些交易构成的账户一定是平衡的,因为,它是由已经平衡的账户仅仅通过相互抵销而形成的。这就是国际收支账户。

因此,一个完整的国民账户体系,应该包括前面列举的12种报表,加上国际收支报表。

第二十章 英国的社会账户

1.账户系统

现在我们回到第十四章初步考察过的数字,根据目前掌握的社会核算知识,重新考察一番。现代的国民收入蓝皮书①包含了一些错综复杂到可怕地步的细节。但如果我们以现在掌握的知识来看,会发现蓝皮书的核心部分正是与上面说的非常相似的报表系统。表面上的复杂性主要是由于这样一个事实:除了我们已经加以区分的主要部门的报表之外,蓝皮书还给出了很多子部门的报表(报表类型有不同,通常不是完整的一套)。② 因此,在进一步讨论之前,需要先谈一谈部门划分的问题。

为了落实所采用的核算体系,在上一章中,我们把基本经济部门划分为企业、个人和公共部门。但这些部门的边界必须以一种可能很奇怪的方式划定。在蓝皮书中,企业("法人")部门包括所

---

① 与前面一样,所有引用都来自1958年蓝皮书。
② 但需要指出的是,蓝皮书中有一些报表是与社会核算无关的;它们出现在蓝皮书上,只是因为那里是便于公布的地方。例如收入在个人之间分配的报表(我们在第十七章使用过),又如"投入-产出"报表——那是另一种汇总生产活动的方法,与本书考察的方法不同。

有公司,但也只包含公司,再无其他。它不包含小企业,如商店、农场(这些留在个人部门);这是左右为难的事情,但是看来回避不了。另一方面,它还包含国有企业("公共法人团体"),因为它们组织为公司的形式,只是国家持有全部股份。这是相当奇怪的做法(为什么邮政与铁路会出现在报表的不同地方?);但幸运的是,这种奇怪的做法不一定要遵循。公共法人团体作为一个子部门,其账户披露得非常充分(当然,是所有公共法人团体合并披露的)。我们完全可以把这个子部门移到公共部门之下,那么公共部门就会有三个子部门:中央政府、地方政府(它们已详细披露),再加上国有企业子部门。

回看蓝皮书,根据这种解释,我们会发现什么?蓝皮书打头的是一个相当详细的整个经济的收入-支出账户。它确实是所有报表中最重要的一种,因此,尽管以它打头并不符合逻辑,但可以理解为什么把它放在最前面。接下来的是不同部门各自的收入-支出账户(国有企业并入其他企业,而中央和地方政府单独披露)。然后是整个经济的储蓄-投资账户,以及国际收支账户。在这个顺序中,所缺的是生产账户和不同部门各自的储蓄-投资账户。是否能找到它们呢?

不同部门各自的储蓄-投资账户容易找到;它们与更详细的部门账户一起,出现在蓝皮书的后面部分。这样就有了一整套账户。整个经济(或其大部)的生产账户出现在一张名为"按支出类型划分的国民生产总值"的报表中,该报表可在开头的汇总表中找到,位于上面提到的报表之后。但各部门的生产账户在哪里呢?这是一个无法填补的空白。① 国有企业的生产（或"经营"）账户可以在专门处理它们的章节找到，但其他公共部门就没有生产账户了，而且生产账户也没有划分"个人"和"企业"的。如果个人部门实际上由工人和房屋业主组成（我们希望它是这样），那么就可能有一个容易合并在一起的生产账户；但是，我们前面说过，个人部门还包括小企业，因此个人部门的生产与企业部门的生产之间很难区分，而且即使可以做到，意义也不大。

因此，我们得到的是一套完整的收入-支出账户，一套完整的储蓄-投资账户（或"资本账户"）；但在生产方面，我们只能满足于整个经济的生产账户。

2.纳税准备金与存货升值

报表印在蓝皮书上时，账户是以未经修改的格式呈现的；但我们可以利用它所提供的信息，根据需要做出修改。这里，由于我们想专注于有重要经济意义的事情，不想顾及统计细节，所以直接以修改后的格式展示账户。因此，我们的报表（见表12）②始终按要素成本呈现（即是说，它们已经针对间接转移做了修改）；它们已经针对资本转移做了修改，还针对两个更复杂的问题做了修改——这两个问题前面一直避而不谈，但现在要更深入讨论，需要对其略说一二。

第一个问题来自政府与纳税人之间会计实务的另一个差异。

---

① 部门生产账户的记录，有一些可以从其他报表中取得。
② 在本书最后（但英文版中未见所谓表12。——译者）。

纳税人用于(或应该用于)缴纳税收的钱是多少,是根据他当年的收入(或利润)计算得到的。但政府以税收收入缴进来的金额是当年实际征收到的金额,在一定程度上经常是取决于纳税人前一年的收入。(由于采用预扣所得税制,* 工资收入没有这种滞后性;但在利润收入中,它可能非常重要。)为了正确理解一国的经济状况,更重要的是分析应缴税收,而不是当年的实缴税收;为了强调这一点,我们保留纳税人的账户不予修改,但修改了政府收入,使其与应该收到的金额(纳税准备金)相一致。这样做意味着,我们认为政府账户应该建立在比实际更"商业化"的基础之上。

第二个问题是"存货升值"的难题。① 跨年度的物价变化勉强可以用我们在第十五章讨论过的指数法来处理。但是,对于一年内的物价变化给制造业企业带来的表面上的收益与损失,这种方法就无能为力了。大多数经济学家认为,如果针对这种物价变化做出校正,社会账户会更有意义(尤其是因为社会产值的测量变得更有意义);我们在蓝皮书提供的信息的基础上,已经做了这项调整。1957年是物价上涨的年份,利润必须因此而略有减记;我们得到的有一部分实际上只是账面利润。

3. 生产账户

现在我们来考察表 12,该表展示了英国的社会账户,它按照

---

* 原文为 PAYE,英国的预扣所得税制度,雇主从职工工资中扣除应缴税款,直接上缴政府。——译者

① 见后面附录 C。

第二十章 英国的社会账户

上面说的方式做了修改,并以上一章描述的标准格式给出。表中的数字都是 1957 年的。由下面的讨论我们知道,这份报表始终要小心对待。

第一种看到的账户是联合生产账户,它(原则上)合并了企业与公共机构的营业账户,以及工人、房屋业主、土地所有者的收入账户。在合并这些账户的过程中,国民经济内部所有从企业到企业或从工人到企业的原材料和服务的买卖,都要抵销掉。因此,"国内总产出"(gross domestic output)包括一国内部个人、企业、公共机构的所有商品与服务的销售,但不包括一国内部其他主体为了当前生产而购买的原材料与服务的销售。生产包含贸易;因此,进口商的进口商品的销售,也算作"国内总产出"的一部分。抵销之后,在所有使用的原材料与服务中,剩下来的是从海外进口的那些原材料与服务的成本。由于我们在账户的左侧单列了进口项,因此在账户的右侧,也应该把总产出分为"总留用产出"和出口。① 产出根据要素成本估价,因此间接税不出现在生产账户中。生产账户第一阶段的"剩余"是国内净产出,即国内生产总值。

生产账户的第二阶段展示折旧调整(只是已合并的各种账户中折旧项的总和)。于是在第三阶段得到国内生产净值(net domestic product),显示为生产要素所得收入的来源。这里,我们可以开始按部门分类。公司利润(归入企业部门)列为一项;政府和地方当局从事营业的利润,包括国有企业的利润(都归入公共部门)列为另一项;在个人部门,混合收入("个体经营收入")与工资、

---

① 进口和出口都同时包含商品与服务。

薪金分开列示。① 租金分散在三个部门中（基于不是非常可靠的信息）。如果我们有严格意义上的部门生产账户，这些分类就可以做得更详细。

4. 收入-支出账户

关于收入-支出账户，我们可以先分开考虑三个部门。企业部门的收入-支出账户（即蓝皮书所谓的企业拨款账户）展示公司利润是怎么分配的。它同时考虑公司从其他地方得到的大量收入，包括：个人部门付给公司的利息（基于按揭和银行贷款等），公司持有的国债的大额利息（公共部门偿付的），以及从海外得到的利息与股息等。与这些相对应，有企业部门支付的利息和股息（一部分付往海外，但大部分由个人部门获得）。在考虑了这些收支后，剩余部分是属于企业部门的"转移支付前的净收入"。在此基础上扣除所得税②和利润税（第二阶段），剩余部分是未分配利润。这些未分配利润是企业部门的可支配收入；因为企业部门本身不能消费，它的可支配收入就是它的储蓄。

下一种账户以类似方式展示个人部门的收入是什么情况。如我们已经看到的，一些个人收入会作为利息付给企业部门，但它会被以下三项金额更大的收入所抵销：(1)来自企业部门的利息和股

---

① 工资与薪金包括军队的薪酬，包括实物支付，也包括雇主缴纳的社会保险费（见附录F）。

② 公司以利润缴纳所得税；但不包括股息税，股息税"从源头上扣除"，但算作股东缴纳的所得税，并出现在个人部门的账户中。

息;(2)政府债券的利息;(3)从海外得到的利息和股息。双方相抵的余额加到个人部门的收入上,就得到个人部门的转移前净收入。为了从中得到可支配收入,还必须减去转移支付部分。其中大部分是给公共部门的转移支付:(1)直接税;(2)国民保险缴费;(3)间接消费税——我们已经决定将其显示为个人部门的支付,从而个人部门的消费支出应该按照要素成本计算。与这些相反,个人部门也收到来自公共部门的转移支付,其中主要是国民保险收益,还有其他(如家庭津贴)。个人之间的普通馈赠通常不会出现在个人部门账户上(尽管原则上我们已决定将其视为转移支付),因为它们会相互抵销。但有一种私人馈赠不会被抵销,即给予或者来自海外的个人馈赠。为了得到转移支付后的净收入(即可支配收入),我们必须赋予一个数字(主要是海外工作人员向家里汇款的情况),然后在第三阶段,把可支配收入分为消费①和储蓄。

公共部门的收入-支出账户,第一阶段在一侧展示它(来自生产账户)的收入和一些利息收入,在另一侧展示国债的利息支出。这些相抵的剩余,即公共部门的转移前净收入,众所周知是一个负数——因为只有有了转移收入,政府才能应付各种支出。因此,情况在第二阶段发生变化。我们通过税收向政府做大量转移支付,而另一方面,只有相对较小的转移支付来自政府(这部分也见于个人部门账户)。② 因此公共部门的可支配收入是一个大的正数。

---

① 一如既往,个人消费包括消费者在耐用性商品和一次性商品上的全部支出,但不包括购置新房。

② 还有一些跨境转移支付(像我们在个人部门碰到的那样),即给予海外政府和来自海外政府的补助。

公共部门用这个可支配收入满足消费（包括半公共消费），剩余部分是公共储蓄。

这是总的原则；但公共部门账户有几个特性需要注意，并不是每个特性读者都熟悉。除一种例外情况，这个账户显示为收入的税收，在其他部门的账户中显示为支出；如果账户要彼此两讫，这是必然的；但这也意味着，有一些税收收入，政府通常是算作自己的收入来源的，现在被排除在外了。例如遗产税，我们已决定把它算作资本转移，就不会出现在这里。同样，也有某些政府支出被排除在外。对投资品征收的间接税也被当作资本转移；①因此，对政府购买的商品征收的间接税（是政府向自己缴这些税），在政府消费支出按要素成本计算时，也必须全部排除在外。这样，留给我们的是对个人消费征收的间接税（表中所示），以及少量对出口商品征收的间接税（后者往往不是有意征收的）。

显然，如果政府收入以这种方式计算，将与通常计算的大相径庭；所展示的公共储蓄也将相应不同于通常的"预算盈余"。现代的社会核算所做的事情之一，就是对测量预算盈余的传统理念提出质疑；从经济学的角度来看，我们界定的公共储蓄，比传统的预算盈余更有意义，但是它没有回答人们认为"预算盈余"能回答的所有问题。事实上，没有哪个单一数字能够做到这一点。

5. 联合收入-支出账户

联合收入-支出账户由三个部门的收入-支出账户合并而成。

---

① 见前面 242 页脚注。

这是合并过程的好例子；因此，我们要逐个"阶段"地仔细审查这个过程。

在第一阶段，三个部门的总收入（已经展示在生产账户的第三阶段，等于国内生产净值）经过利息和股息支付的调整，得出转移支付前的国民收入。国内一个部门对另一个部门的利息和股息支付会被抵销；因此，除了海外收入或支出，没有什么还需要计算的。转移支付前的国民收入，就是国内生产净值与海外资产净收入的总和。

第二阶段，进行转移支付的调整，公共部门与个人部门之间的转移支付会相互抵销，因此，如果仅考虑这些大的调整，转移前和转移后的国民收入将保持不变。但如果我们记得还有跨境转移支付需要考虑，就知道这还不完全正确。除了有意的转移支付（如汇款、补助等）之外，还有对出口商品征收的间接税项目——当我们按要素成本计算国民收入时，这一点必须考虑。把它看作是外国人缴的税收是符合逻辑的，因此它是一项来自海外的转移支付。①

---

① 我担心一些读者，甚至是受教育程度最深的读者，也会认为上述内容是在故弄玄虚。其实，这是我们决定以要素成本计算国民生产带来的不可避免的结果。因为，尽管我们可以（相当武断地）说，要素成本计价不适用于出口商品，但不应该以这种方式回避困难，我们仍然必须确定，出口商品的税收收入应该如何处理。如白皮书那样把它们算作公共部门的利润会引起混乱，而把它们计入企业部门的利润更加糟糕。确实没有其他简洁的选择可以替代这里推荐的处理方法。

可能有人会问，为什么把来自海外的转移支付显示为出口商品的间接税收入，而不把流向海外的转移支付显示为外国政府征收间接税的结果？如果是为整个世界编制账户，按照要素成本编制，这确实是必须做的。但是对于国家账户来说，不需要关心外国政府征缴的税收。我们只关注这个国家为了进口而必须做出的支付，至于谁收到这些付款没有关系。因此，以这个国家必须付的价格计算进口是合理的，即使同时按照要素成本计算出口。

由此我们不得不承认,两种意义的国民收入之间可能存在细微差别。

国民收入的最主要部分是国民可支配收入,第三阶段显示国民可支配收入分为各部门账户的消费项和储蓄项。

6.储蓄-投资账户

现在来看储蓄-投资账户。原则上,跟前面说的一样,也按以下步骤推进:每种情况下,我们从相应的收入账户中取得储蓄数字,并首先针对资本转移对其做出调整。需要考虑的主要转移有:(1)遗产税——我们把它当作从个人部门到公共部门的资本转移;(2)补偿支出——在战争刚结束时非常重要,但以后重要性下降,它是从公共部门到个人部门的资本转移;(3)由国内投资承担的间接税。针对这些跨部门的资本转移,对储蓄做出调整之后,就得到了每个部门可供投资的盈余净值。然后,在每个账户的第二部分,这些盈余净值又可以分为固定资本净投资和营运资本净投资,此外还有每个部门的"外部"借贷——这是最后留下来的剩余。

如果各部门整合起来,形成联合账户,这些复杂问题大部分就不见踪影了。部门之间的资本转移会被抵销,因此,除了可能有跨境资本转移外,不会有其他资本转移留下来。① 部门之间的借贷净额会相互抵销,因此留下来的都是外汇结存(foreign balance),

---

① 跨境资本转移在战争刚结束的头几年是重要的,那时必定有一些复杂的国际补偿与清偿。而现在差不多已销声匿迹。

即最广义的海外净贷款,包括海外资产的全部积累净值。而且,这应该与我们在国际收支账户中看到的相一致(下面马上就要说到这一点)。

以上说的是原则;至于我们从蓝皮书上得到的实际数字,就没有这么清爽了。各部门的储蓄-投资账户所需要的大部分数字,可以从蓝皮书中得到;但有一组数字不行,我们必须自己做出猜测。要清楚,所有这些数字都是按要素成本计算的。但一般说来,蓝皮书并不是按照要素成本给出自己的数字,它只给出私人消费、公共消费、出口和国内投资分别需要承担的间接税(扣除补贴)的大致估计(当然是非常粗略的估计)。但它没有说明,投资所承担的税收在各部门之间是如何分配的,各部门的投资分别承担了多少税收——这正是困难所在。毫无疑问,税收的分配只可能是一种猜测,但为了编制报表,猜测也聊胜于无。① 我们已经从部门的固定资本投资中扣除掉猜测的结果(尽管有一些可能应该从营运资本投资中扣除)。

7.国际收支账户

最后,我们来讨论国际收支账户。当社会账户以上述格式展

---

① 这里我仅仅针对由投资承担的2.34亿英镑间接税,根据每个部门的固定资本投资总额,按比例分配给各部门。蓝皮书中固定投资净值的数字(请记住,所有数字都是净值,我们总是扣除了折旧),可以通过把间接税加回到相应账户得到;就公共部门来说,公共投资的间接税是1.04亿英镑(公共部门缴给自己的一部分税收,根据我们展示结果的方法,也就是在公共部门账户内部抵销掉的那部分税收)。

现时,联合账户(其中涉外项目已明确区分出来)已经告诉我们很多关于国际收支的信息。但我们还是应该单独给出国际收支账户,它是把三个联合账户放在一起,删去所有国内交易而得到的(第十九章已做解释),它一定是平衡的。

国际收支账户很方便分为三个阶段。第一个阶段包含了来自联合生产账户和联合收入-支出账户的涉外项目;这些项目的剩余可以称为"海外可用的储蓄",就是第十二章定义的国际收支差额。然后,我们必须根据联合储蓄-投资账户的涉外资本转移(如果有的话),对此做出调整。① 这样调整之后的剩余部分(相当于国民可支配收入)是蓝皮书所指的国际收支差额。这种意义上的国际收支差额等于海外资产的净增加,因此,可以将其一分为二:一是非货币资产的净增加,另一是持有国际货币的净增加。

但是,这只说明事情应该如何;在表 12 用于示例的数字中(来自 1958 年蓝皮书),情况并不真的如此。根据收入报表和储蓄-投资报表,海外放款净额应该是 3.05 亿英镑;而相应的国际收支差额只有 2.37 亿英镑;两者之间缺口 0.68 亿英镑。这是前面提到的"残留误差"。② 毫无疑问,这些数字应该是相同的;只有当一些数字不正确时,才会不同。事实上,我们知道,这些数字大部分都是估计的,有些还只是猜测;因此不奇怪,对很多独立数字的分别估

---

① 如表中所见,正常情况下,这种调整是非常细微的;情况正应如此,因为收入转移和资本转移本来就不容易分得清楚。但我认为,原则上我们希望坚持做这样的调整,以便保留一条有用的规则,即国际收支差额等于国民收入(严格说是国民可支配收入)与净留存产出之间的差别——这条规则是由生产账户和收入-支出账户合并而产生的。对于资本转移前的国际收支差额来说,这个规则是有效的,资本转移后则不然。

② 见第 164 页脚注。

计不能完全加总起来。尽管如此,在结束这场讨论时,我还是想表达一个个人观点:统计人员以这种方式给出他们的结果,并没有很好完成他们的工作。他们的工作不是对每个数字分别做出最好的估计,而是对整个数字系统做出最好的估计。当这些数字被视为一个系统时,它们当然必须加总起来,当然应该搁置细节上的不确定性。就目前的问题而言,假定国际收支差额的直接计算基本正确(可能确实是这样),那么一定是收入太大,或者国内消费、国内投资太小。他们应该告诉我们,究竟哪种可能性更大。

附　　录

附录A　生产的定义

在本书中,我把生产活动严格定义为:旨在通过交换满足他人需要的劳动。这个定义与用于计算英国国民收入的收入定义相对应,最大优势是明白而不含糊。但这远不能完全令人满意。至少有三种对社会有用的劳动被排除在这样定义的生产活动之外:(1)家务劳动,家庭主妇等在家庭内部干的活;(2)供家庭自用的直接生产,主要是食物,在花园、小块园地、小农场上生产;(3)"志愿"劳动,以劳动本身为目的,或者出于对所属社区、社会群体的责任感而从事的劳动。这些劳动与我们视为生产活动的劳动之间的唯一区别是,它们没有报酬。这里指的是没有通常意义上的报酬,而其他补偿仍然存在。完全类似的有报酬的劳动总是可以找到:家务可以请付酬的佣人来做,园地所有者可以出售自己的产品,俱乐部可以雇用付薪的内勤等。因此,仅仅因为一些以前没有报酬的劳动转变为有报酬的劳动,(我们所定义的)生产就有可能增加起来;但是,全社会的需要不一定会因此得到更好满足。

现在,这种转变一般不会大规模发生;但当它发生时,如果我们不想被严重误导,就必须以某种方式把它考虑进来。例如,在战争经济学中，如果我们忽略以下事实，即由于妇女被调去从事军需生产及其他战争服务，必要家务劳动的人手供给减少了，那就是一个严重错误。同样，当一个欠发达国家的交通条件快速改善时，农民会从主要为自己生产转变为主要为市场销售而生产。基于我们的生产定义，这会导致农业生产从几乎为零跃升到可观的高度；但是，尽管农民几乎肯定会因为这一变化而状态变好，却不至于像数字显示的那样大幅度变好。像在最后一例的这种情况下，有很多理由支持我们使用更广泛的生产定义，涵盖所有农业生产，不管是为市场销售与否——事实上，在估计像印度这样一个国家的国民收入时，通常就是这么做的。这种计算的目的，是尽可能取得最有用的数字；在销售农产品的习惯逐渐推广的社会背景下，一个包含所有农产品的数字，会比仅包含为销售而生产的农产品的数字更有用。

我们希望找到一种方法，通过拓展定义，把一些遗漏的东西包括进来，从而绕开上述困难；但接下来的问题是，怎么知道我们应该在哪里停下来呢？关于拓展定义的最有希望的建议是庇古教授给出的（但最终被拒绝了），①他说：我们应该把所有可能与"货币标尺"联系起来的劳动都囊括在内，不仅仅是实际付费的劳动，也包括可能付费的劳动。可惜，我们不可能以某种普遍认同的方法，阐释这种更广泛的定义。一个人可以雇秘书替他写信；而如果他自己写信，是不是要说：他用于写信的时间是在从事生产活动？一个人可以雇用园丁；而如果他自己在花园里劳动，一方面他劳动是

---

① 见《福利经济学》第一编第一章和第三章。

为了满足自己对蔬菜和花卉的需要,另一方面劳动本身就是目的(这方面没有人能为他代劳,因为他亲手修剪、亲手栽培作物,欣赏这些作物生长所带来的快乐,别人是无法给予的),两者我们如何区分开来呢?这种更广泛的定义使我们陷入了无法摆脱的纠葛,而其他没有纠葛的广义定义又付之阙如。因此,我们不得不采用这里使用的有限定义,但必须准备好去改进它,即把某些不是为出售而生产的,但如果不包括就会造成严重误导的东西,也都包括进来。

还有一点也很有趣:一个与本附录讨论的问题完全平行的问题,出现在另一种关联中。① 这就是:如果我们只把有偿的劳动服务看作是生产性的,那么对于资本服务也应一视同仁。年初既已存在的耐用消费品,在一年中为使用者提供有价值的服务,但如果使用者与所有者是同一个人,这些服务就没有支付费用。人们从自己拥有的耐用消费品那里得到好处,就像从他们为满足自己的需要而亲自从事的劳动中得到好处一样;既然因为没有付费而排除了其中一种,那么看来也必须排除另外一种。基于相同原则,又必须把那些支付租金的耐用消费品的使用包括进来,因为它们与支付报酬的劳动相类似。

这是原则;但在这种情况下,我们会遇到一种类似于农民自用农产品的难题。房屋是最重要的耐用消费品;但一些房屋出租,一些房屋业主自住。如果把出租房屋的使用看作是生产的一部分,而自住房屋不这么看(这是合乎逻辑的),我们就会陷入与农业相

---

① 见第 35 页。

类似的困境。人们拥有自己房屋的趋势上升,表现为社会收入下降——这样看待问题显然是荒谬的。由于这种变化很可能发生(事实上,过去30年已经在英国发生),因此,更安全的做法是把所有房屋的使用都包括进来。事实上,英国所得税法的独特性,使之更容易把所有房屋的使用都包括进来,而不是只挑出那些出租的房屋。这无疑就是在计算英国国民生产时,实际上把所有房屋的使用都计算在内的原因;但人们并不总是能够理解,把它们都囊括在内是有充分的经济理由的。

附录B 最优人口的理念

在第五章讨论人口经济学时,我小心地避免用到最优人口的理念,尽管这个理念已经广泛出现在该主题的讨论之中。[①] 很容易明白这个理念是如何产生的。如果一个区域的人口对于充分有效的生产而言可能太小,也可能太大,那么,一定有某个中间水平是刚刚正好的。用更专业的话来说,最优人口就是能使人均产出最大化的人口水平。一国的人口如果少于最优人口,就是人口不足;如果大于最优人口,就是人口过多。

我们已经看到,对人口不足和人口过多两个概念赋予明确而重要的意义是可能的;但这不足以说明,处于两者之间的最优人口可以准确界定。没有人能够说出,某个区域的最优人口究竟是多

---

① 可参见卡尔-桑德斯(Carr-Saunders)的《人口问题》。坎南的《财富论》(第三版)只是在严格限定的条件下使用这个理念。

少。为什么不能,有以下几个很正当的理由。

首先,我们说人均净产出最大,究竟是什么意思?社会产出不是只有一种商品,而是由很多很多种商品与服务构成的。因此,为了说明一种情况下人均净产出比另一种情况下更大,必须找到一种方法,把各种各样的商品简化成一种共同的量度。这样做的方法已经在第十五章讨论过了;但那里讨论的方法没有一种是进行这种简化的完美方法,都只不过是权宜之策。我们丝毫不能确定能否找到进行这种简化的完美方法。因此,极有可能存在一串合理的人口规模,如果采用恰当的简化方法,其中每一个都有很好理由被认为是最优人口。如果人口增加,则一些商品会变得更难得到,另一些商品会变得更容易得到;我们必须判断这样的转变是否有利,对此意见可能是有分歧的。有时可能非常清楚,是优势超过了劣势,还是相反;那么我们就需要果断说明,从具体情况来看,一国是人口不足还是人口过多。但在这两个极端之间,可能存在一个范围(可能还是相当大的范围),其中变化是否有利,主要取决于主观判断。在这个范围内,宣称任何特定的人口规模为最优都是鲁莽的;更重要的是要注意到,只有当实际人口规模脱离这个范围时,它才会成为一个紧迫的经济问题。

这是必须牢记于心的困难之一,但是还有其他更重要的困难。要界定一个区域的最优人口,就必须把人口之外的其他经济福利条件视为既定不变的。这些条件包括产业技术状况、资本设备的数量与特征、对外贸易的机会等。这些条件如果发生变化,可能显著改变最优人口规模。英国今天的资本设备如果与一个世纪前一样,那么会是严重的人口过多;如果外贸机会与一个世纪前一样,也会是严重的人口过多。如果外贸机会不能充分扩大,未来英国还是很有可能出现人口过多的问题。

因此,基于技术、资本、对外贸易为目前状态的条件而界定的最优人口,是一个几乎没有任何实际意义的概念。因为,在通过各种途径(除灾难以外)把实际人口调整到最优水平所必需的时间里,最优水平本身肯定已经发生了变化,而且可能变化很大。此外,人口的最优规模很可能依赖于人口的年龄分布;而在调整人口规模的过程中,年龄分布也必定发生变化。只有在人口的年龄分布能使人口规模保持最优时,才可以说一个区域达到了人口的充分最优状态;但在可预见的未来,任何实际人口都很难达到这样的状态。

当一个国家人口明显不足(或过多)时,这些困难就不重要了;因为这时可以有把握地说,即使其他生产条件发生任何可能的变化,人口增加(或减少)仍然是有利的。但是,使用"最优人口"一词并不能使这种说法变得更清晰。

附录C 资本折旧

作为生产活动的结果,资本设备损耗有两种形式:(1)固定资本的逐渐磨损,即企业家所谓折旧;(2)营运资本和存货等一次性生产品的耗尽。每种折旧都会带来棘手的测量问题,而在所有问题中,最棘手的可能是与国民收入相联系的问题。这里仅止于指出这些困难的一般性质。

我们已经看到(在前面 106 页),在没有买卖的情况下,对耐用性产品进行估价是一个非常棘手的问题,不同的人会有不同的估价,相同的人出于不同目的也会有不同的估价。而要估计一种设备由于一年的运营导致价值减少多少,自然存在同样的困难,因为不同的人可能以不同方式估计这种价值减少。在实践中,关于企业固定资本折旧,有两种估计需要小心加以区分。

首先,有一种估计是企业为了自身目的而做的,例如为了确定可用于股息分配的金额。一家管理有素的企业,在做这种估计时为了安全起见,通常会很谨慎;如果对情况有任何疑问(通常总是会有),它会选择高的而不是低的折旧值(系统性地选择较高的折旧值,是留出"隐性储备"的最简易方法)。

另一种具有现实重要性的估计,是为征税而做的。由于企业在计算自己的折旧进而计算自己的利润时存在随意性因素,因此,对企业利润征多少税,不能根据企业自己申报的利润来确定,否则会留下太多逃税的机会。因此,政府必须制定计算折旧[或称为损耗折让(wear-and-tear allowances)]的规则。计算应纳税利润的方法,是扣除掉法律规定的损耗折让,而不是企业自己算出的折旧。这样得到的是为了税收目的而算出的利润,这些利润被记录在按收入法计算国民收入所用到的统计数据中;因此,除非采取某种特殊预防措施,一般情况下,计算国民收入所用的数字,将取决于议会制定的计算损耗折让的具体规则。

在早年计算国民收入时,人们事实上就是这么做的;但这种做法完全错误——为了实现税负公平而给出的损耗折让,不应该影响到国民收入的值。财政大臣决定在什么情况下需要提高利润纳税的比例,这无可厚非;他调整应纳税利润的界定以实现这一点,亦复无可厚非；但是，显然不应该把这一点看成是利润增加，进而看作国民收入本身的增加。要避免这种随意性，只有两种选择：一种是完全不去度量折旧，而是计算所有东西的"总量"；另一种是制定独立的度量方法。某种意义上，这两种选择在现代蓝皮书中都有体现。通常实际给出的是"总量"数字；但从1956年开始，也提供独立的折旧数字[根据雷德芬（Philip Redfern）设计的方法算出]，因此，如果我们愿意，也可以得出"净值"数字。就本书目的而言，我认为最好是采用"净值"数字。

这里，我们不可能深入探讨有关折旧的经济学理论，经济学家对此也没有形成完全一致的意见；但有两点已经非常明确，值得一提。一是折旧与资本损失的区别。我们在计算一年的收入或产出时，必须把生产过程中损耗的资本设备当作折旧扣减掉；但是，不应该扣减非属生产导致的资本设备的意外损毁。1941年，有相当多资本设备毁于空袭；这种损失不得在计算当年净产出时给予扣减，因为扣减后得到的数字将明显小于没有扣减的产出数字。如果当年的生产不足以弥补空袭损失，我们岂不是要说这一年完全没有产出——这显然是荒谬的！但要注意，如果我们把这种损失视为资本损失，不包含在折旧中，那么，这个社会年末的资本不一定会等于年初资本加上净投资。年末的资本可能要在这个水平的基础上减去这种资本损失。

计算损耗折让的官方正式规则在这一点上没有错；它是按照每件年内持续使用的固定资本的原始采购价的一定比例计算折旧，因此不会把资本损失包含在内。回溯到原始采购价固然有利于公平（因为这样就有坚实的基础，而不是某人的猜测），但从经济学上说,这样并不合适。一件设备的原始采购价并不是我们关注的这一年的价格;它属于以前年度,有时是很久以前;因此,当价格发生变化时,以此为基础计算损耗折让的做法,会给按实值计算国民收入带来新的难题。当物价上涨时,由于损耗折让是基于物价较低时的状况测算的,就有可能低估真实的经济折旧;从而国民收入会略为高估。相反,当物价下跌时,国民收入可能会略为低估。

雷德芬计算折旧的方法(我不打算详细介绍),[①]主要是对物价变化的一种校正。一个社会的资本设备分为很多类型,每种类型有不同的固定"报废"周期。但"报废"的总额不是原始购置成本,而是在原始成本的基础上,根据相应类型资本品的价格变化做出调整。这样一种计算必然会受到很多细节上的批评,但很明显,这种计算已是最优,再无出其右的了。而且我认为,如果我们采用这些官方的(即雷德芬的)数据,对所发生的事情应该会有一个切合实际的印象。[②]

营运资本方面,也有类似的问题需要考虑。如果一个社会在年末拥有与年初完全相同数量的各种一次性生产品,那么很显然,应该说营运资本没有净投资发生(且不说资本损失的可能性)。但是,如果年内物价有变化,营运资本的价值也会改变;如果物价上

[①] 这种方法最初披露在论文《1938—1953年英国固定资产净投资》中,发表于1955年《皇家统计学会杂志》。一个更简短的说明可以在蓝皮书后面的注释中找到。

[②] 我对使用雷德芬数据有一些拿捏不准的,是关于公共部门的折旧。在蓝皮书中,不仅(国有企业等)用于生产经营目的的固定资产需要计算折旧,政府机构的非经营性资产也需要计算折旧。如果我们使用这些数据,最好一以贯之;但应该指出,公共部门"利润"为负值(如表12中),主要(尽管不是全部)是由于这种额外折旧所致——有理由认为,公共部门不应这样计算折旧。

涨,实际采用的核算方法可能会将其显示为正的净投资,如果物价下跌,可能显示为负的净投资。① 更现实的情况是:由于在一年之中一些商品增加了,另一些商品减少了,很难想象有什么核算体系能够避免某种程度的扭曲。但是,与固定资本方面的扭曲不同,营运资本方面的扭曲在国民收入计算中可以被考虑进来。至于是否考虑这种扭曲,一定程度上是个人喜好问题;现代蓝皮书包含了"存货增值"的估计,让我们能够根据自己的意愿,决定是否进行调整。第十四章和表12中的数字,都已经做了调整。

附录D 国民资产负债表

上面第113页*关于国民资产负债表的概述,与本书前两个版本相应部分的内容非常不同。我在第一版给出的"1930年代某个时点"的资产负债表有其坚实的基础,来自坎皮恩(Harry Campion)爵士的研究成果(《公共与私有财产》,1939)。但是,谨慎的统计学家从来不敢以资产负债表的形式表达他的结论;他主要关心财产在各阶级之间的分配,如果要把他的研究以资产负债表的形式呈现出来,必须进行大的调整。本书第二版延续下来的确实是"非常可怜的东西",因为当时没有类似的调查可以让我获得基础信息。当时,我已经能够看到兰利(K. M. Langley)女士(当时任职牛津大学统计研究所)所做的一项与坎皮恩爵士相同的调查

---

① 这一点有时会有误解。如果存货一年不止周转一次(这是很常见的),即使在物价上涨的情况下,也需要进行一些修正。

* 即第十章表5。——译者

的一些初步结果。我的表格,如第二版中所言,"所含的可靠性要归功于她,但由于我自己要负责的仅凭猜测的结论,这点可靠性几乎淹没殆尽"。因此,这两个版本给出的国家资本资产负债表的数字,实际上只有例证的价值。

现在则好多了。这一版给出的资产负债表(实质上)不是我个人的构想;数字是摩根教授的,他从一个与我们的目标相关的角度研究了这个问题(这与他的前辈不同),并对表中每个项目做了合理估计。事实上,他对经济体的不同部门之间相欠的债务都做了估计(不仅仅是"公共"和"私人",而是个人、"慈善机构"、工业企业、银行、保险公司等等都分别披露),在他的书中给出结果。当然,正如他意识到的,有一些项目比另一些更容易估计;即使在他的报表中,也含有很多仅凭猜测的结论。但不管怎么说,这已经是很大的进步。

我只展示了大量信息中的一小部分;在我把"私人"部门区分为个人和公司时,甚至不及本书以前版本宣称要展示的内容。但我已决定不做这种区分,理由之一是旧报表正在变得太复杂;经验表明,对于读者来说,第十章都已经有一些障碍。此外还有另一个更有趣的理由。

如正文中解释的,原则上,编制国民资产负债表遇到的主要困难是:相同的项目(item)在一个单位(unit)的账户上表现为资产,在另一个单位的账户上表现为负债,两者可能有不同的估值。(这种困难不会同等程度地出现在国民收入账户中;因为,两个国民收入账户的对立面呈现的东西大多数是当期的实际交易,可以预计,买卖双方、收付双方会以相同的方式做出估值。)因此,原则上不可能通过合并真实账户编制出国民资产负债表;因为,出现在单一资产负债表上的项目,估值必定是一致的,而在不同单位的实际资产负债表上,它们的估值又不一样。

然而(如这个附录的前一版本说明的),"我们不应该过分被特定资产(及负债)的估价的多重性所吓倒。确实,把英国公司的真实资产负债表合并在一起,做不到应予抵销的悉数抵销,因为同一笔债务在债权人和债务人的账簿(books)上设置了不同的值。尽管我们必须认为,理论上,国民资产负债表就是这样合并起来的,但统计学家实际并不是这样操作;他们实际做的,比计算国民收入的相应过程要更复杂一些。所有公司的联合资产负债表,不会通过合并真实账户而得到,而必须以间接方法估计出来。这样,在估计的过程中,我们可以克服上面的困难。为了达到这个目的,我们可以决定以某种特定方式进行估值,可以一直坚持这种估值体系不变。如果这样做了,国民资产负债表将逻辑自洽;尽管(原则上)构成国民资产负债表的个体账户,不会完全等同于各构成单位出于自身目的而实际给出的账户"。

我现在仍然坚持这种说法;但是(部分由于摩根教授的研究),对下面这种一直坚持的观点倒变得更加迟疑了,即"必须采纳的基本估值体系,一定要适用于个人财产。首要目标应该是尽可能按市场价值对'个人'财产进行估值……'公司'和'政府'的资产负债表必须无保留地调整,以便与个人部门保持一致。出现在'公司'部门资产负债表中的股票与债券,必须按照个人部门资产负债表赋予它们的价值登录,而不是以公司赋予它们的价值登录。尽管如此,我们还必须坚持'公司净资产为零'的原则。这就意味着,不

266 能试图直接评估公司的真实资产,而必须接受那些实际资产的'股东价值'——不是公司赋予它们的价值,而是隐含在股票市价中的价值"。

我仍然坚持认为,这是一种合理的做法;如果主要兴趣在于"个人"财产及其分配,这很可能是最好的做法。然而,公司与政府账户必须做出的"调整"往往非常大(特别是公司账户),以致有关这些账户的可用的直接信息实际上很少能够留存下来。因此,基于另一基础的估值可能更有信息含量。摩根教授的做法是保留不同经济单位(公司或个人)给出的估值;而后,对应的资产与负债相互抵销,无论它们是否被债务人和债权人定为相同的值。这样做的结果是,真实物品的估值和海外资产与负债的估值(由拥有或亏欠它们的主体确定)保留在国民资产负债表中。这样就为整体经济给出了一份可理解的资产负债表,但它不容易分解为各部门各自的资产负债表。分解为"公共"和"私人"两个部门还是可以做到的,因为双方对抵销项的估值差别不是很大;但是,要进一步细分,分别显示个人与公司的资产负债表,没有引入平衡项(balancing items)就难以做到,而关于平衡项,需要大量的解释。

事实上,就这些数字所指的 1953—1955 年的一般情况而言,市场给出的股票价值(这是个人部门资产负债表的恰当估值)与为满足公司资产负债表平衡而确定的股票价值之间,存在很大差异。如果对标公司账户(公司不大可能高估自己的资产,更可能低估),股票的市值明显太低了。这种股票价值低估,可能部分是由于担心被国有化,(更大)部分是因为政府强行限制股息分红——这项措施开始于艾德礼政府,继任上台后还持续了一段时间。人们购买股票支付的价格,不是基于公司赚到的利润,而是基于他们预计可以得到的股息。随着这些压力减弱(在我们讨论的时期已经在逐步减弱),股票市值必定上涨,而且确实开始快速上涨了。

附录E 不同国家真实国民收入的比较

原则上,第十六章用于比较同一国家两个不同年份之经济福利的方法,也可用于比较两个不同国家的经济福利。但是,要想从这后一种比较中得出有意义的结论,困难要大得多。两个国家在同一时期的情况差别,很可能比同一国家在连续两个年份的情况差别要大很多;就这种比较而言,即使是1941年的法国与1938年的法国之间,也比英国与美国之间相似度更高。各国国情的巨大差别,使我们在做国际比较时,必须特别注意本书第193页列举的把国民收入当作经济福利衡量指标的那些缺点。有用的劳动中哪些要支付报酬,各民族习俗差别很大;相同种类的劳动,因为风土不同、民族气质不同,需要付出的努力程度也不同;一国国民收入用于国防的比例,随政治环境改变而变化很大,而国与国之间,会因为简单的地理原因而不同。另外,不同国家之间的物价比较,是一个特别复杂的问题。不同民族主要消费哪些商品,彼此往往有很大差别。这意味着,一个典型意大利人消费的一篮子商品,在英国几乎总是比在意大利成本更高;而同时,一个英国人消费的一篮子商品,在意大利总是比在英国成本更高。我们是不是可以说意大利的物价高于英国,或者相反呢?也许可以通过某种方法把差别分割开来,得到一个比较满意的答案;结果可能有一些意义,但对此不应过于信心十足。

如果处处小心（并非总是如此），困难多少可以克服掉一些；但即使所有这些困难都一一克服，仍然有一种根本性的困难摆在那里：生活在有利地理环境中的人总是可以免费获得其他人必须靠辛苦劳作才能得到的东西。生活在严寒气候带的人，比享受着明媚阳光的人，需要更多燃料、更多衣服，甚至可能更多食物。因此，一定存在穷国和富国，就像一国之内有穷人和富人一样。这一点显而易见，国际不平等造成的社会问题与阶级不平等造成的问题一样严重，甚至有过之而无不及。这一点提醒涉及了经济学的局限性；经济学广泛讨论同一个人（或类似的人）在不同经济环境下的经济福利的比较；但是，在其他重要方面存在差异的人们之间的比较，是一个更拿捏不准的问题。

附录F 要素成本

在本书后面几章，由于国民收入的要素成本量度与市价量度的区分，读者已经碰到了很多麻烦。在第一次遇见这种区分时（第十四章），我们解释说：为了显示间接税负如政府所愿地落在产成品的消费者身上，必须按照要素成本进行估值。这听起来很有道理；但我料想，即使在那时，也会有读者想知道，是否值得费心去做这样的精雕细琢。为什么不在"税前利润"上加上间接税的金额，然后说明它被政府征缴，就像对利润征收直接税一样呢？由于（在第二十章）发现，按照要素成本估值比其他方法估值牵涉更多的计算（以及更多的猜测），这种质疑就更加深了一步。我们究竟为什么要关注要素成本?

事实上,这样做有一个很好的理由。每当我们想要研究国民收入在不同用途之间的分配(在资本与劳动之间,在富人与穷人之间,在公共目的与私人目的之间,在消费与投资之间等等)时,我们关注的是国家资源投入一个目标或另一个目标的比例,这正是基于要素成本的估值而展示出来的。举一个简单例子就能说明这个问题。假设富人把他们的额外收入全部用来购买威士忌。他们的总支出可能很大;但是,如果禁止他们购买威士忌,把释放出来的资源用于满足更节俭人群的需要,释放的量却非常有限。这种禁令的主要后果,是给政府的酒税收入带来很大损失;这个损失必须以某种方式弥补,然后才能有更多资金用于其他目的。

这固然是一个很有说服力的例子,但我不会坚持认为,通常的要素成本量度,就是我们想要的对资源使用的完美量度。在很多方面,它都远远称不上是完美量度。[①] 如果研究的是一个间接税很低或单一税率的国家,那么,这种校正带来的好处是很不确定的,可能不做也罢。但是,如果我们看到要素成本与市场价格之间的巨大差距——这些差距由英国目前推行的一些间接税和补贴造成(前者如烟酒税及更大范围的购置税,后者尤其是指住房补贴)——就知道必须为此做点什么,否则,我们对资源配置的认识将大错特错。我认为,这就是我们要这样做的理由。

当我们考虑资源在各种用途之间的配置时,要素成本量度是

[①] 关于它的不足的一个好例子,是雇主为雇员缴纳社会保险费的情况——它们是不是要素成本的一部分呢?这类问题没有确定的答案,我们所能做的仅仅是承认惯例的做法而已。

合适的量度标准。但对于另一个目的而言,市价估值实际上更适合,那就是比较一段时间的真实收入(或消费)的平均水平——我们在第十六章讨论过这个目的。判断两个时点之间真实消费是否上升(其间物价发生了各种变化,商品的消费数量也发生了各种变化)的最可靠方法,是调查一个典型消费者在后一个时点能否购买与前一个时点相同数量的商品;如果能购买但没有购买,则他不是状态变糟,做出改变是他自己的事情。这是对真实收入进行指数比较的基础,很明显,它要求在市价即消费者支付的价格的基础上做比较。因此,针对第十六章讨论的一些年份,我们不能采用这种比较,因为这种比较假定消费者可以自由选择购买什么,即是说,没有定量配给的情况。取消定量配给(1950—1955年)带来的好处,不能以指数的方式呈现出来。

索 引

(页码为原著页码,即本书边码)

Age-distribution, of population,年龄分布,人口的年龄分布 46—50, 60, of capital equipment,资本设备的年限分布 80

Appropriation account,拨款账户 230, 248(see Income-expenditure account)(见收入-支出账户)

Assets and liabilities,资产与负债 99—100

Balance of payments,国际收支(差额、账户)140, 142—9, place in system of accounts,在账户体系中的位置 243, 253—5

Balance-sheet,资产负债表 100, 118, 230, national balance-sheet,国民资产负债表 107—13, 263—6

Banks,银行 92, 109, 123, 129

Base year,基础年度 180

Birth-rate,出生率 42—46

Blue book on *National Income*,国民收入蓝皮书 162, 228 ff, 244 ff

Borrowing and lending,借贷 90—93; international,国际借贷 142—149

Budget surplus,预算盈余 251

Campion, Sir H,坎皮恩 264

Cannan, E,坎南 212, 258

Capital, as initial equipment,资本,即初始存量 33; defined,定义 36; in business sense and in economic sense,商业意义上与经济意义上的资本 91, 101—102, quality of capital,资本质量 198

Capital account,资本账户 230(see Saving-investment account)(见储蓄-投资账户)

Capital losses,资本损失 262

Capital value, distinguished from annual value,资本价值,与年度价值的区别

105; difficulty of assessing, 评估的困难 106—107, 264—266

Carr-Saunders, Sir A, 卡尔-桑德斯爵士 258

Census, of population, 人口普查 5, 38; of production, 生产调查 6, 131, income census, 收入调查 210

Circulating capital, 流通资本 76, 83 (see Working capital)（见营运资本）

Clark, Colin, 克拉克, 科林 163

Class differences, 阶级差别 210

Coffee, destruction of, 咖啡, 销毁咖啡 86

Collective wants, 集体需要 20, 153 (see Public consumption)（见公共消费）

Company accounts, standard form of, 公司账户, 公司账户的标准格式 230

Company, joint stock, 公司, 股份公司 93—95; its directors, 公司董事 94; issue of shares has become a kind of borrowing, 股票发行变成为一种借贷 96, publication of accounts, 账目公开 7, 95

Company, private, 私人持股公司 95

Consolidation of accounts, 账户合并 237—238

Constructional trades, 建造行业 78—81

Consumers' goods, defined, 消费品, 定义 26

Consumption, defined, 消费, 定义 34,

37, distribution of, 消费的分配 171; index of real consumption since 1949, 1949 年以来真实消费指数 204

Creditor 债权人 92n, creditor nation, 债权国 147

Death duties, 遗产税 168, 176, 215—216, 218

Death-rate, 死亡率 42

Depreciation, 折旧 33, 37n, 124, 231, 236—237, 248, 260—263, in public sector, 公共部门的折旧 263n

Devaluation (of 1949), 英镑贬值（1949年）190, 206

Direct taxes, 直接税 167, 219—221, 235

Disposable income, 可支配收入 155, 237, 249, 251—252, 254; distribution of, 可支配收入的分配 169, 219

Durable-use goods, 耐用性产品 27—29

Economic theory, nature of, 经济理论, 经济理论的性质 10

Education, 教育 45, 197

Enclosures, 圈地运动 89n

Entrepreneur, 企业家 89

Exchange control, 汇兑管制 205n

Export trades, 出口行业 82, 202

Factor cost, 要素成本 174—176, 241,

251—252n, 268

Factors of production, defined, 生产要素,定义 34

Family, services performed within, 家庭,家务 23, 256—257

Finance,金融 92

Fixed capital, defined, 固定资本,定义 76—78

Foreign assets and liabilities, 海外资产与负债 102—103, 111—112; income from foreign assets, 海外资产的收入 134, 138, 164—165

Foreign lending (foreign investment), 海外贷款(海外投资)134—135, 139, 142—149

Gifts,馈赠、礼物 135, 139, 234—235, 240, 252

Gold,黄金 110, 136, 139, 142

Government, economic activities of, 政府,政府的经济活动 19, 150ff

Gross Domestic Product,国内生产总值 138, 164n, 248

Gross National Product (GNP),国民生产总值 192n

Growth-rate of British economy,英国经济增长率 207

Hours of labour, 劳动时间 70—72; after First World War, 一战后的劳动时间 72; after Second, 二战后的劳动时间 203n

Houses,房屋 35, 120, 258

Imports and exports,进口与出口 5—6, 56, 62, 133, 138

Income, 收入 115ff (see National income)(见国民收入)

Income-and-expenditure account,收入-支出账户 231, 236, 248—252

Index numbers of prices,物价指数 182, cost-of-living index, 生活成本指数 184; retail price index, 零售物价指数 186, 190; wholesale price index, 批发物价指数 187; of basic materials, 原材料价格指数 187, 190, 'general' index, "一般"价格指数 184, 190

Indirect taxes,间接税 156, 168, 171—176, 221—222; enter into production account, 进入生产账户的间接税 235, on investment goods are capital transfers, 投资品的间接税是资本转移 242n, 250

Inheritance of property, 遗产继承 214—215

Interest,利息 96, 106n

Inventions,发明 198—199

Investible surplus,可用于投资的盈余 237, 252

Investment, introduced as new equipment, 投资, 引入新增存量 33—34; defined, 定义 36—37, gross investment, 总投资 126, 237

Ireland, 爱尔兰 39—40, 56

Japan, 日本 43, 50, 58

Korean War, effect on prices, 朝鲜战争, 对物价的影响 190, on terms of trade, 对贸易条件的影响 206

Land, place among factors of production, 土地, 作为生产要素的土地 37n, 54—55, 76—78

Landlord, function of, 地主, 地主的作用 97

Large-scale production, economies of, 大规模生产, 规模经济 53, 88—89

Liabilities, 负债 (see Assets) (见资产)

Limited liability, 有限责任 (see Company) (见公司)

Local rates, 地方税率 160, 221

Lydall, H. F., 兰德 219

Machiavelli, N., 马基雅维利 51

Malthus, T. R., 马尔萨斯 51, 55—56

Markets, organized produce, 市场, 组织化的生产 7, 85

Married persons, incomes of, 已婚人士, 已婚人士的收入 211—212

Marshall aid, 马歇尔援助计划 136n, 148

Materials, sold by one firm to another, 原材料, 一家企业卖给另一家企业的原材料 122—123; imported materials, 进口的原材料 137n

Migration, 移民 41—42

Mixed incomes, 混合收入 165, 169, 171

Money, 货币 17, 109—110; money measure of income, 收入的货币量度 115, 178; money and saving, 货币与储蓄 128; monetary approach to balance of payments, 国际收支平衡的货币方法 140—142

Morgan, E. V., 摩根 viii, 107, 110—112, 264—266

National capital, place of foreign assets and liabilities, 国家资本, 海外资产与负债在其中的位置 102—103, and national debt, 与国家债务 103—105; balance-sheet of, 资产负债表 113

National debt, 国家债务 103—105; external debt, 海外债务 105, to U.S. and Canada, 对美国和加拿大的海外债务 112—113; interest on national debt, 国家债务的利息 156—157

National income, methods of calculating, 国民收入, 计算方法 130—132, in money terms, 按货币计算的

115, 178; in real terms, 按实值计算的（真实的）178, 192, imperfect measure of economic welfare, 经济福利的非完美量度 193; international comparisons, 国际比较 267

National income at factor cost, 按要素成本计算的国民收入 174, 241, 268

National income at market prices, 按市价计算的国民收入 172, 240—241

National income before transfer, 转移支付前的国民收入 251

Nationalized industries, 国有企业 108, 158, 165, 244—245

Old age pensioners, 养老金领取者 161, 212

Output, gross and net, 产出, 总产出和净产出 124, 236, gross retained output, 总留存产出 137, net retained output, 净留存产出 138, 254, gross domestic output, 国内总产出 247—248

Partnership, 合伙制 90

Payment by results, 绩效工资制 73—74

Peasant proprietorship, 农民所有权 88—89

Pensions, 养老金（战争抚恤金）156, 168

Personal services, 服务 34—35, 120 *

Pigou, A. C., 庇古 257

Population, probable future of, 人口, 人口的可能前景 48—50, effect on employment, 对就业的影响 59, optimum population, 最优人口 258—260, over-population, 人口过多 53—56; in under-developed countries, 落后国家的人口 58; under-population, 人口不足 52—53

Prest, A. R., 普雷斯特 192

Prices, changes in, 物价, 物价变化 178ff; wholesale and retail prices, 批发和零售物价 186—188, export and import prices, 出口和进口物价 201; international comparisons, 国际比较 267

Producer's goods, defined, 生产品, 定义 26

Product, gross and net, 产品（产值）, 总产品和净产品 124, 236, net social product, 社会净产品 37, 115ff (see Gross domestic product)（见国内生产总值）

Production account, 生产账户 233, 236, 247

Production, definition of, 生产, 定义 22, 256—258

---

* 另见第 24 页和表 4。——译者

Profits, 利润 96，116，123—125，in U.K., 英国的利润 165，taxes on profits, 利润税 170 (see also Undistributed profits)（另见未分配利润）

Property, private, 财产，私人财产 18，88，110—111，inequality in distribution of, 财产分配的不平等 214，public property, 公共财产 111—112

Public consumption, 公共消费 153；semi-public consumption, 半公共消费 155，221

Public corporation, 公共法人团体 158，244—245

Public investment, 公共投资 160n，173n

Public services, whether producers' or consumers' goods, 公共服务，是生产品还是消费品 150—153

Real income, 真实收入 178，269

Redfern P., 雷德芬 262—263

Rent, relation to interest, 租金，与利息的关系 127—128 n

Reparations, German, 赔款，德国的赔款 148

Residual error, 残留误差 164n，173—174 n，255

Retail trade, productive nature of, 零售业，零售业的生产性质 22

Ricardo, D., 李嘉图 77

Russia, 俄国 63，89n，146

Saving, 储蓄 117，equal to net investment, 等于净投资 118，savings relent, 储蓄转贷款 123，in U.K., 英国的储蓄 170ff，public saving, 公共储蓄 173

Saving-investment account, 储蓄投资账户 233，237，252—253

Sectors, 部门 108，238—239，244—245

Security, for a loan, 安全性，贷款的安全性 92—93

Self-employment, income from 个体经营，个体经营收入（see Mixed income）（见混合收入）

Shareholders, limited liability of, 股东，股东的有限责任 93—97，types of share, 股票类型 96n，one firm shareholder in another, 一家企业的股份归另一家企业所有 123

Single-use goods, defined, 一次性产品，定义 27

Smith, Adam, 亚当·斯密 23—24，34，150

Social accounting, 社会核算 224，228ff

Social insurance, 社会保险 161，221n

Socialism, 社会主义 20

Statistics, 统计学 9

Stock exchange, 证券交易所 7，96，98

Stocks (reserve stocks) 存货（预留存货）83，86，stock appreciation, 存货增值

247, 263

Subsidies, 补贴 156, as indirect transfers, 作为间接转移支付 235, 241

Surtax, 附加税 210

Take-over bids, 公开收购 98n

Taxation, analogy with club subscription, 税收, 类比于俱乐部会费 150—151, tax liability, 纳税义务 168n, 246—247 (see also Direct and Indirect taxes) (另见直接税和间接税)

Terms of trade, 贸易条件 200—202, favourable movement in, 贸易条件的有利变化 201n

Time rates, versus piece rates, 计时工资, 对比计件工资 74

Trading account, 营业账户 230 (see Production account) (见生产账户)

Transfer incomes, 转移收入 155, 168, taxation on transfer incomes, 转移收入的税收 169n

Transfers, defined, 转移支付, 定义 234, direct and indirect transfers, 直接与间接转移支付 235, income and capital transfers, 收入与资本转移 235—237, 252,* doctoring for transfers, 为转移而作的修改 239—242

Undistributed profits, 未分配利润 119, 127, 166—170, 249

Unemployment, 失业 5, 59, 75, 78—83, 196—197

'Unorganized' trading, "非组织化的"行业 158—159, 165

Value, theory of, 价值, 价值理论 69, 226—227

Wages, inequality in, 工资, 工资的不平等 63, 213—214

War Damage Compensation, 战争损失赔偿 177

Wear-and-tear allowances, 损耗折让 261

White Paper on *National Income* 国民收入白皮书 (see Blue Book) (见蓝皮书)

Working capital, defined, 营运资本, 定义 83

Working population, 劳动人口 60—61, 194

World Bank, 世界银行 147

---

* 另见第239页及以下。——译者

译 后 记

本书作者约翰·希克斯(1904—1989)是 20 世纪 30 年代以来世界上屈指可数的杰出经济学家之一,是英国第一位获得诺贝尔经济学奖的学者。他先后在伦敦政治经济学院、剑桥大学、曼彻斯特大学、牛津大学等任职,从 1928 年开始发表论文,60 多年笔耕不辍,著作等身,泽被学林,影响深远。经济学初学者都知道的一些知识,如宏观经济学的 LS-LM 曲线就是他的发明,消费理论中的"希克斯替代效应"是以他的名字命名的。他属于最后一代通才型的经济学家,研究涉及几乎所有经济学理论问题。他是经济学"新古典综合派"的创始人,但并不属于哪个学派;他于 1930—1940 年代对凯恩斯经济学的解释和阐发自成一家;后来又脱离了凯恩斯的思想体系。萨缪尔森说他是"没有流派的经济学家,他属于他自己的流派"。他总是在不断思考并修订自己的观点,因此有人中肯地说:希克斯最伟大的批判者就是他自己。

在翻译这本书的过程中,我得到的印象是:希克斯真是一位诲人不倦的温厚长者,那么有耐心,一丝不苟,替读者(设定为初学者)着想,"行所当行、止所当止",以清晰、简洁的文笔娓娓道来,把复杂的问题叙述清楚。据说他不善言辞,但文笔真是高妙。他有着不同寻常的写作风格,《新帕尔格雷夫经济学大辞典》中他的传记最后说道:"他总是用一种从规范化的观点来看是非常正确的,而从其流畅性和易读性来说又近乎口语化的文体优美地写作。"

这本书是一本经济学入门书。但它不像一般的初阶教科书那样,完全从经济学的基本概念、定义入手;也不同于经济学的大众入门读物,主要从实际问题出发,臧否政策,提供价值判断。它是从社会核算的角度切入,构建观察社会整体经济结构的基本框架。关于这样入门的好处,特别是对非长期专业学习的初学者的好处,本书前言前面部分已经言简意赅地阐述清楚。前言前两页的宏旨要义,是在1942年初版上就写好的。当时凯恩斯的《通论》问世不久,宏观经济学和国民经济核算方兴未艾,英国第一份官方国民收入报告于上年刚刚出版,但教科书主要还是马歇尔《经济学原理》的天下,因此这种构想和设计具有首创性、超前性。对于国内读者来说,我感觉至今仍有值得学习的地方。特别是对于初学者了解、把握国民经济核算框架和统计信息,具有重要的基础作用。更要紧的是,传播这种思想观念,对一国社会经济发展也许能起到潜移默化的效应,如本书第十六章最后所说,像1930年代的经济"危险之所以(在二战后)能够避免,一个原因就是我们有了这里研究的国民收入账户,以及这种研究带来的思维习惯的传播"[①]。如果真能实现这一点,能够让更多国人正确审视统计数据,形成科学的经济思维习惯,那么我翻译这本书就更有价值了。

这本书篇幅不长,条理清晰,叙述凝练。庇古曾评论说:"拿到这本书的初学者将会发现,一些他一直以含混不清的方式所知悉

---

① 可能正是出于这个目的,除了本书之外,希克斯还先后与他人合作,出版了针对美国、日本、印度等国的社会经济框架研究。

的概念被解释得清清楚楚,并且被赋予了更重要的意义,而且他也将获得大量的实际知识。"哈罗德说:"它是由一位最有才华的经济学家写的经济学入门读物。他的风格浅显而通俗,行文直率而严肃。"①作为初阶教科书,它用事实说明原理,内容由浅及深,梯度推进;为了便于初学者掌握,作者还特地把较深入的讨论放在增补和附录中。前三篇比较容易理解,如第十八章所说,"大多数科学的初级阶段都是非常琐碎的";第四篇和第五篇就比较深入,读者要自始至终小心跟进。我的印象是:"浅"并不意味着"薄",很多章节隐含着深邃的思想火花。例如,在社会收入估值中如何处理间接税和政府购买支出,就是非常有趣的争议问题,关系到福利经济学的基础。而福利经济学正是希克斯深耕过、并作出重大贡献的经济学领域之一。可以想见,"浅"的背后往往有作者"深"的思想基础。

有一点需要说明:这里翻译的原本是 1960 年第三版,后来希克斯于 1971 年又修订出版了第四版——最终版,希望我下次有机会重译。

这本书是 2022 年前后我利用业余时间翻译的。2022 年是一个值得记住的年份。但业余翻译的日常平淡无奇、无甚可记。借此机会,向读者谈一点感想。

一般来说,翻译没有谋篇布局的问题,功夫主要在遣词造句

---

① 转引自普塔斯瓦梅亚编《约翰·希克斯对经济理论和应用的贡献》序言部分,华夏出版社 2011 年版。

上——在理解原文的基础上遣词造句,而不是天马行空地遣词造句。但"遣词"和"造句"都不容易。"遣词"既要准确表达原意,又要符合中文规范和习惯,是以为难。为此,有时得把一个原词在不同地方译为不同的中文词汇,有时两个(乃至更多)不同的原词又译成了相同的中文词汇,不能简单地一一对应。例如,同样处在第十七章第一节的 allowances,就在不同段落分别译为"免税额"和"补贴"。national product 根据需要译为"国民生产、国民产值、国民产品、国民产出"。又如 state(政府/国家)、government(政府)、nation(国家),就出现了原文与译文"一对二""二对一"交叉的情况。goods 也灵活地译为"产品、物品、商品",又分别与 article 和 product 混同。形容词也有灵活翻译的情况,如 delicate,不同地方分别译成了"棘手、微妙、精巧"。为了提醒读者,我往往对需要注意的词汇备注原文,乃至不厌其烦地加上译者注。请读者注意,书中备注的原文词汇,可能只是为了帮助理解词意,有时甚至只是对于译法不敢确认的一种补充说明,而不代表对全书理论的重要性,也不强调一定要备注在首度出现的地方。另外,书中两个核心词汇 account 和 accounting 要特别说明一句:account 不是指银行账户,而是指商业记录,如资产负债表(balance-sheet)就是一种 account;书中通常根据习惯译为"账户",少数地方为避免误会译为"账目""账簿";accounting 译为"核算"或"会计核算",这本书的主题就是讲社会核算(social accounting)。

"造句"同样需要反复斟酌和打磨。关键是做好长句的处理,尽力根据中文的习惯译成短句。当然不是说长句一定不好,不能用。我在吕叔湘先生的文章中读到:"句子长,可能是因为分句多,也可能是因为句子成分复杂;前者的语音段落同时也是意义段落,读起来理解起来都比较省劲,是汉语的本色;后者语音上可以停顿的地方不都是意义上可以停顿的地方,读起来比较紧张,理解起来比较费劲,是西洋文章的风格。"[①]后者正是我在翻译中尽量避免的。所谓"言之不文,行之不远",虽然是学术书,而非文艺书,我还是尽量把句子处理得灵动一点,更符合中文习惯一点。当然,前提是不以文害意。随手举第六章第四节的一个句子为例:

They do not have to pay any attention to the other side of the selection; for the only people who will put in an application for work at a stated level of wages are people who consider that they will benefit themselves by getting employment on those conditions.

原来译为:"他们不需要关注选择的另一面;因为,就另一面而言,只有在一个确定工资水平上提交了工作申请的人,才是认为在那样的条件下被雇用于己有利的人。"感觉分号后面的两个"人"的定语太长了,规整但呆板,不够地道中文味,我们一般不这么说话、写作。因此,最后改译为:"……因为,就另一面而言,给定一个工资水平,谁提交了工作申请,谁才是愿意受雇的人,认为在这样的条件下受雇于己有利。"如杨绛先生所言,译者是"一仆事二主"。在准确传达作者意思的同时,让读者有阅读的舒适感乃至愉悦感,是译者应该尽力而为的。虽不能至,悬以为鹄的。

李彬编辑以惊人的高效率对译稿做了细致入微的修订,深表

[①] 《吕叔湘语文论集》,商务印书馆1983年版,第158—159页。

谢忱;好友孙扬子阅读了部分篇章的译稿,指出了错误,亦致谢意!附带说明一句,个别章节内容略有删节。对我来说,一本书译毕付梓,不是完工收摊弃之不顾,而是学习进入另一种状态:等书出版后,还会时不时拿来对照阅读,领会原著字里行间的意蕴,审视译不到位乃至译错的地方,期待有机会重印时加以订正。因此,最后也诚挚希望读者批评指正。

陈明衡

2023年4月于丽水白云山麓

图书在版编目(CIP)数据

社会结构:经济学导论/(英)约翰·希克斯著;陈明衡译.—北京:商务印书馆,2024
(诺贝尔经济学奖得主著作译丛)
ISBN 978-7-100-23927-1

Ⅰ.①社… Ⅱ.①约…②陈… Ⅲ.①经济学 Ⅳ.①F0

中国国家版本馆CIP数据核字(2024)第088107号

权利保留,侵权必究。

诺贝尔经济学奖得主著作译丛
社 会 结 构
——经济学导论
〔英〕约翰·希克斯 著
陈明衡 译

商 务 印 书 馆 出 版
(北京王府井大街36号 邮政编码100710)
商 务 印 书 馆 发 行
北京通州皇家印刷厂印刷
ISBN 978-7-100-23927-1

2024年6月第1版　开本880×1230　1/32
2024年6月北京第1次印刷　印张10
定价:68.00元